Digitale Geschäftsmodell-Innovation mit Augmented Reality und Virtual Reality

André Grothus · Theo Thesing ·
Carsten Feldmann

Digitale Geschäftsmodell-Innovation mit Augmented Reality und Virtual Reality

Erfolgreich für die Industrie entwickeln und umsetzen

André Grothus
Fachhochschule Münster
Münster, Deutschland

Theo Thesing
Fachhochschule Münster
Münster, Deutschland

Carsten Feldmann
Fachhochschule Münster
Münster, Deutschland

ISBN 978-3-662-63745-6   ISBN 978-3-662-63746-3   (eBook)
https://doi.org/10.1007/978-3-662-63746-3

Die Deutsche Nationalbibliothek verzeichnet diese Publikation in der Deutschen Nationalbibliografie; detaillierte bibliografische Daten sind im Internet über http://dnb.d-nb.de abrufbar.

Planung/Lektorat: Susanne Kramer
Springer Gabler ist ein Imprint der eingetragenen Gesellschaft Springer-Verlag GmbH, DE und ist ein Teil von Springer Nature.
Die Anschrift der Gesellschaft ist: Heidelberger Platz 3, 14197 Berlin, Germany

Vorwort

Unter Mixed Reality werden die Technologien Augmented Reality (AR) und Virtual Reality (VR) verstanden. In der Praxis gibt es bereits zahlreiche Anwendungsfälle wie beispielsweise für Unterhaltungssoftware, Trainings oder Arbeitsanweisungen. Allerdings finden diese Anwendungen meist nur innerhalb sogenannter Leuchtturmprojekte in einzelnen Großunternehmen statt. Obwohl das Potenzial von AR und VR in vielen Unternehmen bereits erkannt wird, steht die breite Nutzung der Mixed Reality im verarbeitenden Gewerbe noch aus.

Mixed Reality ermöglicht sowohl die Entwicklung innovativer Geschäftsmodelle als auch die Weiterentwicklung bestehender Geschäftsmodelle. Dabei stehen das Erlangen von Wettbewerbsvorteilen und der Nutzen aus Kundensicht im Fokus. In Forschung und Praxis sind das Potenzial und mögliche Anwendungsgebiete zwar bereits erkannt, jedoch mangelt es an konkreten Geschäftsmodellen zum betriebswirtschaftlich sinnvollen Einsatz dieser Technologien. Der Innovation von Geschäftsmodellen und den spezifischen Anforderungen kleiner und mittlerer Unternehmen (KMU) wird bislang zu wenig Aufmerksamkeit geschenkt. Dieses Buch bietet konkrete Antworten und zahlreiche Praxisbeispiele zu den folgenden Fragen:

Welche Geschäftsmodelle im Kontext der Mixed Reality nutzen Unternehmen im produzierenden Gewerbe bereits?
Welche Geschäftsmodellmuster bieten innovative Potenziale zur Weiterentwicklung und zur Generierung von Wettbewerbsvorteilen?
Wie lassen sich die Geschäftsmodelle in der Praxis auf Basis eines Leitfadens implementieren?

Diese Studie ist Teil des Projekts DigiTrans@KMU des Instituts für Prozessmanagement und Digitale Transformation (IPD) der Fachhochschule Münster gemeinsam mit den Wirtschaftsförderungen der Kreise Borken, Coesfeld, Steinfurt und Warendorf sowie des münsterLAND.digital e. V. Von 2019 bis 2022 werden gemeinsam mit Unternehmen aus dem Münsterland Handlungsempfehlungen für Geschäftsmodell-Innovationen auf Basis digitaler Technologien abgeleitet und Bausteine für die Entwicklung von

Digitalisierungsstrategien praxisnah erprobt. Weitere Projektergebnisse finden sich unter www.digitalradar-muensterland.de. Die Autoren danken Frau Laura Alassani und Herrn Lukas Schnitzler für ihre engagierte Unterstützung der Recherchen für die vorliegende Studie. In dieser Arbeit wird aus Gründen der einfachen Lesbarkeit das generische Maskulinum verwendet.

André Grothus
Theo Thesing
Carsten Feldmann

Inhaltsverzeichnis

Abkürzungsverzeichnis

AR	Augmented Reality
B2B	Business-to-Business (Geschäftskunden)
B2C	Business-to-Customer (Privatkunden)
CAD	Computer-aided design
FoV	Field of View
GUI	Graphical User Interface
HMD	Head Mounted Display
IoT	Internet of Things
KMU	Klein- und mittelständische Unternehmen
OST	Optical-see-Through
P2P	Peer-to-Peer
PMI	Project Management Institute
RV	Reality-Virtuality
SaaS	Software-as-a-Service
VR	Virtual Reality
VST	Video-see-Through
XR	Mixed Reality

Teil I
Geschäftsmodell-Innovation mit Mixed Reality

Motivation und Ziele

1

Augmented Reality (AR) und Virtual Reality (VR) – diese Begriffe fallen oft im Kontext der Digitalisierung beziehungsweise der digitalen Transformation von Unternehmen. AR und VR lassen sich den sogenannten „Advanced Technologies" [1] (Deutsch „fortschrittliche Technologien") zuordnen. Dieser Begriff bezeichnet Technologien, welche die Basis für innovative digitale Geschäftsmodelle, Prozesse, Produkte und Dienstleistungen schaffen. Weitere Beispiele sind 3D-Druck, Blockchain, Künstliche Intelligenz und das Internet of Things. Diesen Technologien wird das Potenzial zugeschrieben, ganze Branchen disruptiv zu verändern [2–6]. Ihre Charakterisierung als disruptiv entspringt der Erwartung, dass bestehende Technologien obsolet und traditionelle Geschäftsmodelle weitestgehend verdrängt werden.

Da diese Technologien größere, teilweise radikale Veränderungen bei der Digitalisierung der Geschäftsmodelle und -prozesse des Unternehmens ermöglichen (engl. enable), werden sie häufig synonym als „Enabling Technologies" bezeichnet. Dies hebt ihre Bedeutung als „Befähiger" der digitalen Transformation hervor. Dieses Buch fokussiert mit AR und VR digitale Technologien, die innovative Geschäftsmodelle ermöglichen. Der Durchdringungsgrad dieser Technologien ist im produzierenden Gewerbe bisher gering, sodass eine strukturierte Darstellung möglicher Geschäftsmodell-Innovationen auf Basis dieser Technologien einen ersten Orientierungsrahmen für den Transfer aufs eigene Unternehmen und weitere wissenschaftliche Forschung schafft.

Weder AR noch VR sind grundlegend neue technologische Ansätze. So gab es bereits 1988 ein VR-System der NASA namens Virtual Interface Environment Workstation (VIEW) [7]. AR und VR werden oft miteinander verwechselt oder als eine Technologie verstanden. Grundsätzlich vereint beide Technologien, dass sie auf digitalem Wege eine neue Realität darstellen beziehungsweise die von Menschen wahrgenommene Realität mit digitalen Elementen erweitern. In wissenschaftlichen Publikationen wurde das

A. Grothus et al., *Digitale Geschäftsmodell-Innovation mit Augmented Reality und Virtual Reality,* https://doi.org/10.1007/978-3-662-63746-3_1

Potenzial der Technologien früh erkannt. Auch im Gartner Hype Cycle wurden AR und VR bereits seit längerer Zeit dargestellt. Das Marktforschungsunternehmen Gartner hat sich auf Entwicklungen in der IT spezialisiert und stellt jährlich die aktuellen Technologietrends auf einer Lebenszykluskurve („Hype Cycle") dar. Diese prognostiziert im Zeitablauf, wann bestimmte Technologien mit überzogenen Erwartungen assoziiert werden beziehungsweise wann sie sich wirtschaftlich produktiv einsetzen lassen [8]. Diese Prognosen haben einen gewissen Nutzen für das Innovationsscouting von Unternehmen bzw. die unternehmerische Entscheidung im Hinblick auf den Investitionszeitpunkt. Im Jahre 2017 war VR beispielsweise noch zwei bis fünf Jahre vom sogenannten Plateau der Produktivität entfernt, das den wirtschaftlichen Einsatz einer Technologie beschreibt; AR sogar fünf bis zehn Jahre [9]. Bereits im Jahre 2019 sind beide Technologien nicht mehr auf dem Hype Cycle zu finden [10]. Dies bedeutet im Sinne der Phasen des Gartner Hype Cycles, dass AR und VR als technisch ausgereifte Technologien für die wirtschaftliche Nutzung im Markt verfügbar sind und Unternehmen mit ihnen Erträge erwirtschaften. Gleichzeitig berichten verschiedene Marktforschungsunternehmen von signifikanten Marktwachstumsraten. So prognostiziert beispielsweise das VynZ Research eine jährliche Wachstumsrate (Compound Annual Growth Rate, engl. CAGR) von 48,8 % (2020 bis 2025) für die AR und VR [11], sodass dieser Markt bis 2025 von aktuell 22,1 Mrd. US\$ auf 161,1 Mrd. US\$ anwachsen könnte.

Sowohl Unternehmen als auch die Wissenschaft beschäftigen sich intensiv mit Anwendungsfällen und der technischen Umsetzung von AR- und VR-Lösungen. Dabei liegt der Fokus oft auf den technischen Möglichkeiten und Grenzen oder Prozess-Innovationen mithilfe dieser Technologien [12–20]. Jedoch kann die alleinige Konzentration auf die Technologie ein Unternehmen in eine riskante Richtung lenken. Wenn es um digitale Transformation geht, ist nicht der Bestandteil „digital" entscheidend, sondern vor allem die „Transformation". Mit Ausnahme der Technologie in Produkten bieten digitale Technologien an sich keinen direkten Wert für ein Unternehmen. Ihr Wert entsteht dadurch, dass sich Geschäftsmodelle und Prozesse durch den Einsatz von Technologie anders gestalten lassen. Zum Beispiel geht es beim E-Commerce nicht um das Internet – es geht darum, über neue Vertriebskanäle zu verkaufen. Unternehmen brauchen eine bestechende Strategie, um sich aus Sicht ihrer Kunden vom Wettbewerb abzugrenzen, etwa im Hinblick auf Kundennutzen, Kosten oder Flexibilität. Und diese Wettbewerbsvorteile können durch digitale Technologien geschaffen werden. Allerdings ist die Digitalisierung kein Selbstzweck. Vielmehr ist der Einsatz digitaler Technologien ein Mittel zum Zweck, um die strategischen Ziele des Unternehmens zu erreichen und seine Marktposition zu verbessern. Daher gilt es, geeignete Geschäftsmodellmuster auf Basis von AR und VR zu identifizieren, um einen Kundennutzen zu generieren und Erträge zu erwirtschaften.

Im verarbeitenden Gewerbe ist der Durchdringungsgrad von AR- und VR-Lösungen bisher gering. Erst zwölf Prozent der befragten KMU weltweit gaben in einer Studie im Jahre 2019 an, AR oder VR ins Unternehmen eingeführt zu haben [21]. Gleichzeitig beschäftigen sich immer mehr Unternehmen mit diesen Technologien. Eine Umfrage unter KMU des verarbeitenden Gewerbes im Münsterland (Nordrhein-Westfalen) ergab, dass 17 % (VR) bzw. 29 % (AR) der Befragten nicht einschätzen können, inwiefern sich diese Technologien in den kommenden Jahren auf die Geschäftsmodelle in ihrer Branche auswirken werden. Der Adaptionsgrad stellt sich dabei ähnlich gering dar, wie in einer weltweiten Studie erhoben (VR = 15 %; AR = 10 %) [22]. Dabei sind in Abb. 1.1 nur die Technologien VR und AR dargestellt, während die Befragung selbst noch weitere Technologien (bspw. 3D-Druck und KI-Technologie) zum Gegenstand hatte. Vor dem Hintergrund der durch den Einsatz dieser Technologien zu erzielenden Wettbewerbs-vorteile sollten Unternehmen Antworten auf die Frage finden, wie sie Anwendungsfälle identifizieren und wirtschaftlich ausbeuten können.

Technik- und digitalaffine Personen erfassen in der Regel schnell die Möglichkeiten des Einsatzes von AR und VR. Dem kaufmännischen Management stellen sich jedoch die folgenden Fragen:

Wie beeinflussen diese Technologien das bestehende Geschäftsmodell des Unternehmens im produzierenden Gewerbe?
Welche Wettbewerbsvorteile bieten sich durch eine Weiterentwicklung des Geschäfts-modells mithilfe von AR/VR?
Welche Ansatzpunkte hat das Unternehmen, um ein innovatives Geschäftsmodell mit-hilfe von AR/VR zu entwickeln?
Welche Erfolgsfaktoren gilt es bei der Implementierung neuer Geschäftsmodelle zu beachten?

Das **Ziel des ersten Teils** dieses Buches ist es, Antworten und illustrative Praxisbeispiele zu den folgenden Fragen zu liefern:

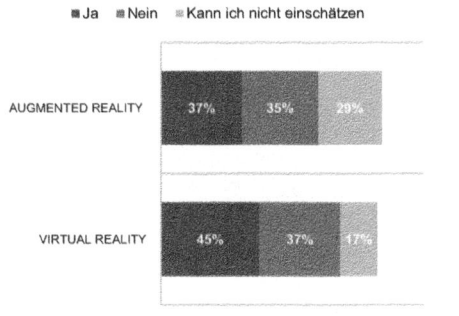

Frage: Werden folgende Technologien in den kommenden Jahren die Geschäftsmodelle in der Branche, in der Ihr Unternehmen tätig ist, verändern?

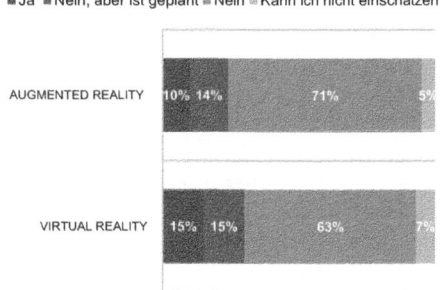

Frage: Werden diese Technologien in Ihrem Unternehmen eingesetzt?

Abb. 1.1 Ergebnisse Umfrage DigiTrans@KMU – Adaptionsgrad und Auswirkung AR und VR

Welche Anwendungsfälle und Einsatzszenarien mit AR und VR sind in Unternehmen des produzierenden Gewerbes denkbar?

Welche Geschäftsmodelle im Kontext von AR und VR nutzen andere Unternehmen bereits?

Über welche Geschäftsmodellmuster lassen sich Wettbewerbsvorteile generieren, die Position in der Wertschöpfungskette stärken oder neue Märkte erschließen?

Wie lassen sich die Geschäftsmodelle klassifizieren, um Orientierung für Unternehmen zu bieten?

Der **zweite Teil des Buches** stellt ein Vorgehensmodell in fünf Schritten von der Idee zur Umsetzung vor.

Insbesondere KMU können erfolgreich neue Geschäftsmodelle hervorbringen, da sie eine große strategische Flexibilität im Hinblick auf ihre Ressourcen, Prozesse und Fähigkeiten aufweisen. Durch die erfolgreiche Entwicklung neuer bzw. die Veränderung bestehender Geschäftsmodelle können KMU Wettbewerbsvorteile generieren, ihre Position in der Wertschöpfungskette stärken, neue Märkte erschließen und ihre Geschäftsprozesse optimieren [23].

Das methodische Vorgehen für dieses Buch orientiert sich am Ansatz des Buches „Digitale Geschäftsmodell-Innovationen mit 3D-Druck – Erfolgreich entwickeln und umsetzen" [24] und adaptiert diesen für die Technologien AR und VR.

Mixed Reality: Anwendungsbereiche, Prozess zur AR-/VR-Anwendung, Nutzen und Grenzen

2

2.1 Überblick

Nachdem Kap. 1 die Motivation und die Ziele dieser Studie vorgestellt hat, werden im folgenden Abschn. 2.1 zunächst die Grundlagen zur Technologie vermittelt, um ein gemeinsames Verständnis für die darauf aufbauenden Ausführungen zu entwickeln. Abschn. 2.2 beschreibt die Anwendungsbereiche, den Nutzen und die Grenzen von Mixed Reality (XR) entlang der Wertkette nach Porter. Kap. 3 schlägt den Bogen zur Geschäftsmodell-Innovation und der Frage, wie sich mit Mixed Reality nicht nur Wert für den Kunden, sondern auch Erträge für das Unternehmen generieren lassen. Die darauffolgenden Kapitel stellen Geschäftsmodellmuster aus Literatur und Praxis in strukturierter Form dar, um Impulse für den Transfer aufs eigene Unternehmen zu liefern.

2.2 Grundlagen

Der Begriff Mixed Reality (dt. etwa „gemischte Realität") bezeichnet IT-Lösungen oder Umgebungen, bei der die natürliche Wahrnehmung des Nutzers mit einer künstlichen, digital generierten Wahrnehmung ergänzt wird. Mixed Reality (XR) umfasst als Oberbegriff die beiden Begriffe Augmented Reality (AR) und Virtual Reality (VR). Augmented Reality (dt. erweiterte bzw. angereicherte Realität) beschreibt die kontextbasierte Anzeige digitaler Informationen an realen Objekten in Echtzeit, dargestellt durch ein dafür geeignetes Anzeigegerät [25]. Virtual Reality (dt. virtuelle Realität) bezeichnet die Anzeige einer virtuellen Umgebung unter Ausschluss der Realität mithilfe eines Anzeigegeräts wie etwa einer geschlossenen Brille, bei der die Nutzer die Realwelt

A. Grothus et al., *Digitale Geschäftsmodell-Innovation mit Augmented Reality und Virtual Reality*, https://doi.org/10.1007/978-3-662-63746-3_2

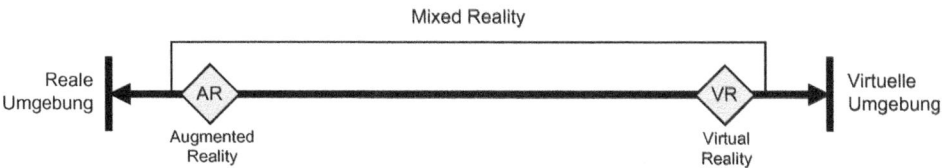

Abb. 2.1 Reality-Virtuality (RV) Continuum. (Nach Milgram, Takemura et al. (1995) [27])

visuell nicht wahrnehmen [26]. Diese virtuelle Realität wird durch digitale Stimulation der menschlichen Sinne erschaffen.

Beide Technologien verändern die visuelle Wahrnehmung der Realität des Nutzers mittels verschiedener technischer Maßnahmen. Insbesondere das Anzeigen digitaler Elemente wie etwa Bauteile, technische Anlage, Bilder und Videos ist ein gemeinsames Merkmal beider Technologien. Die Realität wird ebenso über die akustische Wahrnehmung verändert, beispielsweise durch die Simulation von Geräuschen. Wird von AR und VR gesprochen, so ist jedoch in der Regel die visuelle Veränderung der Realität gemeint. Der Grad, in dem die beiden Technologien die menschliche Wahrnehmung der Realwelt (engl. Reality) verändern, reicht von „keiner Veränderung", also der Wiedergabe der tatsächlichen Realität, bis zur komplett virtuellen Umgebung unter Ausschluss der Realität. Vor diesem Hintergrund prägten bereits 1994 die Autoren um Paul Milgram den Begriff „Mixed Reality" [27]. Sie beschreiben ein sogenanntes **Reality-Virtuality Continuum,** bei dem die jeweiligen Extrema durch die Realität auf der einen Seite und der Virtualität auf der anderen Seite markiert werden. Da auch bei VR die Realität weiterhin wahrgenommen werden kann – zwar nicht mehr visuell, jedoch ggf. über andere Sinne wie Hören, Fühlen oder Riechen – kann auch die VR innerhalb der XR verortet werden. Abb. 2.1 stellt das beschriebene Spektrum der XR dar.

Die Technologien AR und VR verbindet mehr als nur eine Begrifflichkeit und die Tatsache, dass unter Zuhilfenahme von Technik die Realität um digitale Elemente erweitert oder sogar ersetzt wird: Beide Technologien bieten im Rahmen des Reality-Virtuality-Continuum Ansatzpunkte für Geschäftsmodell- und Prozess-Innovationen.

Die folgenden Abschnitte vertiefen die technologischen Aspekte beider Technologien, um ein Grundverständnis zu vermitteln und darauf aufbauend die Anwendungsfälle und Geschäftsmodellmuster zu verstehen. Dabei wird bewusst auf eine umfassende Erläuterung technischer Einzelheiten zugunsten einer anwendungsbezogenen betriebswirtschaftlichen Perspektive verzichtet.

2.2.1 Augmented Reality

Der Begriff Augmented Reality (dt. erweiterte bzw. angereicherte Realität) beschreibt die kontextbasierte Anzeige digitaler Informationen an realen Objekten in Echtzeit, dargestellt durch ein dafür geeignetes Anzeigegerät [25]. Dies bedeutet, dass bei der Nutzung von AR weiterhin die reale Umgebung wahrgenommen wird. Diese wird um digitale Informationen visuell erweitert bzw. angereichert. Dabei reagieren die angezeigten Informationen und digitale Objekte auf die Umwelt und stehen somit in Verbindung zu dieser. Diese Verbindung mit der Realität wird über sogenannte Trackingfunktionen erreicht, welche der Software-Anwendung ermöglichen, die Inhalte an der gewünschten Stelle im Sichtfeld des Nutzers, am richtigen geografischen Ort und zur richtigen Zeit anzeigen zu lassen [28]. Erstmals fiel der Begriff Augmented Reality im Jahre 1992 in einem von Thomas P. Caudell und David W. Mizell veröffentlichten Artikel [29]. Darin beschrieben sie einen Prototyp, ein sogenanntes „HUDSET", welches ähnlich wie die heute bekannten AR-Brillen gestaltet war. Der Begriff setzt sich aus den englischsprachigen Bestandteilen „heads-up", „see-through" und „head-mounted display" zusammen und beschreibt eben dies: Ein am Kopf einer Person montiertes Display, welches semi-transparent ist und simultan zur Sicht der Realwelt ergänzende digitale Informationen bereitstellen kann. Der Einsatzzweck des Prototyps war die Anwendung als Headset bei der Fertigung von Flugzeugen. Darauf folgten Erprobungen weiterer Prototypen. Viele dieser Ansätze gelangten nicht über die Laborgrenzen hinaus an die breite Öffentlichkeit, trugen jedoch als erste wichtige Schritte zur Reifung der Technologie bei [30]. Insbesondere am Beispiel des Smartphone-Spiels „Pokémon Go"[1] wird deutlich, dass die Technologie in der Zwischenzeit einen Reifegrad erreicht hat, welcher eine kommerzielle Nutzung durch Endkunden ermöglicht [31]. Auch im Geschäftskundenbereich (Business-to-Business, B2B) lässt sich AR etwa für das Anzeigen von Wartungsanleitungen für Maschinen und Anlagen nutzen.

Der breite Zugang potenzieller Nutzer zu digitalen Anzeigegeräten wie Smartphones und Tablets ist ein zentraler Grund für die Vielfalt potenzieller AR-Anwendungsfälle. Darüber hinaus werden die notwendigen Sensoren und Prozessoren zunehmend kostengünstiger und ermöglichen damit einen wirtschaftlichen Einsatz. Die technische Entwicklung ist längst nicht beendet. Neben dem Anbieter Microsoft, der bereits mit der Hololens 1 ein erstes technisch ausgereiftes AR-Head-Sets ähnlich dem von Caudell & Mizell beschriebenen Prototypen vermarktete, findet zunehmend eine Weiterentwicklung von VR statt. An dieser Stelle sei auf die Markteinführung der Hololens 2 im Jahre 2019 verwiesen [32] oder der Magic Leap AR-Brille im Jahre 2018, deren Entwicklung durch die Unternehmen Google und Alibaba mitfinanziert wurde [33]. Parallel erwarten Analysten einen kurzfristigen Einstieg von Apple in die Vermarktung einer eigenen AR-Brille für Endnutzer [34]. Entsprechend ist eine dynamische hardware- und softwareseitige Weiterentwicklung der AR-Technologie zu erwarten. Die folgenden drei Unterkapitel stellen mit Visualisierungsmedien, Informationen und Software die drei notwendigen Komponenten für die Realisierung von AR vor.

---

[1] Pokémon Go ist ein Spiel, bei dem sich die Spieler in der Realwelt bewegen, um zufällig auftauchende und nur über das Smartphone sichtbare virtuelle Monster mit Bällen zu fangen.

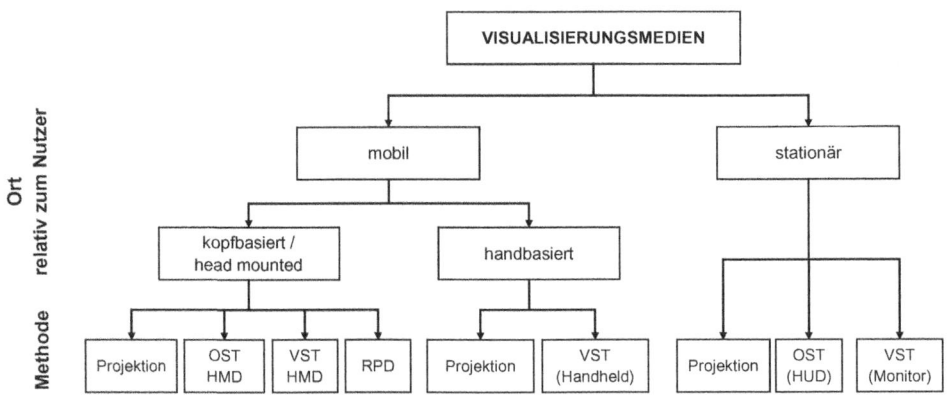

Abb. 2.2 Übersicht der Visualisierungsmedien bei AR. (Nach Reif (2009) [35])

2.2.1.1 Visualisierungsmedien

Die Wahl des Anzeigegeräts für eine AR-Anwendung entscheidet maßgeblich darüber, wie der Nutzer die erweiterte Realität wahrnimmt. Ein Anzeigegerät ist in diesem Zusammenhang ein Modul, welches in der Lage ist, für das menschliche Auge sichtbare Darstellungen virtueller Objekte zu generieren. Dabei existieren verschiedene Gerätetypen und Visualisierungsmedien, welche eine Darstellung auf technisch unterschiedliche Weisen gewährleisten. Abb. 2.2. stellt die Visualisierungsmedien in Anlehnung an Reif (2009) dar [35].

Im Hinblick auf Visualisierungsmedien wird generell unterschieden zwischen einem mobilen versus einem stationären **Ort der Darstellung.** Eine Möglichkeit ist eine mobile AR-Nutzung. Dies bedeutet, dass der Nutzer sich in der Realwelt frei im Raum bewegen kann und die Darstellung der virtuellen Elemente im Anzeigegerät auf die Bewegung des Nutzers reagiert. Konkret wird eine mobile Anwendung über zwei technologische Maßnahmen erreicht, welche im vorhergehenden Abschnitt bereits skizziert worden sind. Zum einen kann der Nutzer eine sogenannte AR-Brille tragen, welche Aufgrund der Positionierung am Kopf auch als „kopf-basiertes" Anzeigemedium bezeichnet wird. Zum anderen lässt sich das Anzeigemedium mit der Hand halten und auf die Umgebung richten, beispielsweise mit einem Smartphone oder einem Tablet. Solche Anzeigemedien werden als „handbasiert" bezeichnet. Neben einer mobilen AR-Nutzung kann ebenso eine stationäre Darstellung der angereicherten Realität stattfinden. Dabei betrachtet der Nutzer digitale Elemente über einen fest installierten (Bildschirm-) Terminal.

Im Hinblick auf die **Anzeigemethode** lassen sich vier Arten unterscheiden: Optical-See-Through, Video-See-Through, Projektion und Retinal Projection Display (RPD). Bei der **Optical-See-Through (OST)-Methode** blickt der Nutzer durch ein transparentes bzw. halbtransparentes Medium und nimmt durch dieses weiterhin die reale Umgebung visuell wahr. Für die Anzeige der digitalen Elemente wird auf Technologien wie Lichtleiter oder Spiegelsysteme zurückgegriffen, welche die Elemente im Anzeige-medium einblenden und so für den Nutzer sichtbar machen. Umsetzen lassen sich OST-Methoden entweder kopf-basiert („head-mounted") zum Beispiel mittels AR-Brillen oder stationär wie etwa mit Head-Up-Displays, die beispielsweise in Flugzeugcockpits oder modernen Kraftfahrzeugen eingesetzt werden. Der relativ hohe Anschaffungs-preis von AR-Brillen (im Jahr 2021 ca. 2000 bis 3000 €) steht derzeit dem Absatz hoher Stückzahlen an private Endkunden entgegen.

Eine zweite Anzeigemethode ist **Video-See-Through (VST).** Bei VST wird die Umgebung über ein Kamerasystem aufgenommen, digitalisiert, mit AR-Daten (d. h. digitalen Elementen und Informationen), angereichert und dann dem Nutzer rein digital über einen Bildschirm dargestellt. Diese Technologie wird beispielsweise in Tablets und Smartphones angewendet. Die fehlenden kontextbasierten Informationen werden durch die Software in die „abgefilmte" Szene eingefügt und dann für die Nutzer sicht-bar gemacht. Eine weitere technische Ausprägung stellen VST-Headsets dar. Bei diesen kopf-basierten Anzeigemedien haben die Nutzer die Bildschirme meist umschließend direkt im Sichtfeld, während das emittierte Bild über Linsensysteme aufgrund der Nähe zu den Augen scharfgestellt werden muss. Die Umgebung wird wiederum über Kamera-systeme (meist stereoskopisch) abgefilmt, digitalisiert, mit AR-Daten angereichert und dem Nutzer dargestellt. Die dritte Variante dieser Methode ist der klassische Monitor bei stationären AR-Anwendungen. Hier wird die Umgebung, zum Beispiel der Arbeitsplatz, ähnlich wie bei den vorhergehenden Anzeigemethoden um AR-Inhalten angereichert.

Bei der **Projektion** als dritte Visualisierungsmethode handelt es sich um eine Dar-stellung digitaler Inhalte, welche direkt in die Realität projiziert werden. Dies erfolgt über einen Laserprojektor bzw. Beamer, welcher die Elemente an der gewünschten Stelle in der Realwelt mittels Licht darstellt. Ein Sensorsystem, beispielsweise ein Kamera-system, ermöglicht die Reaktion des Systems auf Änderungen etwa des Orts oder Blick-winkels des Nutzers, sodass diese Anzeigemethode ebenfalls interaktiv ist. **Retinal Projection Display (RPD)** ist eine vierte Möglichkeit der AR-Visualisierung. Hier wird ein Bild direkt auf die Netzhaut des Nutzers projiziert, sodass die Illusion einer vor dem Auge schwebenden virtuellen „Leinwand" entsteht und der virtuelle AR-Inhalt immer im Fokus ist. RPD ist eine potenzielle Technologie für Anwendungsfälle, bei denen eine genaue Abstandswahrnehmung erforderlich ist.

Die passende Visualisierungsmethode ist in Abhängigkeit des Anwendungsfalls zu wählen. Auswahlkriterien sind beispielsweise die Verfügbarkeit und die Anschaffungs-kosten des Visualisierungsmediums, die Komplexität der Inbetriebnahme bzw. der Hand-habung des Geräts, die Anforderung freier Hände für manuelle Arbeitssituationen, die Interaktion mit den virtuellen Elementen (z. B. Möglichkeiten, Latenz), die Präzision und die Kosten des Betriebs. Eine Entscheidung für eine bestimmte Visualisierungs-methode sollte bereits in der Phase der Konzeption der AR-Anwendung getroffen werden. So ist beispielsweise die Nutzung von AR-Brillen im Privatkundenmarkt (Business-to-Consumer, B2C) aktuell nur in geringem Maße verbreitet. Zielt das Geschäftsmodell auf Endkunden im B2C ab, so wäre eine Visualisierungsmethode zu wählen, die sich mit Anzeigegeräten wie Smartphones oder Tablets realisieren lassen, die den Kunden bereits zur Verfügung stehen.

Jede der vorgestellten Anzeigemethoden birgt Vor- und Nachteile, die vor dem Hintergrund des unternehmensindividuellen Anwendungsfalls bzw. Geschäftsmodells zu evaluieren sind. Hier ist eine repräsentative Anzahl an Pilot-Installationen zum Sammeln von Nutzungs- und Betriebsdaten für eine anschließende Bewertung empfehlenswert. So lassen sich eigene Erfahrungen im Hinblick auf Nutzen und Grenzen bei einem konkreten Anwendungsfall sammeln, um eine fundierte Entscheidung im Hinblick auf technische und betriebswirtschaftliche Aspekte treffen zu können [36].

2.2.1.2 Informationen

Im vorherigen Kapitel wurde beschrieben, welche Visualisierungsmedien für AR existieren und auf welcher grundlegenden Methode sie aufbauen. Weitere Komponenten einer AR-Lösung sind Informationen und 3D-Elemente, welche ebenfalls als Informationen zu verstehen sind. Eine AR-Anwendung benötigt eine geeignete Informationsbasis, um einen Mehrwert für den individuellen Nutzer bzw. das nutzende Unternehmen zu bieten. Im Folgenden werden 3D- und Objektinformationen sowie zweidimensionale Informationen im Zusammenhang mit AR-Anwendungen beschrieben.

2.2.1.2.1 3D- und Objektinformationen

3D- und Objektinformationen sind für AR-Darstellungen relevant, um die vielfach dreidimensional (3D) vorliegenden Objekte in der AR-Anwendung virtuell anzeigen zu können. Bei den Objekten handelt es sich um digitale 3D-Modelle von oft bereits existierenden Produkten, Bauteilen, Maschinen und ähnlichen Elementen, die den Unternehmen des produzierenden Gewerbes häufig in Form von CAD-Dateien (Computer-Aided Design) entweder bereits vorliegen oder bei Netzwerkpartnern zu beschaffen sind. Liegen digitale CAD-Daten vor, so lassen sich diese relativ einfach in die AR- Darstellungsform überführen. Software-Tools zur Erstellung von AR-Inhalten unterstützen die gängigen CAD-Dateiformate und ermöglichen eine aufwandsarme Transformation der Datenobjekte für die AR-Anwendung [37–39]. Die Darstellung von 3D-Objekten in AR lässt sich für zahlreiche Anwendungsfälle nutzen, beispielsweise bei der virtuellen Anzeige eines Produkts beim Kunden vor Ort – in der Werkshalle eines Unternehmens oder im privaten Wohnzimmer. Der Kunde kann das Produkt digital am geplanten Gebrauchsort testen und entscheiden, ob es hinsichtlich der Geometrie und weiterer Designparameter zu den eigenen Vorstellungen bzw. den örtlichen Rahmenbedingungen passt. Ein Beispiel bietet das Möbelhaus Ikea mit der AR-App „Ikea Place" für Smartphones und Tablets, bei welcher der Point-of-Sale aus dem Ladengeschäft in die Wohnungen und Häuser der Kunden verlagert wird [40]. So kann sich ein Kunde sein Wunsch-Möbelstück über sein Smartphone als virtuelles 3D-Objekt im heimischen Wohnzimmer anzeigen lassen.

Allerdings sind nicht alle Unternehmen in der Position, dass ihre anzuzeigenden Objekte bereits digital vorliegen. Zwar sind nicht für alle Anwendungsszenarien

3D-Objekte erforderlich. Sollte aber ein Unternehmen ein Geschäftsmodell auf der Basis von 3D-visualisierten Objekten realisieren wollen, so sind zum Erstellen Methoden zur digitalen 3D-Rekonstruktion der physischen Objekte wie etwa Fotogrammetrie und 3D-Scanning einzusetzen. Modernere Ansätze basieren auf Machine Learning [41] und LIDAR-Sensoren, wie sie bereits in gängiger Hardware wie dem Apple iPad Pro oder neueren Smartphones integriert sind und erste Testläufe ermöglichen [42]. Es existieren ebenfalls leistungsfähige 3D-Scanner am Markt, die detaillierte digitale Abbildungen realer Objekte erlauben.

2.2.1.2.2 Zweidimensionale Informationen

Informationen, die nur in zwei Dimensionen grafisch dargestellt werden, liegen bei den meisten Unternehmen vor. Beispiele sind digitale Dokumente in Word- oder pdf-Dateiformat, Bilddateien in.jpg oder.png und Videodateien als mp3-Dateien etc. Auch diese Dateien sind mit wenig Aufwand in AR-kompatible Formate überführbar. Die Darstellung dieser Informationen ist prinzipiell auch ohne AR denkbar. So kann ein Nutzer über ein Tablet, Smartphone oder Laptop Informationen aufrufen, sich Bilder anzeigen lassen oder Videos betrachten. Dokumente und Bilder lassen sich ebenso in Papierform betrachten. Allerdings haben zweidimensionale Informationen in AR einen signifikanten Vorteil: Sie lassen sich **kontextbasiert** an der von den Erstellern gewünschten Stelle digital im Sichtfeld des Nutzers anzeigen; und zwar zu dem Zeitpunkt bzw. dem Ort einer Tätigkeit, wenn diese Information für den Nutzer relevant bzw. hilfreich ist. Ein Beispiel sind Hinweise für die Reparatur einer Maschine, die einem Mitarbeiter bei der Aktivität vor Ort eingeblendet werden, wenn er sich einem bestimmten Bauteil nähert bzw. dieses betrachtet. Ein Kontext beschreibt also das Umfeld einer Tätigkeit bzw. den Rahmen einer Handlung des AR-Nutzers. Der Kontext wird durch Aspekte wie Ort, Zeitpunkt, umgebende Gegenstände und Umgebungsparameter wie z. B. Helligkeit oder Geräuschpegel beschrieben. Als kontextbasiert wird eine AR-Anwendung bezeichnet, wenn sie während der Nutzung auf Kontextinformationen zugreift, um dem Nutzer relevante Informationen zu liefern – etwa zum richtigen Zeitpunkt am richtigen Ort. Ein weiterer Vorteil von AR gegenüber Papierdokumenten ist, dass der Nutzer mit beiden Händen arbeiten kann, während ihm simultan über ein Head-Mounted-Display beispielsweise Montageanweisungen für die Fertigung eines Bauteils eingeblendet werden [43].

Auch einfache zweidimensionale Objekte können sinnvoll in AR-Anwendungen integriert werden. Sie können an realen Objekten blickwinkelstabil appliziert werden, sodass aus statischen Abbildungen auf Papier interaktive und dynamische Hilfestellungen am realen Objekt entstehen. Diese visuellen Hinweise können Nutzer beispielsweise durch Wartungs- und Inbetriebnahme-Prozesse leiten, als Wegweiser in einem Museum dienen, die Aufmerksamkeit auf kritische Elemente bei einer Reparaturaufgabe richten oder beim Betreten einer Gefahrenzone in der Fertigung Warnhinweise zur Arbeitssicherheit einblenden.

Andere zweidimensionale Informationen stellen beispielsweise Parameter, Texte, Warnhinweisschilder und ähnliche Elemente als Graphical User Interface (GUI;

Deutsch: Grafische Benutzerschnittstelle) dar. Ein GUI reagiert dynamisch auf Änderungen der Realität und bildet diese Reaktion in AR ab. Beispielsweise werden wichtige Prozess- und Maschinenparameter mithilfe von AR unmittelbar an der Produktionslinie angezeigt, Fehlerquellen können beim Auftreten lokal markiert werden, Warnhinweise werden bei Fehlern für die Nutzer eingeblendet. Dabei gewährleistet das Internet of Things (IoT) eine entsprechende Datenverbindung zwischen der AR-Anwendung und den physischen Objekten [44].

Neben den im vorangegangenen Abschnitt erläuterten Visualisierungsmedien und den in diesem Abschnitt vorgestellten Informationen ist die Software eine zentrale Komponente einer AR-Anwendung.

2.2.1.3 Software

Grundsätzlich ist AR ein Softwareprodukt, welches vor der Nutzung durch den Anwender von Experten programmiert bzw. erstellt werden muss. Zwar sind einige Tools zur einfachen, unterstützten Erstellung von AR-Anwendungen – sogenannte „Authoring Tools" (engl. für Autorenwerkzeuge) – am Markt verfügbar. Sie reduzieren den Programmieraufwand und unterstützen durch vorgefertigte logische Funktionen einfache AR-Anwendungen. Allerdings schränken sie die Möglichkeiten bzw. die Freiheitsgrade bei der Programmierung ein. Komplexe Anwendungen, die über eine einfache Demonstration oder Prototypen hinausgehen und insbesondere Anwendungen, welche für die Gestaltung eines Geschäftsmodells geeignet wären, bedürfen jedoch in der Regel eine umfassendere Anpassung und Programmierung. Mit den auf dem Markt erhältlichen Authoring Tools ist daher ohne signifikanten Kompetenzaufbau nur in Ausnahmefällen relevanter Wert im Rahmen eines Geschäftsmodells generierbar [45, 46]. Nichtsdestotrotz eignen sich die vorhandenen Authoring Tools, um erste Tests und Studien durchzuführen und so sukzessiv ein Geschäftsmodell zu entwickeln. Für bestimmte Anwendungsfälle sind Softwareprodukte am Markt verfügbar, die sich in das eigene Software-Ökosystem einbinden lassen. So bieten zum Beispiel PTC mit Vuforia Chalk [47], Teamviewer mit dem Teamviewer Pilot [48] und Microsoft mit dem Dynamics 365 Remote Assist [49] Lösungen für den Fernservice über VR an, der als Software-as-a-Service (SaaS) bezogen werden kann.[2] Ein Fernservice (synonym Teleservice) beschreibt technische Dienstleistungen für IT-basierte Geräte, Maschinen und Anlagen, die über Kommunikationsnetze wie etwa das Internet weltweit über geografische Distanz hinweg erbracht werden. Beispiele sind die Inbetriebnahme von Maschinen sowie die Störfallerkennung und -beseitigung.

Zusammengefasst lässt sich festhalten, dass die Einsatzmöglichkeiten von AR aufgrund der technologischen Entwicklung stetig zunehmen. Gleichzeitig sind Anzeigegeräte für AR wie etwa Smartphones und Tablets bei fast allen potenziellen Nutzern bzw.

---

[2]Es existieren noch weitere Anbieter für AR-Softwarepakete. Hier sind jedoch nur die bekanntesten Beispiele genannt.

Kunden vorhanden. Die Investitionsbereitschaft führender Technologie-Unternehmen wie Apple, Microsoft und Facebook ist zumindest ein Indikator dafür, dass AR nicht nur unter technischen Gesichtspunkten eine relevante Zukunftstechnologie ist, sondern aufgrund der vielfältigen Anwendungsmöglichkeiten ein hohes Potenzial für eine wirtschaftliche Nutzung bietet. AR bietet Chancen zur Steigerung der Wettbewerbsfähigkeit eines Unternehmens über Prozessoptimierungen und Geschäftsmodell-Innovationen. Dies wird insbesondere durch die Vielzahl an praktischen Beispielen deutlich, die bei der Recherche für dieses Buch identifiziert wurden (vgl. Kap. 5). Entsprechend sollten Unternehmen prüfen, wie eine AR-Strategie ausgestaltet sein könnte, was ebenso Porter und Heppelmann (2017) in einem Artikel im Harvard Business Review konstatieren [50] – wenngleich das Ergebnis der strategischen Analyse sein kann, AR gar nicht oder nicht unverzüglich einzusetzen und zunächst die weitere Entwicklung der Technologie abzuwarten.

2.2.2 Virtual Reality

Virtual Reality (VR) ist neben AR die zweite Technologie der Mixed Reality. Steuer (1992) definiert VR als reale oder simulierte Umgebung, in welcher eine Person Telepräsenz wahrnimmt [26]. Der Begriff Telepräsenz beschreibt das Empfinden eines menschlichen Nutzers, sich in einer entfernten Umgebung anwesend zu fühlen. Der Bestandteil „virtuell" der virtuellen Realität bedeutet, dass die vom Nutzer wahrgenommene Realität nicht echt bzw. nicht in Wirklichkeit vorhanden ist, aber echt erscheint. Es handelt sich um eine mittels Hard- und Software simulierte Wirklichkeit. In diese künstliche Welt kann sich ein menschlicher Nutzer scheinbar hineinversetzen.

VR und AR sind eng miteinander verknüpft und prägen gemeinsam den Begriff XR, auch wenn sie sich grundsätzlich entgegengesetzt auf dem RV-Continuum nach Milgram et al. (1995) (siehe Abb. 2.1) befinden [27]. Beide Technologien adressieren die Sinne der menschlichen Nutzer durch technologische Maßnahmen, um die Wahrnehmung digital erstellter Inhalte zu ermöglichen. Während AR die weiterhin wahrnehmbare „echte" Realität lediglich um virtuelle Inhalte sinnvoll ergänzt, verfolgt VR das Ziel, den Nutzer so immersiv wie möglich in eine virtuelle Realität „eintauchen" zu lassen. Der Begriff Immersion bezeichnet im Kontext einer VR-Anwendung den Bewusstseinszustand eines Nutzers, in dem die virtuelle Umgebung als real wahrgenommen wird. Dieses „Eintauchen" des Nutzers in eine virtuelle Realität wird durch digitale Bildwelten und die Möglichkeit zur Interaktion mit der simulierten Umgebung erzeugt. Als Blick in eine möglicherweise noch ferne Zukunft sei hier das Holodeck der Filmserie Star Trek genannt, bei dem die Menschen sich mit allen Sinnen in einer anderen Umgebung befinden [26].

Aus einer historischen Perspektive geht der Wunsch nach Immersion in eine künstlich erschaffene Welt zurück auf Panorama-Gemälde und Rotunden, bei denen sogar ganze Gebäude, bestehend aus einem einzigen 360-Grad-Bild, erstellt wurden [51].

Doch auch diese Werke konnten nur zweidimensionale Abbildungen einer anderen Realität darstellen. Als Grundlage für das heutige technologische Verständnis für VR entwarf Charles Wheatstone im Jahre 1838 ein Bild, welches dem Betrachter einen dreidimensionalen Eindruck verschaffte. Dies erreichte er, indem den Augen des Betrachters jeweils zwei leicht unterschiedliche Bilder dargestellt wurden. Heutige VR-Geräte funktionieren nach dem gleichen Prinzip, das darauf basiert, wie Menschen auf natürliche Art und Weise die Umgebung über ihre Sinnesorgane wahrnehmen [51]. Diese Lösungen gehen auf die Erkenntnisse des Euclid im alten Griechenland zurück, der das Prinzip des Stereoscopes beschrieb [52].

Als „Erfinder" heute bekannter VR-Brillen gilt Morton Heilig, der mit dem Sensorama erstmals Bewegtbilder, abgefilmt mit einer stereoskopischen Kamera, in 3D zeigte [53]. Allerdings fehlte die dynamische Interaktion mit der virtuellen Umgebung. Die erste rudimentäre Interaktion über die Änderung des Blickwinkels wurde mit einem mechanischen Trackingsystem namens „Sword of Damocles" im Jahre 1968 erzielt, das aufgrund seiner Form so genannt wurde. Das Schwert von Damokles war der Überlieferung nach ein an einem Haar befestigtes Schwert, welches über dem Kopf des Königs schwebte und jeden Moment herunterfallen konnte.

Das erste Head-Mounted-Display (HMD) war für ein längeres Tragen zu schwer für Menschen, sodass es an einer höhenverstellbaren und an der Decke befestigten Stange montiert war. Ein HMD ist ein am Kopf oder als Teil eines Helms getragenes Anzeigegerät, das digitale Bilder auf einem Bildschirm in Augennähe visualisiert oder auf die Netzhaut projiziert. Zwar wurde nur ein rudimentärer Würfel in Form eines Drahtrahmens dargestellt. Es war jedoch die erste computergenerierte Grafik, welche sich stereoskopisch von verschiedenen Seiten betrachten ließ [51]. Im Laufe der Zeit entwickelten verschiedene Unternehmen Geräte und Software, welche ein immersives virtuelles Erlebnis erzeugen sollten. So zum Beispiel 1991 der Videospiel- und Konsolenhersteller Sega, der mit der „Sega VR" ein relativ leichtes und komfortabel zu tragendes Headset vorstellte. Dieses Headset erreichte jedoch aufgrund technischer Mängel in der Displaytechnologie keine Marktreife. Im Jahre 1995 brachte Nintendo mit dem „Virtual Boy" ein weiteres HMD auf den Markt [54], das allerdings ebenfalls aufgrund technischer Schwierigkeiten der Displaytechnologie keinen nennenswerten kommerziellen Erfolg erzielte [55].

Erst 2012 mit der Crowdfunding-Kampagne bei Kickstarter für die Oculus Rift von Palmer Luckey begann der erneute Aufstieg des heute bekannten VR. Luckey entwarf in seiner Garage aus handelsüblichen Komponenten einen Prototyp eines VR-Headsets und überzeugte im Laufe der Zeit nicht nur viele Konsumenten, welche über die Crowdfunding-Kampagne die ersten Schritte der Entwicklung finanzierten. Mark Zuckerberg von Facebook investierte 2 Mrd. US$ in den Kauf des Unternehmens hinter der Oculus Rift [56, 57]. Zum Zeitpunkt des Verfassens dieses Buches existieren ca. 25 verschiedene Headset-Modelle unterschiedlicher Hersteller, unter anderem Oculus, Valve, Hewlett-Packard, Lenovo, Pimax, HTC, StarVR, Varjo, Acer, Dell, Samsung und Asus [58].

Nach diesem Rückblick in die Historie von VR stellt der folgende Abschnitt die grundlegenden Funktionsweisen und Technologien vor, um ein grundlegendes Verständnis zu den Chancen und aktuellen Grenzen von VR zu vermitteln. Dieses Wissen ist eine Voraussetzung für das Verstehen der in späteren Kapiteln vorgestellten Geschäftsmodellmuster zur betriebswirtschaftlichen Nutzung von VR. Die folgenden drei Unterkapitel stellen mit Anzeigegeräten, Informationen und Software die drei notwendigen Komponenten für VR vor. Einschränkend sei angemerkt, dass diese Ausführungen vor dem Hintergrund der schnellen technologischen Weiterentwicklung nur ein aktuelles Schlaglicht darstellen.

2.2.2.1 Anzeigegerät

Der Bestandteil „virtuell" der virtuellen Realität bedeutet, dass die vom Nutzer wahrgenommene Realität nicht echt bzw. nicht in Wirklichkeit vorhanden ist, aber echt erscheint. Es handelt sich um eine mittels Hard- und Software simulierte Wirklichkeit, in die sich der menschliche Nutzer scheinbar hineinversetzen kann. Daher benötigt der Mensch ein entsprechendes Instrument bzw. Werkzeug zur Interaktion in und mit der virtuellen Realität. In der aktuellen Generation der Technologie sind diese Anzeigegeräte zumeist sogenannte VR-Brillen. Diese bieten die höchste Immersion und Telepräsenz. VR adressiert mit technischen Lösungen verschiedene Sinne des Menschen, um durch eine möglichst hohe Immersion die Telepräsenz herbeizuführen. Alle auf dem Markt zum Zeitpunkt des Verfassens dieses Buches erhältlichen Brillen haben einen grundsätzlich ähnlichen Aufbau. Zur Einordnung der einzelnen technischen Lösungen stellt Abb. 2.3 die Visualisierungsmedien anhand der Unterscheidungsmerkmale Methode, Rechnerunterstützung, Bewegung im Raum und Interaktionsmöglichkeit vor.

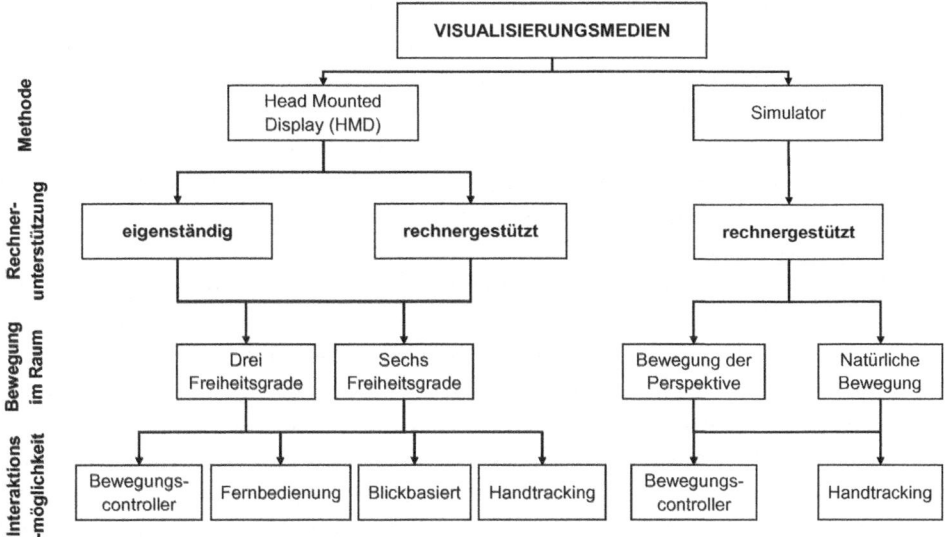

Abb. 2.3 Übersicht der Visualisierungsmedien bei VR. (Angelehnt an Reif (2009) [35])

Grundsätzlich unterscheiden sich VR-Lösungen im Hinblick auf die **Darstellungs-methode,** dass sie entweder kopf-basiert als Head Mounted Display (HMD) umgesetzt oder aber in Form eines Simulators realisiert sind. Ein **Simulator** ist ein Gerät oder ein Raum, in den sich ein Mensch begeben und dann über seine Sinne eine virtuelle Umgebung wahrnehmen kann. Für die visuelle Wiedergabe der virtuellen Realität dient im Simulator beispielsweise ein flacher Bildschirm. Die Stimulierung anderer Sinne wie beispielsweise Hören oder Riechen lässt sich über entsprechende akustische und olfaktorische Effekte erreichen. Es lassen sich zwei unterschiedliche Arten von Simulatoren differenzieren, die sich darin unterscheiden, wie sie die Bewegung im virtuellen Raum bzw. in der Umgebung realisieren. Bei einfachen Simulatoren, bei denen ein Bildschirm vor dem Menschen in Blickrichtung montiert ist, wird die Bewegung der virtuellen Perspektive und dadurch die Perspektivänderung durch ein Eingabemedium wie etwa einen Joystick oder ein Lenkrad erzielt. Beispiele sind Flug- und Rennsimulatoren, die für heimischen Computern bzw. Spielkonsolen ausgelegt sind und eine gewisse Immersion über visuelle und auditive Wahrnehmung erzeugen. Ein weiteres Beispiel bieten Simulatoren auf Jahrmärkten und in Freizeitparks, die oft als bewegliche Räume angelegt sind. Dabei verstärken Bewegungen des Simulators, Rundum-Geräusch-effekte und 3D-Anzeigen das Gefühl der Immersion beim Nutzer.

Bei komplexeren Simulatoren kann eine Bewegung und damit einhergehende Perspektivänderung auch innerhalb eines Simulator-Raums stattfinden. Anstatt den Bildschirm bloß als „Fenster" in die virtuelle Realität wahrzunehmen, befindet sich der Nutzer in der virtuellen Realität des ihn umgebenden Simulators. Weitere Beispiele neben den vorgenannten Simulatoren in Freizeitparks sind fest installierte Simulatoren für die Piloten- oder Panzerfahrerausbildung. Wenn sich Nutzer in die Räumlichkeit des Simulators begeben, können sie z. B. ihre visuelle Perspektive durch reale Bewegungen und Drehungen wechseln. Ein immersives Erleben wird wiederum über visuelle, akustische, olfaktorische und unter Umständen haptische Reize erzeugt. Diese Form des Simulators ist aufgrund seiner Eigenschaften wie Größe des Raumes, Komplexität der Simulationsinhalte, Verfügbarkeit der Komponenten und Kosten etc. nur mit viel Aufwand und somit nur bei langfristigem Einsatz des Simulators sinnvoll. Die Interaktion mit der virtuellen Umgebung kann bei beiden beschriebenen Varianten über sogenannte Controller (Eingabemedien wie beispielsweise Joysticks) oder über eine digitale Bewegungserfassung der Hände und/oder des Körpers realisiert werden.

Neben Simulatoren sind **Head Mounted Displays (HMD)** eine weitere Darstellungs-methode. Bei HMD handelt es sich um eine „Brille" bzw. ein Headset, das Personen auf dem Kopf tragen. Mithilfe eines am Kopf montierten Geräts wird unter größtmöglichem Ausschluss der optischen Wahrnehmung der wirklichen Realität ein „Eintauchen" in die virtuelle Realität angestrebt. Innerhalb dieser VR-Brille befindet sich ein Bildschirm, der die digitalen Inhalte für den Nutzer visualisiert. Bei den ersten Prototypen der Oculus Rift wurden dazu auf dem Markt erhältliche Smartphone-Displays verbaut. Jedoch ist ein Bildschirm, der nur wenige Zentimeter vor den Augen eines Menschen platziert ist, aus physiologischen Gründen nur schwer scharfzustellen. Daher haben aktuelle VR-Brillen ein Linsensystem, das es dem menschlichen Auge ermöglicht, sehr nahe Bildschirme scharf sehen zu können. Durch physikalische Gesetze und Grenzen in der Fertigungstechnik besteht nur ein eingeschränkter Gestaltungsspielraum hinsichtlich des grundlegenden Aufbaus und der Größe von VR-Brillen. Mithilfe holografischer Optiken, polarisierenden Gläsern und Laser-Beleuchtung konnte allerdings ein Prototyp mit den Ausmaßen bzw. der Form einer ausladenden Sonnenbrille geschaffen werden [59].

Das zweite Unterscheidungsmerkmal für VR-Lösungen ist die Art der **Rechnerunterstützung.** Die virtuellen digitalen Welten müssen berechnet und grafisch dargestellt werden. Zur Berechnung dienen Computer, welche die dafür erforderlichen aufwendigen grafischen Berechnungen durchführen. Im Hinblick auf die Rechnerunterstützung lassen sich einerseits extern rechnergestützte VR-Brillen und andererseits Stand-alone-VR-Brillen unterscheiden. Bei **rechnergestützten VR-Brillen** handelt es sich historisch betrachtet um die vorgelagerte Entwicklungsstufe der Stand-alone-VR-Brillen. Weil komplexe grafische Darstellung eine hohe Rechnerkapazität erfordern, konnten zu Beginn der ersten VR-Headsets 2014 nur klassische Desktop-Rechner und einzelne Hochleistungslaptops diese durchführen. Um ein Bild auf der VR-Brille anzuzeigen, werden diese wie ein Bildschirm mit einem Kabel an den externen Computer angeschlossen. Die Berechnung der virtuellen Welt erfolgt räumlich getrennt vom Körper des Nutzers, während die Ausgabe der virtuellen Realität über das Headset erfolgt. Mit der Entwicklung immer schnellerer Smartphone-Prozessoren konnten grafisch aufwendigere Inhalte auch auf kleinen mobilen Endgeräten dargestellt werden. **Stand-alone-VR-Brillen** erfordern keinen externen Rechner, sondern haben die erforderliche Rechenkapazität in der Brille selbst integriert. Eine Entwicklungsstufe der Stand-alone-VR-Brillen waren Smartphone-integrierende Brillen wie Google Cardboard oder Gear VR von Samsung, welche die Prozessorressourcen und den Bildschirm der damaligen Hochklasse-Smartphones genutzt haben. Aktuelle Stand-alone-Geräte wie etwa die Oculus Quest 2 basieren weiterhin auf Mobile-Prozessoren, haben diese jedoch direkt in der Brille integriert. Kombiniert mit einem Inside-Out-Tracking, das im Rahmen der Bewegungsmöglichkeiten im virtuellen Raum beschrieben wird, ist für das Erzeugen einer virtuellen Realität nur genug räumlicher Platz und die Stand-alone-Brille erforderlich. Sowohl rechnergestützte als auch Stand-alone-Brillen haben ihre Daseinsberechtigung. Rechnergestützte VR-Brillen haben Vorteile bei grafisch sehr anspruchsvollen virtuellen Realitäten, da Smartphone-Prozessoren auf absehbare Zeit nicht dieselbe Grafikleistung bieten wie beispielsweise dedizierte Grafikkarten in PCs. Demgegenüber bieten Stand-alone-Brillen einen Nutzen für Anwendungsfälle, bei denen beispielsweise die Bedienungsfreundlichkeit wichtiger als die Grafikqualität ist.

Als drittes Differenzierungskriterium bei den VR-Brillen dient die **Bewegungsmöglichkeit im virtuellen Raum** durch reale Bewegungen. Als einfachste Variante ist hier „**kein Freiheitsgrad**" zu nennen. Dabei kann der Nutzer durch Bewegung des Kopfes oder des Körpers in keiner Weise seinen Blickwinkel in der virtuellen Realität ändern. Die Änderung des Sichtfelds oder Position im virtuellen Raum erfolgt nur durch Eingabemedien wie einer Fernbedienung oder einem Joystick. Entsprechend ist der Grad an Immersion relativ gering. Als nächste Stufe der Bewegungsfreiheit sind **drei Freiheitsgrade** zu nennen. Dabei kann der Nutzer den Kopf und/oder den Körper entlang der x-, y- und z-Achse drehen und sich somit analog zur Realwelt „umgucken". In der Praxis ist diese Lösung oft bei VR-Lösungen für Smartphones wie beispielsweise Google Cardboard und der Gear VR von Samsung sowie günstigen Stand-alone-Brillen zu finden, da für diese Stufe der Bewegungsfreiheit nur Gyrosensoren zur Erfassung der Rotationsbewegung erforderlich sind. Die dritte Stufe der Bewegungsfreiheit stellen **sechs Freiheitsgrade** dar. Hierbei kann der Nutzer nicht nur den Kopf drehen und neigen, sondern sich auch nach vorne oder zur Seite lehnen, zurücktreten und sich durch den realen Raum bewegen, um seine Wahrnehmung des virtuellen Raums zu steuern. Diese Bewegungsfreiheit bietet den höchsten Grad an Immersion und ist in den meisten der modernen Headsets realisiert. Hinsichtlich der technischen Realisierung der beschriebenen Freiheitsgarde lassen sich Inside-Out- und Outside-In-Tracking sowie Lighthouse-Tracking unterscheiden [60]. Bei einem **Inside-Out-Tracking** orientiert sich die VR-Brille über Sensoren, meist Kameras, im Raum und ermöglicht so die beschriebenen sechs Freiheitsgrade. Beim **Outside-In-Tracking** wird die Position der VR-Brille von Sensoren außerhalb der Brille, beispielsweise durch im realen Raum verteilte Basisstationen, bestimmt. Eine Zwischenlösung ist das **Lighthouse-Tracking,** welches beispielsweise in den Lösungen HTC Vive und HTC Vive Pro realisiert wurde. Hierbei senden die Basisstationen, die sogenannten Lighthouses, Infrarot-Signale aus. Sensoren an der Brille und den Controllern dienen der Orientierung im mit Infrarotstrahlen beleuchteten Raum.

Das vierte Differenzierungsmerkmal der VR-Medien ist die **Interaktionsmöglichkeit mit der virtuellen Realität.** Die einfachste Methode ist die **blickbasierte Interaktion.** Insbesondere bei Headsets, welche nur drei Freiheitsgrade bieten und ohne Zusatzgeräte auskommen, ist dies die einzige Interaktionsmöglichkeit. Dabei kann der Nutzer mit der Kopfbewegung einen Punkt im virtuellen Raum auf eine Interaktionsfläche bewegen und mit verharrendem Blick eine Funktion aktivieren [61]. Eine Weiterentwicklung wäre die Interaktion über Augenbewegung, kann aber hier unter der „Blick-basierten Interaktion" zusammengefasst werden. Die nächste Stufe der Interaktion ist eine **Fernbedienung,** welche mit dem Headset beispielsweise über Bluetooth verbunden ist. Dieser Controller mit drei Freiheitsgraden dient als eine Art Laserpointer. Somit können Nutzer mit der virtuellen Realität etwas komfortabler interagieren [62]. Wie auch bei den VR-Brillen sind sechs Freiheitsgrade natürlicher und erleichtern eine Immersion der Nutzer. Deshalb befinden sich auf der nächsten Stufe die **Bewegungscontroller.** Diese funktionieren ähnlich wie eine Fernbedienung, simulieren jedoch mittels Trackings die Bewegung der Hände in der virtuellen Realität. Nutzer können dadurch realitätsnah mit virtuellen Objekten interagieren, diese mit Knopfdruck greifen oder sich über andere Eingabeknöpfe an den Controllern durch die virtuelle Realität teleportieren. Der Begriff Teleportieren bezeichnet den Transport eines Objekts von einem Ort an einen anderen in minimaler Zeit, ohne dass die räumliche Distanz dafür physisch durchquert wird. Durch geringe Latenz und hohe Genauigkeit der Controller sowie einer natürlichen

Position der virtuellen Objekte in der virtuellen Hand bieten diese Controller eine hohe empfundene Symmetrie in der Kontrolle, d. h. eine höhere Immersion [63]. Eine weitere Interaktionsmöglichkeit ist das **Handtracking.** Dabei werden die Handbewegungen der Nutzer erfasst und mittels eines Algorithmus in die virtuelle Realität übertragen [64]. Das Handtracking bietet die natürlichste Interaktion mit den virtuellen Objekten und macht dabei von den vielen Gesten und Bewegungsmöglichkeiten Gebrauch, die eine menschliche Hand auszuführen in der Lage ist. Dadurch erzeugt das Handtracking einen hohen Grad an Immersion. Da jedoch in der „Luft" interagiert wird und nicht mit realen Objekten mit entsprechender Haptik, bleibt den Nutzern stets bewusst, dass sie nur mit virtuellen Objekten interagieren. Erste Prototypen und Forschungsprojekte versuchen ein haptisches Feedback bei der Interaktion zu ermöglichen und somit die Immersion bzw. die empfundene Telepräsenz zu erhöhen [65, 66]. Diese Prototypen bieten die Funktionalität des Handtrackings, treten technisch bedingt als Controller auf und erweitern die Wahrnehmung der virtuellen Realität um die sensorische Empfindung und Haptik für virtuelle Elemente. Sie stellen den nächsten logischen Schritt in der Evolution von VR dar. Allerdings sind diese technischen Lösungen (noch) vergleichsweise kostenintensiv und werden bisher nur selten in der Unternehmenspraxis eingesetzt.

Anhand der vorgestellten Unterscheidungsmerkmale Methode, Rechnerunterstützung, Bewegung im Raum und Interaktionsmöglichkeit lassen sich technische Lösungen im VR-Bereich grob einordnen. Mit diesen Grundlagen können die in späteren Kapiteln Geschäftsmodell-Innovationen für VR richtig eingeschätzt und die Anwendungsfälle auf bekannte Kontexte zu übertragen und kritisch hinterfragt werden. Dennoch ist auch hier ein Experimentieren mit den verschiedenen technischen Lösungen zu empfehlen. Nicht für alle Anwendungsfälle ist die qualitativ hochwertigste und damit meist teurere VR-Lösung notwendig. Gleichzeitig erfüllt für andere denkbare Anwendungsfälle selbst die aktuell beste verfügbare VR-Lösung noch nicht die Anforderungen. Hier gilt es, Kosten und Nutzen gegeneinander abzuwägen.

2.2.2.2 Informationen

Auch für die virtuelle Realität werden Informationen benötigt. Aufgrund der Ähnlichkeit zwischen AR und VR und der Übertragbarkeit der Informationsgrundlagen von AR auf VR werden hier vor allem die Besonderheiten von VR dargestellt. Zunächst ist festzuhalten, dass die Gestaltung von VR-Inhalten anspruchsvoller sein kann als die Gestaltung von AR-Erfahrungen. Während bei AR die Realität um einzelne digitale Elemente ergänzt wird, muss für eine VR-Anwendung eine komplette virtuelle Umgebung bzw. digitale Realität erstellt werden, welche dann erst mit anderen digitalen Elementen angereichert werden kann. Bei diesen digitalen Elementen handelt es sich sowohl um 3D- und Objektinformationen als auch um zweidimensionale Informationen.

2.2.2.2.1 3D- und Objektinformationen

Wie auch bei AR sind für VR geeignete 3D- und Objektinformationen oft digitale 3D-Modelle bereits existierender Produkte, Bauteile, Maschinen und ähnlichen Elementen.

Diese liegen Unternehmen des produzierenden Gewerbes häufig in Form von CAD-Dateien vor. Ist dies der Fall, lassen sich CAD-Dateien relativ einfach in die für VR notwendigen Dateiformate überführen und damit in VR betrachten. Software-Tools, die zur Erstellung von VR-Inhalten genutzt werden, unterstützen viele der gängigen CAD-Dateiformate und ermöglichen dadurch einen kurzen Workflow zur Implementierung und Weiternutzung vorhandener digitaler Ressourcen [38, 39]. Unter Umständen müssen diese Objekte nachbearbeitet und für VR optimiert werden, damit eine Darstellung mit ausreichender hoher Geschwindigkeit und grafischer Auflösung möglich ist. Darüber hinaus muss die Umgebung der virtuellen Realität erst erstellt werden. Während bei AR die reale Welt als Umgebung dient, muss für VR eine solcher Kontext erst noch erstellt werden, sei es ein einfacher digitaler Raum oder aber eine komplexere Umgebung wie eine Fabrikhalle. Diese ebenfalls als 3D- und Objektinformation zu klassifizierenden Umgebungen werden mit bestimmten Software-Tools erstellt. Meist dienen ursprünglich aus der Spieleindustrie stammende Tools wie die „Unreal Engine" [39] oder „Unity3D" [38] dem Erstellen von VR-Umgebungen.

Eine weitere Informationsquelle für VR sind digitale Aufnahmen der realen Welt, welche in die virtuelle Realität überführt werden. Solche Aufnahmen werden mittels 360-Grad-Kameras aufgenommen [67]. Allerdings erlauben nur die Geräte der neuesten Generation darüber hinaus auch eine stereoskopische Aufnahme, beispielsweise Insta360 Pro 2 oder Kandao Obsidian R. Als konkretes Beispiel sei hier Google Maps mit „Street View" genannt, welche einige Orte über Echtaufnahmen in VR betrachten lassen oder einige YouTube-Videos, welche einen VR-Modus besitzen (URL: vr.youtube.com). Der Nachteil bei dieser Art von VR ist jedoch, dass keine wirkliche Interaktion mit der virtuellen Realität und den Elementen darin stattfinden kann. Dies lässt sich nur durch eine Überführung der realen Elemente in 3D-Objekte, mit denen Nutzer interagieren können, erreichen. Allgemein stellt die Übertragung analoger Daten in die virtuelle Realität eine Herausforderung dar. Sind keine digitalen 3D-Informationen vorhanden und eine Aufnahme in Form von Fotos oder Videos nicht ausreichend, weil mit den Elementen interagiert werden soll, so ist mit einem erhöhten Aufwand zu rechnen. Es gibt zwei Optionen, um reale Objekte in die virtuelle Realität zu überführen. Entweder werden sie anhand des realen Beispiels durch qualifiziertes Personal „nachgebaut" oder sie werden über Fotogrammetrie oder 3D-Scans digitalisiert und im Nachgang so überarbeitet, dass mit ihnen in der virtuellen Realität interagiert werden kann [68].

2.2.2.2.2 2D-Informationen

Auch zweidimensionale Informationen lassen sich in der virtuellen Realität verwenden. Wie bei AR liegen bei den meisten Unternehmen 2D-Informationen vor, die genauso verwendet werden können in der wirklichen Realität. Beispielsweise lassen sich in VR ebenfalls PDF-Dateien, Bilder und Videos betrachten. Darüber hinaus kann in der virtuellen Realität in einem virtuellen Büro auf digitalen Bildschirmen gearbeitet werden. Eine besondere Lösung ist dabei, dass eine Art AR innerhalb der virtuellen Realität genutzt werden kann. Da die virtuelle Realität bereits digital vorhanden ist, kann ohne großen Mehraufwand die Verknüpfung der 2D-Informationen mit der virtuellen Umgebung erfolgen und diese dadurch sinnvoll ergänzen.

2.2.2.3 Software

Ebenso wie AR ist VR in erster Linie ein Softwareprodukt. Zwar ist für das Erlebnis der virtuellen Realität als Hardware eine VR-Brille oder eine Simulationskammer nötig, doch ist das eigentliche Produkt die komplementäre Software dahinter. Die Entwicklung komplexer VR-Softwareprodukte und Dienstleistungen ist daher in der Regel von Fachkräften durchzuführen. Dennoch gibt es wie für AR verschiedene Authoring Tools, welche die Entwicklung solcher Anwendungen auch für weniger geschultes Personal ermöglichen sollen. Gleichwohl zielen diese Authoring Tools wie etwa „Medium", „Quill" oder „Tilt Brush" eher auf die Einsatzzwecke Bildung [69] oder Kunst ab. Authoring Tools für komplexere Anwendungsfälle erfordern deutlich höhere Fachkenntnisse und Ressourcen [70]. Erste Ansätze, Authoring Tools auch für den Industriebereich und für weniger geschulte Fachkräfte anzubieten, befinden sich noch am Anfang und bestehen eher aus Vorlagen, mit denen auf Basis der vorhandenen Software-Entwicklungspakete (engl. software development kit [SDK]) rudimentäre VR-Anwendungen erstellt werden können [71]. Diese SDK sind wie bei AR beispielsweise die „Unity3D" und „Unreal Engine 4" sowie andere SDKs aus dem Bereich der Spieleentwicklung. Diese Tools bieten die Möglichkeiten, 3D-Objekte, Animationen und Interaktionen abzubilden und zu gestalten. Zudem bieten sie Schnittstellen zu anderen Programmen. Für diese SDKs sind jedoch Kompetenzen in der 3D-Gestaltung und in der Programmierung von Software notwendig. Wie auch bei AR eignen sich die vorhandenen Authoring Tools für erste Tests mit der Technologie, um diese kennenzulernen, Mehrwerte für die Kunden zu identifizieren, Potenzial für Prozessoptimierungen zu erkennen und sukzessiv ein Geschäftsmodell zu innovieren. Als Beispiel sei die Software „Spatial" genannt, die ein kollaboratives Arbeiten in einem digitalen virtuellen Raum ermöglicht.[3] Diese Anwendung bietet ähnliche Funktionalitäten wie Microsoft Teams oder Zoom, allerdings mit virtuellen Avataren in einer 3D-Umgebung. Ein weiteres Beispiel bietet die Software „halocline", mit welcher Produktionsplanungen in VR durchgeführt werden können.[4] Sollen jedoch komplexere VR-Anwendungen erstellt werden, so sind die SDKs durch geschulte Fachkräfte einzusetzen.

Abschließend lässt sich zu VR festhalten, dass die technologische Entwicklung schnell voranschreitet, während neue Potenziale für Einsatzszenarien und Geschäftsmodelle aufgedeckt werden. Auch wenn die technologischen Lösungen noch nicht in der Lage sind, eine vollständig empfundene Telepräsenz zu erzeugen, so ist die Immersion für viele Einsatzzwecke auch abseits des Spiele- und Entertainmentbereichs weit fortgeschritten. AR und VR stehen zwar prinzipiell auf entgegengesetzten Seiten des RV-

---

[3] spatial.io, zugegriffen am 03.02.2021.
[4] salocline.io, zugegriffen am 03.02.2021.

Kontinuums nach Milgram et al. (1995) [27], haben aber dennoch die Ergänzung oder Ersetzung der realen Welt mit und um virtuelle Elemente gemein. Diese Gemeinsamkeit teilen sie sich in der Form der Darstellung über moderne Displaytechnologien, Adressieren der menschlichen Sinne (optisch und akustisch), ähnlichen Ansätzen in der Softwareentwicklung und den notwendigen Datengrundlagen. Zwar ist die Beteiligung der „Tech-Giganten" an der Technologieentwicklung keine Garantie für einen Erfolg. Jedoch ist das hohe Investment ein Hinweis für eine langfristige Unterstützung und Weiterentwicklung der Technologie.

Dieses Kapitel hat ein grundlegendes Verständnis für die Technologie vermittelt, sodass die im nächsten Kapitel beschriebenen Anwendungsbereiche nachvollzogen werden können. Für eine vertiefende Betrachtung der technologischen Grundlagen sei auf die einschlägige Fachliteratur verwiesen. Die im folgenden Kapitel beschriebenen Anwendungsbereiche von AR und VR dienen vor allem als Impuls für Unternehmen für eine eigene Implementierung.

2.3   Anwendungsbereiche und Nutzen

Der Fokus dieses Buches liegt auf der verarbeitenden Industrie. Für diese Unternehmen werden einzelne Anwendungsbereiche und der Nutzen von AR und VR dargestellt. Zur Strukturierung der Anwendungsbereiche und den dort möglichen Anwendungsfällen wird im Folgenden Bezug auf die Wertschöpfungskette von Porter (2014) genommen [72]. Das in Abb. 2.4 dargestellte Modell typischer Wertschöpfungsketten von Industrieunternehmen wird in Abschn. 4.1 als Ordnungsrahmen herangezogen und in Bezug auf die Begrifflichkeiten leicht angepasst. Zudem wird im Vergleich zum Ausgangsmodell der Bereich der Eingangslogistik in das Feld Logistik allgemein

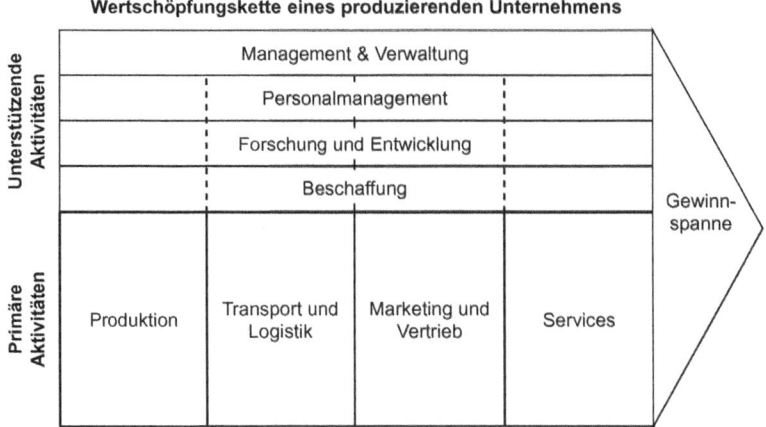

Abb. 2.4 Wertschöpfungskette. (Nach Porter (2014) [72])

überführt, da für den Bereich Eingangslogistik als Teilfunktion der Logistik nicht signifikant andere Anwendungsfälle und Geschäftsmodelle identifiziert werden konnten. Im Folgenden werden dann entsprechend der in Abb. 2.4 dargestellten Struktur die einzelnen Anwendungsfälle vorgestellt. Diese Auflistung der denkbaren bzw. in der Literatur und Praxis beschriebenen Anwendungsfälle soll Impulse beim Identifizieren geeigneter Geschäftsmodelle für das eigene Unternehmen liefern. Gleichzeitig wird deutlich, wie facettenreich XR eingesetzt werden kann. Aufgrund der Ähnlichkeit von AR und VR haben sich einige Anwendungsfälle als gleichermaßen für beide Technologien geeignet erwiesen.

Die folgende Vorstellung der Anwendungsfälle für XR gliedert sich entsprechend der Wertschöpfungskette produzierender Unternehmen zunächst in die Anwendungsbereiche bei den primären Aktivitäten Produktion, Transport und Logistik, Marketing und Vertrieb sowie Services. Danach werden die Anwendungsfälle in den unterstützenden Aktivitäten Management und Verwaltung, Personalmanagement, Forschung und Entwicklung sowie Beschaffung vorgestellt.

2.3.1 Produktion

2.3.1.1 Arbeitsschutz und Arbeitssicherheit (AR/VR)

Im Bereich der Produktion können sowohl AR als auch VR im Arbeitsschutz und der Arbeitssicherheit Anwendung finden [12, 13, 16, 73, 74]. Zum Beispiel können Mitarbeiter mittels AR vor gefährlichen Objekten gewarnt oder bei einer fehlerhaften Anwendung auf Risiken hingewiesen werden. Dies geschieht im Rahmen einer reaktiven Maßnahme beispielsweise dadurch, dass dem Mitarbeiter ein Sicherheitshinweis unmittelbar im Blickfeld eingeblendet wird. Präventiv lassen sich an einem realen Objekt Sicherheitstrainings durchführen, indem sicherheitsrelevante Bereiche visuell hervorgehoben oder Zusatzinformationen sowie Arbeitsanweisungen angezeigt werden.

Während AR zum Verbessern der Arbeitssicherheit beitragen kann, lässt sich VR als präventive Maßnahme einsetzen. Mittels VR-Sicherheitstrainings lässt sich potenziell die Anzahl an Arbeitsunfällen senken, indem Mitarbeiter in gefährlichen Arbeitsumgebungen virtuell geschult werden [75]. Gleichzeitig kann VR dazu beitragen, die Arbeitsumgebung der Mitarbeiter kontinuierlich zu verbessern und Veränderungen beispielsweise der Arbeitsplätze virtuell testen, ohne eine physische Umstellung vornehmen zu müssen.

2.3.1.2 Prozess- und Qualitätskontrolle in der Produktion (AR/VR)

Der nächste Anwendungsfall im Bereich der Produktion ist die Prozess- und Qualitätskontrolle in [76–80]. AR kann hier insbesondere bei optischen Soll-Ist-Vergleichen unterstützen und so zu einer geringeren Fehlerquote sowie weniger physischer und mentaler Anstrengung bei der Montage führen. Ebenso lassen sich im Rahmen einer Produktionsüberwachung bei identifizierten Abweichung visuelle Hinweise für die

Mitarbeiter einblenden. Der Landmaschinenhersteller AGCO konnte in einem Pilot-projekt mittels AR papierbasierte Arbeitsschritte bei der Qualitätskontrolle reduzieren und ein Führen von Checklisten ermöglichen. Dadurch ließ sich die für die Quali-tätskontrolle erforderliche Zeit um ca. 30 % reduzieren [81]. Zudem kann VR die Einführung einer Qualitätskontrolle für neue Produkte unterstützen, wenn die Kontroll-aktivitäten vor der realen Implementierung im virtuellen Raum digital erprobt werden. Dies erleichtert aufgrund der reduzierten Kosten der Umsetzung ein iterativ-evolutionäres Vorgehen und vereinfacht Entscheidungssituationen [16].

Ein weiterer Anwendungsfall ist die Fernsteuerung eines Montageroboters in einer automatisierten Fertigungsstraße. Hier kann ein Mitarbeiter im Sinne einer Mensch-Maschine-Interaktion (Englisch: Human-Machine-Interface, HMI) aus der sicheren Ent-fernung eines zentralen Leitstands auf unvorhergesehene Abweichungen wie etwa bei der Teilepositionierung reagieren [82]. VR ermöglicht dabei die direkte Fernsteuerung des Roboters durch den Mitarbeiter („man-in-the-loop-system").

2.3.1.3 Wartung und Smart Maintenance (AR)

Ähnlich wie bei der Qualitätskontrolle und beim Arbeitsschutz lassen sich über AR Informationen für die Wartung oder Reparatur einer Maschine einblenden. Dabei können die Mitarbeiter bei Bedarf eine Schritt-für-Schritt-Anleitung aufrufen oder durch Zuschaltung eines Experten Anweisungen nicht nur akustisch, sondern auch visuell am Wartungsobjekt eingeblendet bekommen. Perspektivisch kann ein AR-System auto-matisiert Unregelmäßigkeiten erkennen oder Sensordaten über eine Schnittstelle aus-lesen und den Mitarbeitern Hinweise auf möglicherweise bald ausfallende Teile oder Beschädigungen geben (Predictive Maintenance; deutsch: prädiktive Wartung) [75]. Die Mitarbeiter werden dann im Sinne einer „Smart Maintenance" [83] mit AR unter-stützt, sodass sich Maschinenstillstände reduzieren oder gänzlich vermeiden lassen [84]. Zudem führt dies zu einer Reduktion der für die Wartung benötigten Zeit und der dabei möglicherweise auftretenden Fehler [85]. Neue bzw. ungelernte Mitarbeiter lassen sich schneller produktiv einsetzen.

2.3.1.4 Produktionsplanung und Dokumentation (AR/VR)

Die Planung eines neuen Produktionssystems ist vielfach komplex. Mittels AR können Planer vor Ort eine Planung vornehmen oder ihre bisherige Planung einer neuen Anlage validieren. Mögliche Unstimmigkeiten können so frühzeitig identifiziert und in eine Planungsanpassung überführt werden [86]. Es wird beispielsweise deutlich, ob bei einer simulierten Produktion Kollisionen einzelner Maschinenelemente und Transport-mittel wahrscheinlich sind oder ob Mitarbeiter ausreichend Platz für ihre zu verrichtende Arbeit haben [87]. Darüber hinaus können durch eine AR-unterstützte Planung Fehler vermieden werden und präzisere sowie schnellere Planungsschritte erfolgen, während gleichzeitig eine besser Integration wichtiger Stakeholder erreicht werden kann [75].

Auch VR kann bei der Produktionsplanung und Dokumentation maßgeblich unterstützen. Beispielsweise lässt sich die Konzept- und Designplanung sowie das Testen von Produktionsabläufen und -wegen kollaborativ in der virtuellen Realität durchgeführt, sodass Produktionsprozesse nachhaltig optimiert werden [88–90]. Dabei kann ortsunabhängig auf die virtuelle Realität zugegriffen werden, was insbesondere für international arbeitende Teams vorteilhaft ist. Während bei AR die Darstellung von Maschinen und Anlagen im realen Maßstab durch in der Realität verfügbaren Raum bzw. Platz beschränkt ist, kann eine Anlage oder Maschine mittels VR im eigenen Büroraum in Echtgröße vollumfänglich betrachtet und analysiert werden.

2.3.2 Transport und Logistik

2.3.2.1 Logistikprozesse, Materialfluss, Verpackung (AR/VR)

Ein relevanter Anwendungsfall ist die Kommissionierung im Lager, d. h. das Zusammenstellen von Waren nach Aufträgen [13, 91, 92]. Die Lagermitarbeiter können mittels AR zu den entsprechenden Auftragspositionen und Lagerplätzen navigiert werden und aktuelle Informationen zu den Produkten im Lager angezeigt bekommen [97]. Dabei kann beispielsweise auf das Verfahren „Pick-By-Vision" zurückgegriffen werden, bei dem Informationen bezüglich der Produkte (Lagerort, Regalfach) im AR-Sichtfeld des Kommissionierers eingeblendet werden. Rechnergestützt erfolgt im Hintergrund eine Laufwegeoptimierung auf Basis eines Algorithmus, so dass die Wegstrecken des Kommissionierers verkürzt und so der Prozess beschleunigt wird. Kombiniert mit einem digitalen Zwilling des Lagers lässt sich so die Mensch-Maschine-Interaktion im Lagermanagement optimieren.

Verpackungsprozesse im Lager bzw. im Versand sind ein weiterer Anwendungsfall für AR [93]. AR trägt über im Sichtfeld des Mitarbeiters eingeblendete Arbeitsanweisungen dazu bei, die Verpackungsprozesse zu beschleunigen und ungelernte bzw. unerfahrene Kräfte durch kontextsensitive Informationen anzuleiten. Es lassen sich die Qualität erhöhen und die Kosten reduzieren, indem die AR-Anwendung dem Mitarbeiter zum einen Hinweise auf geeignetes Packmaterial und Verpackungsgrößen für bestimmte Packstücke gibt [94]. Zum anderen können Mitarbeiter schrittweise durch die Aktivitäten des Verpackungsprozesses geleitet werden.

Ein Anwendungsfall für VR ist das Schulen von Mitarbeitern bei der Einführung neuer Prozesse oder Arbeitsplätze. Mitarbeiter können so ohne das Vorhandensein des echten Arbeitsplatzes trainiert werden, sodass sie später prozesssicher in den realen Arbeitsbetrieb wechseln können [95]. Ebenso können Mitarbeiter sich bei Problemen oder Fehlermeldungen in automatisierten Logistikprozessen aus der Entfernung mit einem Roboter verbinden und diesen fernsteuern (vgl. Abschn. 2.2.1.2). Dies kann beispielsweise erforderlich sein, wenn ein Roboter auf Basis seiner Programmlogik die Fehlerquellen nicht selbsttätig beheben kann.

2.3.2.2 Lagerplanung (AR/VR)

Im Bereich der Lagerplanung können AR und VR die Layout-Planung vereinfachen und frühzeitig den aktuellen Planungsstand visualisieren [96]. Während AR sich insbesondere dazu eignet, in einem bereits vorhandenen Lager Veränderungen darzustellen und zu evaluieren, kann mittels VR eine gesamte Lagerplanung samt Simulation erfolgen. Die daraus gewonnenen Erkenntnisse und Verbesserungspotenziale dienen dann der mit relativ geringem Aufwand gestaltbaren iterativen Weiterentwicklung in der virtuellen Umgebung.

2.3.3   Marketing und Vertrieb

Der Anwendungsbereich mit der größten Anzahl identifizierter Anwendungsfälle ist das Marketing und der Vertrieb. Dies liegt darin begründet, dass XR als Technologiegruppe digitale Informationen für Menschen erlebbar macht. Während vormals erst mit Worten, dann ergänzt durch Bilder und schlussendlich Videos ein Produkteindruck bei den Kunden erzeugt werden musste, kann nun mittels XR eine neue Ebene des Produkterlebnisses für die Kunden entstehen. Der Begriff Customer Journey beschreibt die „Reise" des Kunden im Zeitablauf als Kontaktstrecke, beziehungsweise die kumulierten Erfahrungen, die ein bestehender oder potenzieller Kunde über die verschiedenen Touch Points mit einem Produkt bzw. einer Dienstleistung, einer Marke oder einem Unternehmen hat. Touch Points sind alle Kontaktpunkte bzw. Schnittstellen zwischen Unternehmen und Kunden wie etwa Werbung, Ladengeschäft, Social Media und Service-Dienstleistungen. Sowohl AR als auch VR bieten vielfältige Möglichkeiten, um die Erlebnisse des Kunden an verschiedenen Touch Points zu digitalisieren und zu individualisieren.

Darüber hinaus werden die Kommunikationsprozesse zwischen den Kunden und den Unternehmen beschleunigt und vereinfacht. Beispielsweise kann auf den Versand physischer Muster verzichtet werden, wenn stattdessen komplexe technische Produkte in XR-Anwendungen in 3D für den Kunden visualisiert werden.

2.3.3.1 Werbung und Markenbildung (AR/VR)

Die Einsatzmöglichkeiten von AR/VR in der Werbung sind vielfältig. Es lassen sich beispielsweise mittels AR traditionelle Werbematerialien um digitale Elemente erweitern. Dadurch können Inhalte emotionaler und informativer gestaltet werden, um Kunden für die Produkten zu interessieren [75]. Auch an Orten, an denen physische Werbeflächen mittlerweile begrenzt sind wie etwa im Innenstadtbereich, lassen sich durch AR perspektivisch Werbebotschaften (Banner, Videos und andere 3D-Elemente) positionieren. Voraussetzung ist jedoch, dass die Passanten durch Anreize, beispielsweise über gewährte Rabattcodes nach Betrachtung der Werbung, dazu gebracht werden, ihre Umgebung tatsächlich über AR zu erkunden. Ein solcher hypothetischer Anwendungsfall könnte den Bereich der Fiktion verlassen, sobald AR-Brillen alltagstauglich und bei potenziellen Käufern weit verbreitet sind. Sollten diese Voraussetzungen in Zukunft gegeben sein, so könnte potenziell gänzlich auf aufwendiges Verpackungsdesign verzichtet werden und Informationen zum Inhalt über AR dargestellt werden. Es ließen sich Kosten sparen, wenn die Verpackung nur eine Schutzfunktion wahrnimmt und für eine Mehrfachnutzung ausgelegt wird. Die Informationsfunktion einer Verpackung und Werbebotschaften lassen sich durch digitale Einblendungen interaktiv und dynamisch über AR darstellen [98]. Darüber hinaus können Verpackungsdesigns schnell geändert, kundenspezifisch angepasst oder mit Warnhinweisen bei Produktrückrufen versehen werden.

Mittels VR kann zudem das Produktportfolio in einem virtuellen Ladengeschäft bzw. Showroom dargestellt werden. So lassen sich die Produkte über Stand-alone VR-Geräte zeit- und ortsunabhängig dreidimensional erkunden. Gleichzeitig lassen sich „unspektakuläre" Produkte wie Maschinenteile über VR emotionalisieren, indem eine besondere digitale Erfahrung, wie beispielsweise ein virtueller Flug durch ein Ventil, für das Produkt erstellt wird. Darüber hinaus können VR-Lösungen im Marketing eine positive Wirkungen auf die Wahrnehmung des Unternehmens bzw. der Marke entfalten, indem zum Beispiel ein innovatives Image transportiert wird [75].

2.3.3.2 Testen von Produkten vor dem Kauf (AR/VR)

XR ermöglicht das kundenseitige Testen eines Produkts vor dem Kauf und hat so das Potenzial, unschlüssige Kunden vom Kauf zu überzeugen und Rücksendungen zu reduzieren. Insbesondere im Onlinehandel sind Rücksendungen von Waren bei Nichtgefallen ein signifikanter Kostentreiber der Logistikkosten. Besonders geeignet für eine XR-Produktpräsentation scheinen Güter des Konsumgüterbereichs wie etwa Schmuck, Kleidung, Brillen oder Mobiliar. Das digitale Ausprobieren des Produkts erhöht die Sicherheit des Kunden bei der Kaufentscheidung. Beispielsweise kann mittels AR ein Möbelstück virtuell am beabsichtigten Platz platziert und dahin gehend überprüft werden, ob es räumlich und optisch zu den vorhandenen Möbeln passt. Im Bereich der B2B-Kunden lassen sich Maschinen und Anlagen im Rahmen einer virtuellen Produktions- und Lagerplanung vorab testen [75]. XR kann beispielsweise im komplexen Robotervertrieb genutzt werden, um Module der jeweiligen Funktionsbereiche erlebbar zu machen [100]. Für das kundenseitige Testen von Produkten vor dem Kauf ist eine interaktive Gestaltung der AR- und VR-Anwendungen hilfreich, da so vom Kunden gewünschte Veränderungen direkt eingegeben, überprüft und iterativ weiterentwickelt werden können. Anbieter können so Kundenanforderungen erheben und darauf basierend Produkte bedarfsorientiert weiterentwickeln [99].

2.3.3.3 Kundenberatung (AR/VR)

Ähnlich wie im Anwendungsfall des Testens vor dem Kauf kann XR bei der Kundenberatung unterstützen. Dies kann eine gemeinsame Begehung der virtuellen Anlage sein, bei der Kundenberater oder der technische Vertrieb den Kunden virtuell durch die Anlage führen und diese erklären. Eine Ortsbindung ist aufgrund der Virtualisierung nicht gegeben, sodass Kundenberatungen von überall aus stattfinden können [75]. Durch die Corona-Pandemie, die Treffen in Präsenz stark eingeschränkt hat, hat die Kundenberatung über digitale Kanäle an Bedeutung und Akzeptanz gewonnen. Durch die Aufhebung der Ortsbindung können Kundenberatungen rund um die Uhr stattfinden und VR über eine automatisierte Ansprache in einer virtuellen Umgebung die Kundenbindung erhöhen [101].

Futuristisch mutet die Vorstellung an, dass eine XR-Anwendung dem Vertriebsmitarbeiter während des Kundengesprächs Informationen über den Kunden wie beispielsweise historische Geschäftsvorfälle und individuelle Präferenzen einblendet, sodass er die Verkaufsaktivitäten entsprechend gestalten kann [75]. Angesichts des aktuellen Stand der Technik erscheint es noch abwegig, während einer Kundenberatung eine unförmige AR-Brille zu tragen. Allerdings werden die Anzeigegeräte mit jeder Generation kleiner und leichter, sodass solch ein Szenario in der Zukunft zumindest unter technischen Aspekten möglich erscheint.

2.3.3.4 Vertriebsunterstützung auf Messen und am Point-of-Sale (AR/VR)

Unter Vertriebsunterstützung am Point-of-Sale (POS) und auf Messen werden Aktivitäten verstanden, die unmittelbar dem Verkauf von Produkten dienlich sind und diesen ggf. automatisiert auslösen können. Für Vertriebsunterstützung auf Messen und Ausstellungen bieten XR-Anwendungen diverse Vorteile: Sehr kleine, aber auch sehr große Objekte und solche, welche sich noch im Planungsstadium befinden, lassen sich mittels XR in einen Messestand integrieren und so potenziellen Kunden vorführen. Die Produktpräsentationen sind nicht statisch, sondern lassen sich individuell anpassen und emotionalisieren. Emotionalisieren meint hierbei, dass die AR- und VR-Inhalte den Betrachter unmittelbar ansprechen und durch das Adressieren von Emotionen zu einem Kauf anreizen sollen. Jedem Betrachter kann dabei eine individuelle Erfahrung geboten werden. Die dabei eingesetzten personellen Ressourcen und Standgrößen lassen sich im Vergleich zu konventionellen Messeständen mit physischen Demonstrationsobjekten und entsprechendem Flächenbedarf reduzieren [75]. Zudem können die virtuellen Produktvorstellungen orts- und zeitunabhängig entsprechend der individuellen Kundenwünsche erfolgen.

Diese durch XR gewonnene Flexibilität bietet die Möglichkeit, dass Produkte nicht nur auf Messen, sondern auch bei Privatkunden zu Hause oder bei Geschäftskunden im Unternehmen vor Ort getestet werden können. Im Investitionsgütervertrieb lassen sich Maschinen und Anlagen direkt am geplanten Ort in der Realität einblenden und vor Ort konfigurieren, was Missverständnisse beispielsweise im Hinblick auf Dimensionen, Layout und Funktionen reduziert und die Kundenzufriedenheit steigert [75]. Ein Beispiel im B2C-Geschäft bietet die Möbelhauskette Ikea. Mittels der App „Ikea Place", einer AR-Anwendung für Smartphones und Tablets, können Kunden Zuhause Möbel ausprobieren, indem sie Farben und andere Produktparameter konfigurieren und die virtuellen Möbelstücke maßstabsgerecht in die reale Umgebung einfügen. Zudem bietet die App einen integrierten Shop, in dem das Produkt unmittelbar aus der AR-Anwendung heraus gekauft werden kann [40]. Im Textileinzelhandel ist die Anprobe von Kleidung zur Reduktion von Retouren und die Erhöhung der Kundenzufriedenheit möglich, da sich beispielsweise virtuelle Kleidung auf dem eigenen Körper virtuell darstellen lässt [102, 103]. Dabei digitalisieren im Ladengeschäft aufgestellte „Smart-Mirrors" (Deutsch etwa „intelligente Spiegel") den Verkaufsprozess, indem Kunden neue Kleidung rein digital anprobieren [104]. In diesem Fall würde es ausreichen, physisch vor Ort nur einfarbige Kleidungsstücke in unterschiedlichen Größen auszustellen, welche den Schnitt und die Größe für die Anprobe abbilden. Das Design (Farbe, Muster) wird dann mittels AR auf das Kleidungsstück übertragen. Die Designparameter lassen sich ohne physischen Wechsel der Kleidung digital schnell anpassen und reduzieren so die Suchzeit im Lagengeschäft und die Wartezeit vor den Umkleidekabinen. Der Point-of-Sale lässt sich dabei auch aus dem Ladengeschäft heraus näher an den Kunden verlagern: in seine heimischen vier Wände. Während der Anwendungsfall der Online-Kleidungsanprobe zum Zeitpunkt des Verfassens des Buches noch nicht im Markt etabliert ist, bieten Online-Händler für Brillen bereits eine virtuelle Anprobe an, so zum Beispiel MisterSpex, Apollo und Fielmann. Der Kunde testet selbst die Produkte online zu Hause am Bildschirm, wobei das mit der Webcam aufgenommene Selbstporträt mit virtuellen Brillenmodellen angereichert wird.

Analog können auch Vertriebsprozesse bei Autohäusern, Möbelhäusern, Sanitärgeschäften und ähnliche Vertriebsstätten digital mit XR erweitert werden, indem nur ein Modell oder Objekt jeweils in einer Farbe ausgestellt wird und die Varianten (Farbe und Muster) mittels AR auf die Modelle bzw. Objekte übertragen werden. Dieser Anwendungsfall stellt eine Überschneidung zum Anwendungsfall „Testen vor dem Kauf" dar. Bei einer Verkaufsberatung kann ein Vertriebsmitarbeiter XR als unterstützendes Medium heranziehen. Generell lassen sich im stationären Einzelhandel vielfältige Produktinformationen und Werbebotschaften in Form von Videos, Bildern oder anderen 3D-Elementen, die sich durch die Kunden interaktiv bedienen lassen, einblenden.

Ein darüber hinausgehender Ansatz ist es, den Point-of-Sale komplett in die virtuelle Realität zu verlagern [105]. Dabei sollen die Vorteile des physischen Shoppingerlebnisses mit denen des Online-Shoppings (beispielsweise Suchfunktion) verbunden werden. Zum Beispiel kann sich ein Privatkunde für eine „Shopping-Tour" im Konsumgüterbereich eine VR-Brille aufsetzen und sich damit rein digital durch die Geschäfte bewegen, Produkte begutachten und Kauftransaktionen auslösen – auch gemeinsam mit anderen Menschen. Die realen Produkte werden dann im Nachgang an die Kunden versendet. Insbesondere während des Lockdowns in Folge der Covid-19-Pandemie wäre dies für viele Menschen z. B. in Quarantäne ein interessanter Vertriebskanal gewesen. Gleichzeitig bietet VR in Kombination mit integrierten Augenverfolgungskameras die Möglichkeit, das Such- und Kaufverhalten der Kunden nachzuvollziehen und so die Ausgestaltung von Werbemaßnahmen zu optimieren. Eine Studie von Pfeiffer et al. (2020) zeigt, dass das Verhalten in VR-Umgebungen mit dem einer realen Kaufumgebung vergleichbar ist [106]. Da die virtuell erstellten Kaufflächen einfach und schnell angepasst werden können, lassen sich diese iterativ weiterentwickeln und so der Point-of-Sale optimieren. Die daraus gewonnenen Erkenntnisse können im Nachgang auf die Gestaltung realer Ladengeschäfte übertragen werden. Ein Beispiel: Das Unternehmen Invrsion verfolgt mit „Shelfzone" das Ziel, den klassischen Supermarkt vollständig in VR abzubilden und den Einkauf in der virtuellen Realität zu ermöglichen. Die Vorteile für Konsumenten und Anbieter sind vielfältig. Neben erhöhter Informationsverfügbarkeit entsteht für den Kunden weiterer Nutzen. So kann der Einkauf online von Zuhause durchgeführt werden, sodass Parkplatzsuche, Laufwege und Wartezeiten im Supermarkt entfallen. Anbieter können die hohe Kapitalbindung für physische Märkte reduzieren, Anpassungen der Produktpräsentation bzw. des Layouts schneller und kostengünstiger vornehmen und das Kaufverhalten der Kunden besser analysieren. Bei einer realitätsgetreuen Darstellungsqualität scheinen die Möglichkeiten eines virtuellen Verkaufsraums auch für Anbieter hochpreisiger, komplexer Produkte wie Autos interessant. Neben der erwähnten zeit- und ortsunabhängigen Beratung lassen sich alle verfügbaren Produktvarianten und neue Produkte in Echtzeit präsentieren. Im Vergleich zum Betreiben eines kapitalbindenden Netzes an physischen Vertriebsniederlassungen inklusive Demonstrationsobjekten sind die Kosten niedriger.

2.3.4 Services

2.3.4.1 Zusatzinformationen bei Produktnutzung (AR/VR)

Die letzte Stufe der primären Aktivitäten des Wertschöpfungsprozesses nach Porter sind kundenorientierte Services bzw. Dienstleistungen. Die in diesem Abschnitt beschriebenen Services adressieren den Zeitpunkt, in dem ein Produkt bereits beim Kunden physisch vorhanden ist. Ein aufwandsarm zu erstellender Service ist das Bereitstellen von Zusatzinformationen für die Nutzung des Produkts. An dieser Stelle überschneidet sich der Anwendungsfall im B2B-Bereich mit der Smart-Maintenance-Unterstützung, bei der Investitionsgüter bei der Nutzung von Maschinen und Anlagen virtuelle Zusatzinformationen etwa zu Bedienung oder Wartung über AR angezeigt bekommen. Dies lässt sich als Serviceleistung monetarisieren. Auf den Wertschöpfungsschritt „Service" bezogen können Zusatzinformationen bei Privatkunden im Konsumgüterbereich beispielsweise Angaben zu Inhaltsstoffen, Warnhinweise oder kontextsensitive Bedienungs- und Nutzungsanleitungen sein [75].

Mittels VR lassen sich virtuelle Schulungen als ergänzender Service anbieten, beispielsweise für die Inbetriebnahme und Bedienung der Geräte, Maschinen und Anlagen. In der virtuellen Realität können und dürfen Kunden Fehler begehen, erhalten wichtige Hinweise bei der Nutzung und erproben häufig auftretende Fehlerfälle und anschließende Entstörung, ohne dass dies Auswirkungen auf die Funktionsweise des realen Produkts hätte oder die körperliche Unversehrtheit des Nutzers gefährden würde [107].

2.3.4.2 Unterstützung bei Wartung- und Inbetriebnahme (VR/AR)

Die Unterstützung bei einfachen Wartungsfällen kann einerseits als Zusatzinformation bei der Nutzung aufgefasst werden (vgl. vorherigen Abschnitt), andererseits auch als eigener Anwendungsfall innerhalb der Wertschöpfungsstufe „Service". Auf Basis der Wartungsanleitungen werden den Kunden kontextsensitiv Informationen zur Wartung der Störung oder Inbetriebnahme angezeigt. Entsprechende technische Elemente werden über AR am Produkt selbst identifiziert, sodass über das Internet of Things und entsprechende Maschinenschnittstellen eine direkte Kommunikation mit dem Softwaresystem der Maschine stattfinden kann. Dies reduziert die Kontaktzeit mit externen Servicemitarbeitern und senkt die Standzeiten der Maschine und Anlagen, da einfache Wartungen durch interne Mitarbeiter AR-geleitet durchgeführt werden können [15, 108, 109]. Ebenso lässt sich die Zeit bis zur ersten Inbetriebnahme der Maschine bzw. Anlage verkürzen, da Kunden umfangreiche digitale Unterstützung bei der Ersteinrichtung erhalten.

VR kann die Wartung und Inbetriebnahme von Maschinen und Anlagen in Form von Schulungen und Trainings unterstützen. Diese Schulungen können synchron, d. h. mit einem echten Trainer durchgeführt werden. Dabei findet ein Treffen in einem virtuellen Raum statt. Trainer und Teilnehmer arbeiten gemeinsam am virtuellen Objekt und können zum einen den Problemfall schildern, zum anderen Erklärungen zur Lösung erhalten sowie diese unmittelbar erproben [101]. Darauffolgend kann die Wartung oder Inbetriebnahme am echten Gerät stattfinden. Da keine unmittelbare Interaktion mit der Maschine über VR stattfindet, ist für die Unterstützung bei Wartungsfällen die AR-Technologie vorzuziehen, während sich VR für die Simulation gleichermaßen eignet. Die Entscheidung, welche Technologie für diesen Anwendungsfall zu nutzen ist, ist abhängig von der Komplexität des zu erklärenden Produkts und dem Kosten-Nutzen-Verhältnis bei der Erstellung des Schulungsszenarios.

2.3.4.3 Remote Service (AR)

Ein oft beschriebener Einsatzzweck von AR ist der sogenannte „Remote Service", eine über eine räumliche Distanz hinweg erbrachte Ferndienstleistung [75, 110]. Hierbei handelt es sich prinzipiell um eine Videokonferenz mit einer Servicekraft, die um eine virtuelle Interaktionsebene erweitert wird. In das Sichtfeld der Person, die beispielsweise die Wartung zeitgleich vor Ort in der Realwelt durchführt, werden bei Bedarf Zusatzinformationen, Hinweismarkierungen und Dokumente durch einen geografisch entfernten Servicemitarbeiter virtuell eingeblendet. Dieser kann mittels digitaler Einblendungen von Texten und Pfeilen die Person vor Ort gleichsam „fernsteuern". Ein Beispiel bietet der Softwareanbieter Oculavis. Eine solche technische Lösung lässt sich nicht nur für Wartung und Reparatur, sondern ebenso auf die Inbetriebnahme neuer Maschinen und Anlagen übertragen. Die Vorteile: Eine persönliche Anreise ist Servicemitarbeiters nicht mehr in allen Fällen erforderlich, wodurch Reisekosten und Zeit eingespart werden. Auf Kundenseite lässt sich ebenfalls die Zeit bis zur Aktivität verkürzen, woraus eine höhere Kundenzufriedenheit aufgrund niedriger Ausfallzeiten und kurzfristiger Unterstützung resultiert.

2.3.4.4 Mass-Customization (AR/VR)

Ein weiterer Anwendungsfall von XR ist das (Mass-)Customizing der Produkte durch die Kunden selbst [111]. Der Begriff Customizing bezeichnet Anpassung eines Serienprodukts an die Bedürfnisse eines individuellen Kunden. An dieser Stelle besteht eine Überschneidung mit dem Anwendungsfall für XR in der Vertriebsunterstützung und dem Marketing (vgl. Abschn. 2.3.3.2), bei dem Kunden die Produkte vor dem Kauf erproben können. Ein dazu ergänzender Anwendungsfall ist das kundenseitige Customizing der Produkte, bei dem sich der Kunde selbst ein auf ihn zugeschnittenes Produkt modular zusammenstellt und bestimmte Produktmerkmale individuell anpasst, beispielsweise im Hinblick auf Farbe, Größe oder weitere Leistungs- bzw. Qualitätsmerkmale. Die Kunden sind dabei aktive Teilnehmer im Prozess der Produkterstellung [112]. Als Serviceleistung wird hier der Kommunikationskanal vereinfacht und automatisiert, während nur technisch mögliche Produktkonfigurationen einstellbar bleiben. Das Medium VR reduziert auf Kundenseite im B2B-Bereich mögliche Dienstreisen, um das Produkt optisch zu prüfen und anzupassen. Dem Kunden wird Verantwortung bei der Produkterstellung übertragen und seine Partizipation bei der Gestaltung der Produkte erhöht, womit eine höhere Kundenzufriedenheit assoziiert wird. Zusätzlich kann ein Unternehmen auf Basis der kundenseitigen Produktanpassungen Informationen über die Kundenbedarfe erlangen und die eigenen Produkte auf Basis dieser Erkenntnisse im Sinne einer Continuous-Improvement-Strategie kontinuierlich weiterentwickeln.

Neben den primären Aktivitäten der Wertschöpfungskette lassen sich ebenso Anwendungsfälle in den unterstützenden Aktivitäten Management und Verwaltung, Personalmanagement, Forschung und Entwicklung sowie Beschaffung identifizieren. Diese werden in den folgenden Abschnitten erläutert.

2.3.5   Management und Verwaltung

2.3.5.1 Zusammenarbeit und virtuelle Treffen (AR/VR)

„Management und Verwaltung" ist einer der vier Unterstützungsprozesse der Wertschöpfungskette nach Porter (2014) [72]. Für den Erfolg von „Management und Verwaltung" sind Abstimmungs- und Kommunikationsprozesse essenziell. Bei diesem Unterstützungsprozess lässt sich XR einsetzen, indem Informations- und Entscheidungsprozesse durch eine Visualisierung von 3D-Modellen in persönlichen Treffen beschleunigt werden und eine bessere Entscheidungsgrundlage besteht. Auf Basis virtueller Visualisierung lassen sich technische Prozesse und Zusammenhänge leichter erläutern und dadurch das Risiko zu Fehlentscheidungen reduzieren, so dass sich die von den Beteiligten empfundene Sicherheit in Entscheidungssituationen erhöht [13, 17]. Während bei diesem Anwendungsfall die Technologie unterstützend bei einem persönlichen Treffen wirkt, ist XR ebenfalls dazu geeignet, rein virtuelle Treffen stattfinden zu lassen [75]. Die Möglichkeit der Teilnehmer, sich virtuell durch Avatare darstellen zu lassen, verbessert dabei die Interaktion untereinander. Avatare sind im Zusammenhang mit XR virtuelle Repräsentationen realer Personen. Teilweise lässt sich die Mimik eines Nutzers über in der VR-Brille integrierte Kameras auf Avatare übertragen werden, was eine natürlichere Kommunikation unterstützt. Beispielsweise bietet HTC mit dem Vive Facial Tracker ein entsprechendes Zusatzgerät für VR-Brillen an.

2.3.5.2 Darstellungsformen von Präsentationen (AR/VR)

Nicht nur (virtuelle) Meetings sind ein Anwendungsfall für XR. XR-Darstellungsmedien tragen dazu bei, dass Informationen verständlicher visualisiert werden. So lassen sich virtuelle Arbeitsplätze einrichten, die durch individuell gestaltbare Bildschirm-konfigurationen auf einzelne Nutzer zugeschnitten werden [75]. Über ein HMD können Nutzer dann entweder in VR, aber auch in AR eine Bildschirmkonstellation frei erstellen und durch eine optimale Informationsbereitstellung ihre Produktivität erhöhen. Physische Bildschirme sind dazu nicht mehr unbedingt notwendig, können jedoch ergänzend zu den virtuellen Bildschirmen aufgestellt werden. Die virtuellen Bildschirme sind nur über ein HMD sichtbar und lassen sich frei im Raum platzieren. Darüber hinaus können Präsentationen und Treffen in einer dem Kontext des Meetings entsprechenden virtuellen Umgebung stattfinden, um Zuhörern zusätzlich ein besonderes Erleb-nis zu bieten [75]. Ein Beispiel ist ein Abteilungstreffen, das zur Abwechslung nicht im üblichen Konferenzraum, sondern beispielhaft an einem Werksstandort auf einem anderen Kontinent stattfindet – während die Mitarbeiter sich physisch im Homeoffice oder im angestammten Büro aufhalten. Auch ein direkter Einblick in aktuelle Arbeiten vor Ort ist so gemeinsam (technisch) möglich. Als zusätzlicher Vorteil wird die Ablenkung durch Smartphone- und Laptopnutzung einzelner Mitarbeiter parallel zum Meeting reduziert.

2.3.6 Personalmanagement

2.3.6.1 Training und Ausbildung (AR/VR)

Die umfangreichsten Einsatzmöglichkeiten von XR im Personalmanagement bietet der Bereich Trainings und Ausbildung. Dieser Anwendungsfall wurde für Anlagen und Maschinen bereits dargestellt. Das Training und die Weiterbildung im Bereich des Personalmanagements adressiert interne Mitarbeiter, während die oben beschriebenen Anwendungsfälle vorrangig externe Adressaten haben. Der erste Anwendungsfall im Personalmanagement ist die Durchführung von Trainings und Ausbildungseinheiten an einem rein virtuellen Gerät oder einer virtuellen Anlage [15, 18, 91, 113, 114]. An einer Simulation lassen sich Grundlagen erlernen und das Erlernte direkt anwenden. Nach dem Prinzip Learning-by-Doing können sich Mitarbeiter so leichter die Abläufe ein-prägen und eine höhere Selbstsicherheit bei der späteren Arbeit mit dem realen Gerät gewinnen. Darüber hinaus lassen sich Fehlfunktionen simulieren und Mitarbeiter die Entstörung unmittelbar nach Auftreten erproben. Über kontextsensitives Lernen können Unternehmen neue Mitarbeiter so effizienter in bestehende Arbeitsabläufe integrieren.

Diese Ziele ließen sich auch mit physischen Demonstratoren in einem Schulungsraum erreichen, jedoch sind diese meist teuer, erfordern je nach Art der Anlage bzw. Maschine viel Platz und können nur von wenigen Mitarbeitern gleichzeitig genutzt werden. Bei virtuellen Trainingsobjekten sind für eine parallele Schulung einer Vielzahl von Mitarbeitern nur eine entsprechende Anzahl an Anzeigemedien erforderlich. Außerdem lassen sich mittels XR-Schulungsinhalte und -abläufe im Hinblick auf Lerninhalte und -geschwindigkeit individualisieren und so der Trainingseffekt des einzelnen Mitarbeiters maximieren. Die Trainings können zeitlich sowie örtlich flexibel stattfinden, ohne dass Trainer und Teilnehmer physisch anwesend sein müssen, sodass die Reisekosten gesenkt werden. Insbesondere bei Sicherheitsunterweisungen hat XR als interaktives Medium das Potenzial zu nachhaltigen Lernerfolgen, sodass XR beispielsweise die Reduktion von Betriebsunfällen unterstützen kann [75].

2.3.6.2 Recruiting und Onboarding (AR/VR)

Auch im Recruiting-Bereich kann XR einen Mehrwert bieten [92]. Zum einen fördert der Einsatz der XR-Technologie im Rahmen des „War for Talents" die Wahrnehmung des Unternehmensimages bei potenziellen Bewerbern als innovativ, sodass das sogenannte Employer Branding (Markenbildung auf dem Arbeitsmarkt) unterstützt wird [75]. Zum anderen bietet XR die Möglichkeit, Führungen durch Niederlassungen und Hallen für einen größeren Interessentenkreis zu öffnen, bei dem die Besucher von überall auf der Welt aus live dabei sein und sich dennoch individuell umgucken können. Für Kinder und Jugendliche lassen sich spielerische Erlebnisse erstellen und so früh Interesse für das Unternehmen bei den Fach- und Führungskräften der Zukunft wecken [115]. Doch nicht nur zum Anwerben neuer Mitarbeiter sind diese Technologien geeignet. Mit VR lassen sich Bewerbungsgespräch führen. Auch wenn für aussagekräftige Bewerbungsgespräche die Übertragung der Mimik technisch aktuell zu unausgereift ist, so liegen solche Entwicklungen für die Zukunft im Bereich des Möglichen. Darüber hinaus kann der Einsatz von XR den Onboarding-Prozess, d. h. das Einführen eines neuen Mitarbeiters in seinen neuen Arbeits- bzw. Einsatzbereich, unterstützen und beschleunigen. Schon heute nutzen Unternehmen hierfür digitale Medien wie etwa Erklärvideos oder aufgezeichnete Präsentationen. Daher erscheint es naheliegend, dass auch XR hier einen Beitrag leisten kann.

2.3.7 Forschung und Entwicklung

2.3.7.1 Prototyping und Anwendungstests (VR/AR)

Als dritter Unterstützungsprozess bietet die Forschung und Entwicklung bzw. die Produkt- und Dienstleistungsentwicklung Anwendungsfälle für AR/VR [16, 96, 116, 117]. So können etwa physisch noch nicht existente Produkte virtuell erlebt und getestet werden. Beispielsweise lassen sich mittels VR Produktprototypen kollaborativ von mehreren Entwicklern gemeinsam in einer virtuellen Umgebung erarbeiten, hinsichtlich der Kundenanforderungen bzw. Qualitätskriterien evaluieren und iterativ verbessern. Insbesondere bei klassischen CAD-Anwendungen können AR und VR effizientere Entwicklungsprozesse mit reduzierten Iterationsschleifen unterstützen. Ebenso können das Design, die geometrischen Eigenschaften, simulierte Funktionsweise oder sogar eine Kombination mit dem Geruchs- und Tastsinn (je nach Technik) vorab mit Kunden und/oder Entscheidungsträgern getestet und sukzessiv verfeinert werden. Die vorgenannten Vorteile fördern eine Verkürzung der Time-to-Market, d. h. des Zeitraums von der Idee bis zum ersten Verkauf des Produkts.

2.3.7.2 Marktforschung und Co-Creation (AR/VR)

Relevant ist in diesem Kontext das gemeinsame Entwickeln der Produkte mit dem Kunden [15, 118]. Wie beim Mass-Customizing können Kunden als „Mitentwickler" bzw. Co-Creators ihre eigenen Produkte entwerfen und damit die Produktentwicklung des Unternehmens vorantreiben. Diese Produktentwicklungen können Kunden über eine Plattform auch untereinander teilen. Der Plattformbetreiber bietet dann als Dienstleistung die Fertigung der vom Nutzer erstellten Produkte an. Werden diese Entwicklungen unmittelbar mit den Produktionssystemen eines Unternehmens verknüpft, so entsteht das Potenzial zum Aufbau eines Smart-Manufacturing-Systems [119].

Weitere XR-Anwendungsfälle finden sich in der Marktforschung und bei Anwendungstests neuer Produkte [75, 99]. Die XR-Anzeigemedien wie Brillen haben oft weitere Technik integriert, die eine Analyse der Interaktion mit Objekten und eine Blickverfolgung der Nutzer ermöglicht. So hat beispielsweise die HoloLens 2 von Microsoft eine Eye-Tracking-Funktion ab Werk implementiert. Diese liefert Informationen über die visuelle Verarbeitung von Reizen beim Betrachter. Mit diesen Daten können Unternehmen unterstützend zu klassischen Marktforschungsinstrumenten die Marketingmaßnahmen kundenorientiert weiterentwickeln. Dadurch werden präzisere Tests der Produktkonzepte möglich, welche wiederum dazu beitragen könnten, die Präzision der Entwicklung von Produkten und Marketingmaßnahmen im Hinblick auf die Kundenanforderungen bzw. -wahrnehmung zu erhöhen.

2.3.8 Beschaffung und Einkauf (AR/VR)

Als letzter Unterstützungsprozess stellen die Bereiche des strategischen Einkaufs und der operativen Beschaffung Anwendungsfelder für XR dar. Die Anwendungsfälle der Wertschöpfungsstufe „Marketing und Vertrieb", bei denen Kunden des eigenen Unternehmens in Vertriebsprozesse eingebunden werden, sind auf Prozesse an der Schnittstelle zu eigenen Lieferanten gleichsam „spiegelverkehrt" übertragbar. Der Anwendungsfall ist dabei das „Try Before <u>We</u> Buy" – im Gegensatz zum Anwendungsfall des „Try Before You Buy" des eigenen Kunden im Vertriebsprozess. Mit XR lassen sich neue Geräte, Anlagen oder Gebäude vor einer Investition vorab testen, sei es hinsichtlich der räumlichen Passgenauigkeit in vorhandene Strukturen, des Designs oder der

Erprobung der Produktionsprozesse. Sowohl AR als auch VR können hier unterstützen und zu besseren Entscheidungen beitragen, indem sie die Wahrscheinlichkeit von Fehleinschätzungen reduzieren. Zudem lassen sich mittels XR die Mitarbeiter der von der Investition betroffenen Bereiche in den Auswahl- und Beschaffungsprozess integrieren und so die Akzeptanz steigern.

2.4   Grenzen

Im vorherigen Kapitel wurden zahlreiche Anwendungsfälle für die verschiedenen Bereiche der Wertschöpfungsstufen eines Unternehmens dargestellt. Die hohe Anzahl der Anwendungsfälle lässt darauf schließen, dass XR als Technologiegruppe sehr breit einsetzbar ist. Dabei bilden die geschilderten Beispiele nur einen Teil der Möglichkeiten ab. Während dieses Buch entstanden ist, werden in der Praxis und der Forschung laufend neue Anwendungsfälle identifiziert und erprobt, weshalb die hier präsentierte Aufstellung nur eine Momentaufnahme ist. Eine vollumfängliche Darstellung aller potenziellen Anwendungsfälle ist nicht das Ziel dieses Buches. Vielmehr gilt es, einen Eindruck der Möglichkeiten der Technologien zu vermitteln und die Kreativität für das Identifizieren von XR-Einsatzmöglichkeiten im eigenen Unternehmen anzuregen. Vor diesem Hintergrund werden nachfolgend die aktuellen Grenzen von XR aufgezeigt, um diese beim Finden eigener Anwendungsfälle und ggf. der Gestaltung von Geschäftsmodellen frühzeitig berücksichtigen zu können.

Zunächst sind die **technologischen Grenzen** zu nennen. Beide Technologien sind hinsichtlich der Akkuleistung, der Weite des Sichtfelds (engl. Field of View [FoV]), der Genauigkeit der Sensorfunktionen (Nachverfolgung der Hand- und Körperpositionen), der grafischen Darstellungsleistung (Auflösung bzw. Detailreichtum), dem Tragekomfort (Gewicht, Druckempfinden) sowie der Robustheit im Einsatz (Temperatur, Feuchtigkeit, mechanische Einwirkungen) eingeschränkt [120, 121]. Insbesondere die **Darstellungsleistung** der Geräte ist im Hinblick auf Kosten-Nutzen-Erwägungen problematisch: Die Displaytechnologie ist bei den aktuell verfügbaren VR-Brillen mit vertretbaren Hardwarepreisen noch nicht in der Lage, Szenen optisch hochauflösend darzustellen. Teilweise berichten VR-Nutzer vom Eindruck, es sei ein „Fliegengitter" unmittelbar vor den Augen montiert worden. Dieser visuelle Effekt wird auch „Screen-Door-Effekt" genannt: Aufgrund der Nähe des Displays vor den Augen werden die Lücken zwischen den einzelnen Pixeln des Displays sichtbar, was wie ein Fliegengitter wahrgenommen wird. Wenngleich dieser Effekt bei Brillen in hohen Preissegmenten reduziert und teilweise kaum wahrnehmbar ist, stellt der Effekt eine gewisse optische Einschränkung dar. Zudem führt die niedrige Auflösung der Displays teilweise zu schwer lesbaren Texten oder nicht scharf dargestellten Details der virtuellen Objekte, sobald diese weiter entfernt dargestellt werden.

Das Blickfeld ist bei den meisten VR-Brillen auf 90 Grad in horizontaler Richtung beschränkt, während AR-Headsets oft sogar nur etwa 40 Grad horizontaler

Blickfeldweite erreichen. Dieses im Vergleich zur natürlichen Wahrnehmung enge Blickfeld lässt sich bei VR mit dem Tragen einer Skibrille vergleichen, während bei AR der Eindruck entsteht durch ein Fenster zu gucken. Zusätzlich sind komplexe 3D-Modelle mit vielen Details nur auf sehr leistungsfähigen Anzeigegeräten in annehmbarer Geschwindigkeit berechenbar. Dies führt in Kombination mit der ausbaufähigen Displaytechnologie dazu, dass die Mängel der Bildqualität nach einer kurzen Eingewöhnungszeit auffällig werden. Obwohl erste Lösungen wie Cloud Computing und Streaming der 3D-Modelle zur Erhöhung der Objektqualität bei portablen XR-Geräten erprobt werden (beispielsweise Holo-Light mit dem Ares Pro Remote Rendering System), ist dies keine für alle Einsatzszenarien geeignete Lösung, da eine zuverlässige und schnelle Datenverbindung zwischen dem HMD und dem Server bestehen muss. Darüber hinaus sind diese Art der Berechnung und das Streaming der 3D-Modelle nicht einfach in der Software zu implementieren.

Eine weitere Herausforderung ist die **Interaktion** des Nutzers mit der virtuellen Realität bzw. den virtuellen Elementen und Inhalten. Auch wenn sich die Geräte hinsichtlich ihrer Handhabung nach einer kurzen Lernphase einfach bedienen lassen, ist die Interaktion mit den virtuellen Elementen in AR und VR nicht zwangsläufig intuitiv. Insbesondere bei den kopf-montierten Anzeigemedien wird auf Controller oder Handtracking zurückgegriffen. Bei den Controllern müssen die Tastenbelegungen erst erlernt werden, was bei Menschen ohne vorherigen Kontakt zu ähnlichen Eingabemethoden anfangs Irritation und Frustration auslösen kann. An dieser Stelle ist eine strukturierte Einführung in die Bedienung der Geräte notwendig. Beim Handtracking sind die Gesten und die eventuell reduzierte Reaktionsgeschwindigkeit der Systeme zu erlernen. Hier zeigt sich ebenfalls das Potenzial der Weiterentwicklung der Handtracking-Systeme. Jedoch sind diese Herausforderungen als anwendendes Unternehmen nur bedingt eigenständig lösbar, da die Entwicklung der Systeme bei den Hardwareherstellern liegt. Darüber hinaus ist nicht nur die Interaktion mit den Geräten essenziell für die User-Experience, sondern auch bei der Gestaltung der Interaktion innerhalb der virtuellen Umgebung (VR) bzw. mit den virtuellen Elementen (AR). Hier sollte etablierten User-Experience-Leitfäden Folge geleistet werden [122]. In diesen Leitfäden wird beispielsweise beschrieben, wie die Bewegung innerhalb des virtuellen Raums umgesetzt werden sollte, damit bei den Nutzern kein Unwohlsein hervorgerufen wird, oder welche Dimensionen die Räume haben sollten, um das Risiko möglicher Ängste zu reduzieren. Gleichzeitig bleibt an dieser Stelle zu bedenken, dass die vorgenannten Aspekte teilweise noch nicht vollumfänglich erforscht sind und laufend neue Erkenntnisse beim Erstellen von Mixed-Reality-Anwendungen gesammelt werden [123].

Für die meisten der im vorherigen Kapitel beschriebenen Anwendungsfälle ist eine **Mobilität der Geräte** erforderlich. Zwar ist XR grundsätzlich mobil erlebbar, dennoch sind die Gerätelaufzeiten mit wenigen Stunden relativ begrenzt, so beispielsweise für die weit verbreiteten Modelle Oculus Quest 2 und HoloLens 2 auf ca. zwei bis drei Stunden. Mit zunehmender Weiterentwicklung der Akkutechnologie stellt dies jedoch nur ein zeitlich befristete Barriere dar.

Für viele Anwendungsfälle, insbesondere für die Remote-Service-Szenarien, ist darüber hinaus eine stabile Verbindung zum Internet oder anderen Netzwerken eine notwendige Bedingung für die Nutzung. Zwar lassen sich oft mittels mobilen Netzwerken lokal Verbindungen einrichten, jedoch sind Situationen zu bedenken, in denen damit eine erforderliche Bandbreite bzw. Übertragungsgeschwindigkeit der Daten nicht erreicht wird. Beispiele sind Szenarien innerhalb von Anlagen und Gebäuden, innerhalb derer eine ausreichend schnelle Netzwerkverbindung aufgrund der abschirmenden Eigenschaft der Umgebung wie etwa durch Wände und andere Anlagen möglicherweise nicht erzielt wird.

Ein weiterer Einflussfaktor auf die Mobilität der XR-Geräte ist die **Robustheit.** Die Geräte sind bis auf wenige Ausnahmen (noch) nicht in der Lage, herausfordernden Umwelteinflüssen wie etwa Stößen oder Nässe zu widerstehen. Bei AR-Brillen werden empfindliche Prismen und Lichtfelddisplays verbaut, während bei VR empfindliche Linsensysteme für die Fokussierung der Inhalte eine Schwachstelle der VR-Systeme darstellen. Auch die Lichtfelddisplays der AR-Brillen bestehen häufig aus Material, das bei mechanischen Belastungen leicht zerbrechen kann. Eine größere Robustheit oder sogar Explosionsschutz-Zulassung werden oft mit Einbußen des Funktionsumfangs in den anderen Teilbereichen der Technologie wie beispielsweise Darstellungsqualität, Sichtfeldweite, stereoskopische Sicht etc. erkauft. Explosionsschutz bedeutet, dass in einen (Teil-)Bereich einer Anlage oder Gebäudes aufgrund der vorherrschenden Atmosphäre die Gefahr besteht, dass Explosionen durch die Nutzung technischer Geräte entstehen können. Aus diesem Grund dürfen nur zugelassene Geräte in sogenannte EX-Bereiche. Zudem ist die Helligkeit der Darstellungen von Optical-See-Through-Anzeigemethoden für Umgebungen mit starker Lichteinstrahlung ungeeignet. Mobiles AR über Smartphones und Tablets, welche häufig bereits zertifiziert sind, Staub und Wasser vor dem Eindringen abhalten zu können, gehören diesbezüglich zu den widerstandsfähigeren Geräten. Als Nachteil müssen diese jedoch mit einer Hand gehalten oder stationär montiert werden.

Je nach Einsatzbereich sind die Vor- und Nachteile anbieterspezifischer XR-Lösungen im Hinblick auf die vorgenannten Kriterien und die funktionalen Anforderungen eines bestimmten Anwendungsfalls abzuwägen. Bei „rauen" industriellen Umgebungen wird beispielsweise vielfach die HMT-1 Brille von RealWear eingesetzt, während die technisch hochwertigere, aber empfindlichere AR-Brille HoloLens 2 von Microsoft eher im medizinischen Kontext oder für Büroumgebungen zu eignen scheint (vgl. auch Ortner (2021) [124]).[5] Insgesamt scheint die Mobilität von AR und VR zunehmend verbessert

---

[5] Dies deckt sich ebenfalls mit subjektiven Erfahrungen aus der AR-Fokusgruppe des Projekts DigiTrans@KMU im Münsterland, die einer der Autoren fachlich mit leitet und bei dem sich ungefähr 25 Unternehmen des verarbeitenden Gewerbes regelmäßig zu AR-Themen austauschen. Vgl. www.digitalradar-muensterland.de/fokusgruppen/augmented-reality.

zu werden. Nach aktuellem Stand ist diese allerdings als relevante Grenze bzw. Herausforderung bei der Technologienutzung zu betrachten [120].

Die **Akzeptanz** von XR ist seitens der Nutzer im Unternehmen nicht zwangsläufig
gegeben und hängt maßgeblich von dem Wissensstand über die Technologien und dem
Alter der Nutzergruppe ab [125, 126]. Obwohl XR mittlerweile ein bekanntes Technologiefeld ist, sind die Altersstrukturen und der Wissensstand der Zielgruppe vor der Neu-
gestaltung eines Geschäftsmodells genau zu prüfen. Auch ein aus wirtschaftlicher oder
prozessorientierter Perspektive passender Anwendungsfall kann eine geringe Akzeptanz
bei der angedachten Nutzergruppe haben und eine entsprechend geringe Nutzungsintensität der Technologie nach sich ziehen [127]. Darüber hinaus ist auch die soziale
Akzeptanz möglicherweise nicht gegeben. Endkunden im B2C-Bereich werden auf
absehbare Zeit aufgrund der optisch auffälligen Geräte und aufgrund von Datenschutz-
bedenken vermutlich nicht mit AR-Brillen durch die Einkaufspassagen der Innenstädte
flanieren [120]. Diese Erfahrung musste bereits Google mit dem Produkt „Google Glass"
machen, das neben Schwachstellen in der Marketingstrategie aufgrund der Datenschutz-
bedenken der Kunden bezüglich einer durchgehenden Aufnahme der Umgebung durch
die implementierte Kamera nicht erfolgreich war [128]. Auch die relativ großen und
schweren VR-Brillen werden von einigen Nutzern nicht gerne über einen längeren Zeit-
raum getragen. So können die Geräte bei längerer Nutzung insbesondere bei statischer
Körperhaltung zu Unwohlsein der Nutzer führen [129]. Zwar sind Entwicklungen
kleinerer und leichterer VR- und AR-Brillen zu erwarten, wie beispielsweise der Prototyp einer VR-Brille von Facebook zeigt [59]. Jedoch sind der Größenreduktion aufgrund der Dimensionen der optischen Bauteile physikalische Grenzen gesetzt [130]. Die
möglichst komplette Isolation von der realen Außenwelt ist in erster Linie bei VR zwar
erwünscht, damit eine möglichst immersive VR-Erfahrung entstehen kann, wird aber
insbesondere bei einer Nutzung in der Öffentlichkeit unter Umständen als unangenehm
empfunden. Es bleibt abzuwarten, welche Formate und Versionen von AR- und VR-
Headsets sich langfristig durchsetzen. Eine absehbare Entwicklung: Die Geräte werden
kleiner, alltagstauglicher und technisch ausgereifter.

Neben den Mitarbeitern sollten auch betroffene Kunden und Lieferanten frühzeitig
in den Veränderungsprozess, der mit dem Einsatz der Technologie einhergeht, integriert
werden. Diese Veränderungen können zu Bedenken führen, dass der Technologieeinsatz
zum Abbau von Mitarbeiterstellen führt, Kunden ihr bekanntes Wertangebot nicht mehr
erhalten oder Lieferanten Umsatzeinbußen befürchten müssen. Um diese Ängste zu
adressieren und Sorgen womöglich abzumildern, sollte der Veränderungsprozess durch
ein systematisches Change Management begleitet werden.

Eine weitere Herausforderung ist der häufig fehlende **Zugang zu Kompetenzen
und XR-Fachkräften.** Insbesondere eine mögliche Wahrnehmung von XR als Unter-
haltungselektronik kann hinderlich sein, um das nötige Investment in die Hardware
und Software zu rechtfertigen [121]. Grundsätzlich sind AR- und VR-Anwendungen
Software- und Hardwareprodukte, die im Rahmen von Projekten im Unternehmen
implementiert werden müssen. Dabei werden spezifische Anforderungen an die

Entwickler und Einführungsteams gestellt, von denen es bezogen auf XR noch wenige am ohnehin umkämpften Fachkräftemarkt gibt [121, 131]. Darüber hinaus bestehen Befürchtungen, dass beim Einsatz von XR Mitarbeiterstellen abgebaut, ältere Mitarbeiter mangels Digitalkompetenzen „abgehängt" und Datenschutzbestimmungen nicht eingehalten werden [121]. Bevor eine Mixed-Reality-Strategie zur digitalen Transformation des Geschäftsmodells umgesetzt wird, ist es hilfreich den Reifegrad des Unternehmens hinsichtlich der Digitalisierung allgemein zu bestimmen und unter anderem dadurch die Erfüllung der unten dargestellten Grundvoraussetzungen einzuschätzen [132].

Außerdem sind für AR- und VR-Anwendungen einige Grundvoraussetzungen zu erfüllen, die in Abschn. 2.2.1 und 2.2.2 erläutert wurden. So sollten beispielsweise digitale 3D-Informationen oder die Möglichkeit vorhanden sein, digitale 3D-Modelle oder aufbereitete zweidimensionale Informationen für den Einsatz in der XR-Software zu generieren. Nur wenn Informationen vorliegen, die sich in die virtuelle Welt überführen lassen, können XR-Anwendungen entstehen. Dafür sind Kompetenzen im Bereich der Softwareentwicklung erforderlich. Alternativ können diese Kompetenzen extern durch die Beauftragung eines Dienstleistungsunternehmens erworben werden. Zudem ist eine Analyse der für den Anwendungsfall erforderlichen Schnittstellen zu bestehender Soft- und Hardware im Unternehmen durchzuführen. Fehlen beispielsweise notwendige Schnittstellen zu Unternehmenssoftware wie etwa ERP-System, Kommunikationssystemen oder Kundenportalen, die erforderlich sind, so sind diese systematisch aufzubauen.

An XR interessierte Unternehmen sollten die Technologie in einem ersten Schritt im Rahmen von Workshops, Weiterbildungen oder Messen kennenlernen, um so unternehmensindividuelle Barrieren und Risiken für eine XR-Anwendung einschätzen zu können [36]. Auch ist zu untersuchen, ob die potenziell identifizierten Grenzen dauerhaft einer Implementierung entgegenstehen oder durch die technische Weiterentwicklung in absehbarer Zeit überwunden werden.

In diesem Kapitel wurden neben den Grenzen eines XR-Einsatzes vielfältige Anwendungsfälle in produzierenden Unternehmen entlang der Wertschöpfungskette von Porter systematisch vorgestellt. Diese Anwendungsfälle haben nicht notwendigerweise eine Geschäftsmodel-Innovation zufolge. Oft handelt es sich um Prozessoptimierungen im Hinblick auf die Qualität oder die Kosten der Leistungserbringung. Das folgende Kapitel setzt den Fokus auf Geschäftsmodell-Innovationen und beantwortet die Frage, welche Bedeutung Mixed Reality für die technologiegetriebene Entwicklung von Geschäftsmodellen hat und welche Geschäftsmodellmuster in der Literatur und der Praxis bereits identifiziert wurden.

Geschäftsmodell-Innovationen: Wert für den Kunden und Erträge für das Unternehmen

3

3.1 Grundlagen der Geschäftsmodell-Innovationen

Geschäftsmodelle sind ein in den letzten Jahren viel diskutiertes Thema in Wissenschaft und Praxis. Anlass dafür sind junge Unternehmen, die mit neuen digitalen Geschäftsmodellen etablierte Unternehmen und Märkte angreifen. Prominente Beispiele sind Airbnb, Amazon oder Netflix. Der Erfolg dieser Unternehmen ist weniger einem besonderen Produkt oder einer Dienstleistung zuzuschreiben, sondern liegt vielmehr in einem innovativen, digitalen Geschäftsmodell begründet. Um sich diesem Phänomen zu nähern, ist zunächst der Begriff Geschäftsmodell zu definieren:

> Ein **Geschäftsmodell** (engl. Business Model) beschreibt das Grundprinzip, nach dem ein Unternehmen Werte für seine Kunden schafft und Erträge generiert.

In der Fachliteratur findet sich eine Vielzahl an Geschäftsmodell-Definitionen, die auf verschiedenen Elementen aufbauen. Die geläufigsten Definitionen bestehen aus etwa 40 verschiedenen Elementen, auf Basis derer die Geschäftstätigkeit eines Unternehmens beschrieben wird. Die Elemente lassen sich in neun Kernelemente bündeln, die im Zusammenspiel ein Geschäftsmodell charakterisieren, beispielsweise Strategie, Ressourcen, Netzwerk, Kunden und Wertversprechen. Abb. 3.1 stellt die Elemente gängiger Definitionsansätze gegenüber.

Bei den verschiedenen Definitionsansätzen gibt es einen breiten Konsens im Hinblick auf vier Kernelemente eines Geschäftsmodells. Dabei handelt es sich um das Nutzenversprechen [134–136] die Wertschöpfungsaktivitäten (Aktivitäten, Ressourcen und Netzwerk) [134, 137, 138], die Ertragsmechanik (Umsätze und Finanzen) [138, 139] und die Ziel-

A. Grothus et al., *Digitale Geschäftsmodell-Innovation mit Augmented Reality und Virtual Reality*, https://doi.org/10.1007/978-3-662-63746-3_3

Komponenten / Autor	Strategie	Ressourcen	Netzwerk	Kunde	Kundennutzen	Umsätze	Leistungs-erbringung	Einkauf	Finanzen
Hamel (2000)	Strategie, strategische Ressourcen		Geschäfts-Ökosystem	Kunden-schnittstelle					
Mahadevan (2000)			Logistikquelle		Wertquelle	Einnahmequelle			
Wirtz (2000)	Kombination von Produktionsfaktoren zur Strategieumsetzung	Kernkompetenzen, Vermögenswerte		Markt- und Kundensegmente	Service und Wertangebot	Systematisierung von Einnahmequellen	Kombination und Transformation von Gütern und Dienstleistungen	Produktionsfaktoren und Zulieferer	Finanzierung & Refinanzierung
Hedman/Kalling (2002)	Management, Organisation, Prozess-komponenten	Ressourcen		Kunde	Konkurrenzangebot		Aktivitäten und Organisation	Input und Produktionsfaktoren	
Bouwman (2003)		Technische Infrastruktur		Kundenwert					Finanzielle Vereinbarungen
Afuah (2004)	Positionierung	Ressourcen			Branchenfaktoren		Aktivitäten		Kosten
Mahadevan (2004)				Zielkunde	Wertangebot	Ertragsmodell	Wertbeitrag		
Voelpel/Leibold/Tekie (2004)		Führungs-fähigkeiten	Geschäfts-Ökosystem, Rekonfiguration der Wertschöpfung		Wertangebot				
Yip (2004)	Anwendungsbereich, Differenzierung	Organisation		Kundensegmente, Kanäle	Wertangebot, Natur der Leistung		Transformation von Inputfaktoren	Inputfaktoren	
Lehmann-Ortega/Schoettl (2005)					Wertangebot, Wert-Architektur	Ertragsmodell			
Osterwalder/Pigneur/Tucci (2005)		Kernkompetenzen	Partner Netzwerk	Kunden-beziehungen, Kanäle, Zielkunde	Wertangebot	Ertragsmodell	Wertkonfiguration		Kostenstruktur
Tikkanen et al. (2005)	Strategie & Struktur		Geschäfts-Ökosystem				Geschäftstätigkeit		Finanzen & Rechnungswesen
Al-Debei/El-Haddadeh/Avison (2008)			Geschäfts-Ökosystem		Wertangebot, Wert-Architektur				Finanzen
Demil/Lecocq (2010)		Ressourcen & Kompetenzen, Organisation			Wertangebot	Volumen und Struktur der Einnahmequellen			Volumen und Struktur der Herstellungs- und Vertriebskosten
Johnson (2010)		Schlüssel-ressourcen			Wertangebot	Ertragsmodell	Schlüsselprozesse		
Osterwalder/Pigneur (2010)		Schlüssel-ressourcen	Schlüsselpartner	Kunden-beziehungen, Kanäle, Kundensegmente	Wertangebot	Einnahmequellen	Schlüssel-aktivitäten		Kostenstruktur
Intensität der Nutzung	◐	◔	◐	◐	◑	◐	◐	◔	◐

○ Very Low ◔ Low ◐ Moderate ◑ High ● Very High

Abb. 3.1 Gegenüberstellung von Geschäftsmodell-Elementen. (In Anlehnung an Wirtz et al. (2015) [133])

Abb. 3.2 Geschäftsmodell-Elemente. (In Anlehnung an Gassmann, Frankenberger und Csik (2013))

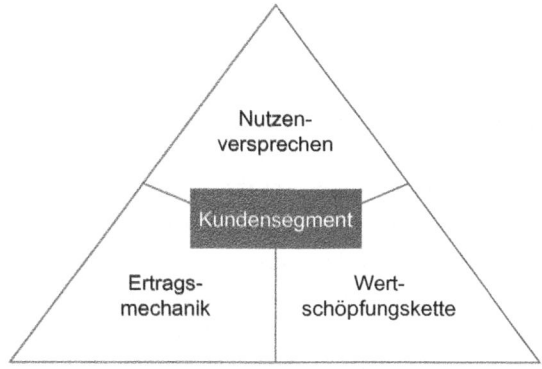

gruppe [140–142]. Gassmann, Frankenberger und Csik (2013) definieren auf Basis dieser Kernelemente ein Geschäftsmodell darüber „wer die Kunden sind, was verkauft wird, wie man es herstellt und wie man Ertrag realisiert" [143]. Auf Basis dieser vier Elemente lassen sich Geschäftsmodelle konkretisieren und veranschaulichen (vgl. Abb. 3.2):

- **Wer ist die Zielgruppe?**
  Für ein erfolgreiches Geschäftsmodell muss ein Kundensegment definiert werden, für das Produkte und Dienstleistungen angeboten werden.
- **Was bietet das Unternehmen den Kunden an?**
  Das Nutzenversprechen (engl. Value Proposition) ist das wichtigste Element eines Geschäftsmodells. Unternehmen müssen Produkte und Dienstleistungen anbieten, die so attraktiv für den Kunden sind, dass er diese kauft bzw. in Anspruch nimmt, um seine Bedürfnisse zu befriedigen.
- **Wie erstellt das Unternehmen die Leistung?**
  Die Wertschöpfungskette ist elementar, um Werte zu schaffen. Verschiedene Prozesse sind durchzuführen, um Leistungen für den Kunden zu erstellen. Bei der Erstellung von Produkten oder Dienstleistungen sind sowohl die Aktivitäten der eigenen Ressourcen zu koordinieren als auch externe Partner bei der Leistungserstellung einzubinden.
- **Wie wird Wert erzielt?**
  Die Ertragsmechanik bestimmt, wie Wert bzw. Umsätze generiert werden sollen. Außerdem wird die Kostenstruktur des Unternehmens betrachtet. Viele junge Unternehmen mit neuen Geschäftsmodellen sind zwar erfolgreich darin, Werte zu schaffen und Kunden zu gewinnen. Jedoch scheitern sie vielfach daran, langfristig profitabel zu wirtschaften.

Warum sollten Unternehmen sich mit Geschäftsmodell-Innovationen beschäftigen? Oftmals ist die bloße Innovation von Produkten und Prozessen nicht mehr ausreichend, um sich nachhaltig vom Wettbewerb abzusetzen. Innovationen des Geschäftsmodells werden aus diesem Grund für den wirtschaftlichen Erfolg eines Unternehmens, das

Wachstum und das Bestehen eines Unternehmens als unabdingbar erachtet [144]. Allerdings besteht zum Begriff Geschäftsmodell-Innovation in der Literatur ebenfalls keine einheitliche Definition. Der Begriff Innovation bezeichnet die zielgerichtete Entstehung und Umsetzung von neuen technischen, wirtschaftlichen, organisatorischen und sozialen Problemlösungen, die zur Erreichung von Unternehmenszielen auf eine neue Art und Weise führen [145]. Somit bezeichnet eine Geschäftsmodell-Innovation das Hervorbringen neuer oder die Weiterentwicklung bestehender Geschäftsmodelle, um Wettbewerbsvorteile zu erlangen [144, 146].

Das Ziel einer Geschäftsmodell-Innovation ist es, das Schaffen von Nutzen und das Generieren von Umsatz neu zu organisieren bzw. zu optimieren [137, 147]. Dabei werden entweder einzelne Elemente wie etwa Vertriebskanäle oder das gesamte Geschäftsmodell verändert [148]. So sprechen beispielsweise Gassmann, Frankenberger und Sauer (2016) von einer Geschäftsmodell-Innovation, wenn mindestens zwei der vier Geschäftsmodellelemente Nutzenversprechen, Kundensegment, Ertragsmechanik und Wertschöpfungskette verändert werden [149]. Dadurch lassen sich neue Kundenbedürfnisse befriedigen und neue Märkte erschließen [140].

Der Neuigkeitsgrad einer Innovation lässt sich mit den Dimensionen Inhalt, Intensität, Subjektivität und Prozess beschreiben [145]. Jede dieser Perspektiven auf eine mögliche Innovation bietet Ansätze zur Weiterentwicklung eines Geschäftsmodells. Der Inhalt beschreibt, was neu ist. Dabei kann es sich beispielsweise um ein Produkt, eine Dienstleistung oder einen Prozess handeln. Im Bereich VR könnte durch die Entwicklung eines virtuellen Verkaufsraums ein neuer Point-of-Sale etabliert werden, in dem potenzielle Kunden einen realitätsnahen, aber dennoch virtuellen Eindruck des Produktes bekommen. Es wird möglich, dem Kunden das Produkt ortsunabhängig und virtuell vorzustellen, aber gleichzeitig einen hohen Grad an Interaktion mit dem Produkt zu bieten. Sowohl hohe Infrastruktur- und Distributionskosten für Wiederverkäufer als auch hohe Kapitalbindung durch die Ausstellungsstücke lassen sich so reduzieren. Gleiches gilt für den Bereich AR. Dort kann beispielsweise eine virtuelle Montageanleitung den Montageprozess von Produkten beschleunigen und vereinfachen, indem die jeweiligen Prozessaktivitäten und benötigten Komponenten abhängig vom des Montagefortschritt digital im Sichtfeld des Arbeiters eingeblendet werden. Das visuelle Erfassen der Objekte als auch das Einblenden der Montageanleitung kann über AR-Brillen, Tablets, Smartphones oder andere Geräte mit optischer Erfassung und Display erfolgen. Die Intensität bezeichnet den „Neuigkeitsgrad": Wie neu ist etwas? Beispielsweise weist die Neuentwicklung eines Geschäfts oder Verkaufsraums mit realistischer und detailgetreuer Visualisierung in einer virtuellen Umgebung (VR) eine höhere Innovationsintensität auf als die Weiterentwicklung einer AR-Anwendung im Hinblick auf die dargestellten Inhalte. Das Empfinden des Innovationsgrads ist stark durch die Subjektivität des Betrachtenden geprägt. Insofern ist die Frage zu beantworten, für wen die Innovation neu wirkt, beispielsweise die unterschiedliche Wahrnehmung einer Produkt- oder Dienstleistungsinnovation aus der Perspektive verschiedener Kundensegmente oder regionaler Märkte. Ebenso ist die Prozess-Dimension der Leistungserstellung zu betrachten: Wo beginnt, wo endet die Innovation im Wertschöpfungsprozess des Unternehmens?

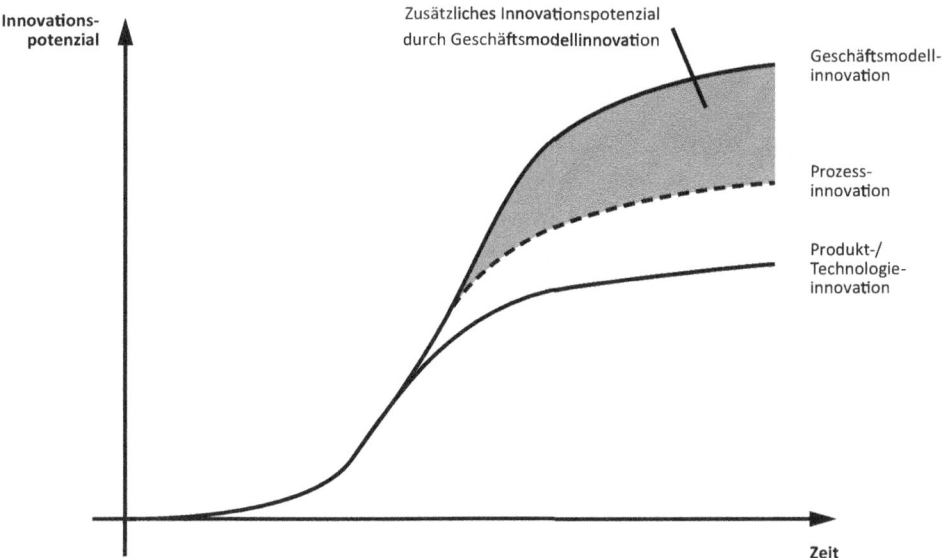

Abb. 3.3 Zusätzliches Innovationspotenzial durch Geschäftsmodell-Innovation. (In Anlehnung an Gassmann et al. (2013) [143])

Aufgrund der dynamischen Umweltbedingungen eines Unternehmens wie etwa sich wandelnde Kundenbedürfnisse oder das Auftreten neuer Wettbewerber müssen die Möglichkeiten zur Geschäftsmodell-Innovation kontinuierlich analysiert werden.

„Kannibalisiere Dich selbst, bevor es andere tun!"

Verschiedene empirische Studien unterstützen die These, dass Geschäftsmodell-Innovationen ein höheres Potenzial im Hinblick auf langfristige Wettbewerbsvorteile und Profitabilität bieten als reine Produkt- und Prozessinnovationen, vgl. Abb. 3.3.

3.2   Digitale Geschäftsmodelle

Die Digitalisierung beeinflusst die Neu- und Weiterentwicklung von Geschäftsmodellen maßgeblich. Sie wirkt in erster Linie als Enabler bzw. Befähiger für neue Nutzenversprechen und Wertschöpfungskonstellationen. Das betrifft auch die Geschäftsmodelle in den Bereichen AR und VR. Im Folgenden werden Geschäftsmodelle in vier Kategorien mit verschiedenen Digitalisierungsgraden eingeteilt: Analoge Geschäftsmodelle, analoge Geschäftsmodelle mit digitalisierten Prozessen, digital erweiterte Geschäftsmodelle und vollständig digitale Geschäftsmodelle [150].

Analoge Geschäftsmodelle

In analogen Geschäftsmodellen hat die Digitalisierung keinen zentralen Einfluss auf die Wertschöpfung. Es werden analoge Produkte oder Dienstleistungen erstellt und verkauft. Das Unternehmen unterstützt sowohl seine direkt wertschöpfenden Prozesse als auch die Unterstützungsprozesse in geringem Maße mit IT-Systemen. Unternehmen mit einem solchen Geschäftsmodell kommen in der betrieblichen Praxis immer seltener vor. Analoge Geschäftsmodelle im Bereich XR sind sehr selten, da die Technologien selbst einen umfangreichen Einsatz von IT-Systemen erfordern. Analoge Geschäftsmodelle sind hier im klassischen Handel der Mixed-Reality-Hardware denkbar, da ein Handelsunternehmen sein Geschäftsmodell mit geringem IT-Einsatz umsetzen kann, zum Beispiel im stationären Einzelhandel.

Analoge Geschäftsmodelle mit digitalisierten Prozessen

Bei der der ersten Kategorie von digitalisierten Geschäftsmodellen werden ebenso analoge Produkte oder Dienstleistungen erstellt. Das einzige konstituierende Merkmal, das eine Veränderung erfährt, sind die Prozesse. Sie werden hinsichtlich des Digitalisierungs- und Automatisierungsgrades weiterentwickelt. Der Digitalisierungsgrad stellt dabei ein Maß für den vorhandenen Einsatz von Informations- und Kommunikationstechnologie in den Prozessen dar. Der Automatisierungsgrad beschreibt, in welchem Maß diese Prozesse automatisiert, d. h. ohne menschliches Eingreifen ablaufen. Im Bereich XR sind die Produkte und Dienstleistungen stets digital, da es sich um eine vollständig digitale Technologie handelt. In diese Kategorie fallen somit lediglich Handels- und Beratungsunternehmen im Bereich XR, welche analoge Dienstleistung erbringen und die dafür notwendigen Prozesse im Unternehmen nach Möglichkeit digitalisieren, beispielsweise durch CRM- und ERP-Software. Dadurch ändert sich die Wertschöpfungskonstellation; die bereitgestellten Produkte oder Dienstleistungen behalten jedoch ihren bisherigen Charakter. Erlösmodelle ändern sich ebenfalls nicht.

Digital erweiterte Geschäftsmodelle

Um ein Geschäftsmodell digital zu erweitern, können Unternehmen die Schnittstelle zum Kunden digitalisieren. Hier entfalten die XR-Technologien ihr Potenzial. Die Digitalisierung der Kundenschnittstelle durch den Einsatz von XR kann je nach Branche unterschiedlichen Charakter haben. Dazu ein Beispiel: Ein Servicedienstleister, der seine Leistung bisher beim Kunden vor Ort erbracht hat, kann seinen Kunden den Service nun ortsunabhängig mithilfe der AR-Technologie anbieten und den Kunden selbst über geografische Distanz hinweg durch den Serviceprozess führen [101, 109]. Servicetechniker mit geringer Erfahrung im Fachgebiet kann das nötige Fachwissen während der Leistungserbringung über eine Augmented-Reality-Brille zur Verfügung bereit gestellt werden [151]. Ähnliche Möglichkeiten bieten sich im Bereich der Mitarbeiterschulungen [152]. Die Technologie der virtuellen Realität ermöglicht das Etablieren neuer Verkaufsschnittstellen, beispielsweise durch virtuelle Verkaufsräume (vgl. Abschn. 2.3.3.4 und 6.2) [153]. Insbesondere Anbieter hochpreisiger, erklärungsbedürftiger Produkte wie beispielsweise Maschinen, Autos, oder Immobilien können durch den Einsatz virtueller Verkaufsräume Wettbewerbsvorteile generieren. So können zum Beispiel Kosteneinsparungen durch eine Reduzierung der Vorführprodukte und Verkaufsflächen realisiert werden, Beratungstermine rund um die Uhr angeboten werden und in der Realwelt ortsgebundene Produkte über geografische Distanzen hinweg erlebbar gemacht werden. Auch müssen Kunden nicht zum nächsten physischen Point-of-Sale anreisen [100, 101]. Bei Herstellern mit großen Händlernetzwerken (z. B. in der Automobilindustrie) kann die Händlermarge entfallen, da der Hersteller zukünftig selbst die virtuellen Verkaufsräume betreibt und Kundenberatung und Vertrieb übernimmt. Im Hinblick auf den Kern des Geschäftsmodells agiert das Unternehmen aber wie vorher. Es erstellt physische Produkte und verdient damit sein Geld. Nur die Kundenschnittstelle bzw. ausgewählte Prozesse wurden digitalisiert und damit das Geschäftsmodell digital erweitert. Alternativ können Unternehmen ihr Geschäftsmodell durch digitale Produkte und Dienstleistungen erweitern. Im Bereich der Mixed-Reality-Technologien ist der Übergang von digitalisierten Prozessen zu digitalen Produkten und Dienstleistungen oft fließend. Ein Servicedienstleister, der Unternehmen anbietet, den Wartungsprozess eines externen Servicetechnikers durch den Einsatz von AR-Brillen den Mitarbeitern des Unternehmens vor Ort durchführen zu lassen, digitalisiert einen bestehenden Prozess und schafft eine neue Kundenschnittstelle.

Digitale Geschäftsmodelle

Digitale Geschäftsmodelle lassen sich in zwei Formen unterteilen. Plattformbasierte Geschäftsmodelle mit den Ausprägungen digitale Produkt-, Service- und Entwicklungsplattformen sowie datenbasierte Geschäftsmodelle. **Digitale Plattformen** ermöglichen auf Basis digitaler Technologien, dass Anbieter und Nachfrager zusammenfinden und vereinfacht interagieren können. So schaffen die Plattformen einen Wert, der mit der Anzahl der Nutzer wächst. Das dazugehörige Geschäftsmodell wird auch als **Platform Business** bezeichnet. In diesem Modell haben die Plattformen eine orchestrierende Rolle für das Netzwerk aus Anbietern und Nachfragern, in dem sie neben der Bereitstellung der Plattform die Regeln für ihre Nutzung und das Zusammenspiel aller Beteiligten aufstellen. Eine digitale Plattform ist für eine Kundengruppe (Anbieter) nur dann wertvoll, wenn auch die andere Kundengruppe (Nachfrager) vertreten ist. Auf einer Plattform können Mixed-Reality Produkte oder Dienstleistungen angeboten, vermittelt oder aber Entwicklungen durchgeführt werden. Beispielsweise werden bei **digitalen Produktplattformen** von Designern erstellte digitale Produkte, wie beispielsweise Avatare oder digitale Objekte oder Umgebungen, angeboten und von den Kunden in Mixed-Reality-Anwendungen eingesetzt. Bei **digitalen Serviceplattformen** können Anbieter von Mixed-Reality-Dienstleistungen wie beispielsweise Entwicklungsdienstleister mit freien Entwicklungskapazitäten und Nachfrager zusammengebracht werden. Bei **digitalen Entwicklungsplattformen** können Unternehmen direkt mit ihren Lieferanten oder späteren Kunden sogenanntes „Collaborative Engineering" betreiben. Dabei werden unter anderem digitale Modelle kollaborativ erstellt und mit den Entwicklungspartnern ausgetauscht. Die gemeinsame Bearbeitung sowie die parallele Durchführung der Produktentwicklung können zu Kosten- und Zeitersparnissen führen. In diesen Fällen werden die Vorzüge der Plattformtechnologie genutzt, um die Technologien der Mixed-Reality mittels moderner Geschäftsmodelle in das Wirtschaftssystem einzubringen. Darüber hinaus bietet insbesondere die Technologie der Virtuellen Realität das Potenzial, selbst ein elementarer Bestandteil digitaler Plattformen und plattformbasierter Geschäftsmodelle zu werden, da sie den beteiligten Akteuren neue Möglichkeiten im Bereich der Interaktion, Visualisierung und Kommunikation ermöglicht. Virtuelle Konferenzräume, virtuelle Bürokomplexe und virtuelle Unternehmen können als Plattform neue Formen der menschlichen Zusammenarbeit über Distanzen hinweg ermöglichen. Virtuelle Verkaufsräume können den plattformbasierten Handel weiter optimieren. Die Hersteller könnten Interessenten weltweit ihre Produkte direkt präsentieren [101]. Virtuelle Trainingsplattformen unterstützen eine realitätsnahe Interaktion zwischen Dozenten, Teilnehmern und Trainingsobjekten wie Maschinen über geografische Distanzen hinweg [113, 154]. Für den Aufbau eines Plattform Business ist allerdings oftmals eine große Investition erforderlich, um eine kritische Masse an Nutzern auf beiden Marktseiten zu erreichen und als Nutzer auf die Plattform zu bringen (**Henne-Ei-Problem**).

Ein weiterer Trend sind **datengetriebene Geschäftsmodelle.** Das Internet of Things, die oben beschriebenen digitalen Plattformen, soziale Medien und weitere Quellen im Internet sowie digitale Endgeräte wie Smartphones stellen Daten in einem bisher nicht gekannten Umfang zur Verfügung. Diese auch als **Big Data** bezeichneten Daten werden vor dem Hintergrund ihrer betriebswirtschaftlichen Nutzung im Rahmen digitaler Geschäftsmodelle als das Gold des 21. Jahrhunderts bezeichnet. Apple, Amazon, Google und andere große „Player" der Digitalwirtschaft werden nicht zuletzt deshalb so hoch am Kapitalmarkt bewertet, weil sie über Daten zum Konsumverhalten der Nutzer verfügen. Beispielsweise wer (potenzieller Kunde), wann (Tageszeit, Jahreszeit), wo (geografischer Ort), in welchem Medium (PC, Smartphone, etc.), bei welchem Anbieter nach welchen Produkten sucht. Wie lange welche Produktinformationen angesehen werden, wonach der Nutzer sonst noch sucht, welche Interessen er hat, welche sozialen Kontakte er pflegt und vieles mehr. Die Auswertung von Daten ermöglicht neue Geschäftsmodelle und Optimierungen der Leistungserstellung. Auch in diesem Bereich bietet die XR-Technologie Ansatzpunkte, insbesondere bei der Datenerhebung. So ermöglichen AR und VR in den zuvor beschriebenen Einsatzszenarien nicht nur das Digitalisieren von Prozessen und das Etablieren neuer Schnittstellen zum Kunden. Sie können darüber hinaus vielfältige Betriebs- und Nutzungsdaten mit einem hohen Detailgrad erheben, analysieren und sowohl für Produkt- und Prozessoptimierungen als auch für Geschäftsmodell-Innovationen nutzen. Im Beispiel virtueller Verkaufsräume (vgl. Abschn. 2.3.3.4 und 6.2) könnten das Verhalten und die Interessen individueller Kunden erhoben und ausgewertet werden. Durch die Bereitstellung eines virtuellen Verkaufsraums ist der Betreiber in der Lage, Rückschlüsse auf Kundenbedürfnisse, Verhaltensmuster und Trends zu ziehen [156]. Individuellen Kunden können dann beispielsweise bedarfsgerechte Angebote auf Basis der ermittelten Präferenzen angezeigt werden [155].

Diese Informationen kann das Portal entweder an Designer und Hersteller verkaufen oder selbst zur Optimierung des eigenen Leistungsportfolios bzw. zur Leistungserstellung nutzen.

Die XR-Technologien bieten Ansatzpunkte, um innovative, digitale Geschäftsmodelle zu etablieren. Gassmann beschreibt 55 Geschäftsmodelle und viele davon lassen sich in Szenarien im Kontext der AR- und VR-Technologien überführen (vgl. Kap. 4 und 5). Ein virtueller Verkaufsraum als neue Kundenschnittstelle schafft beispielsweise die technische Basis für Geschäftsmodellmuster wie „Cross Selling", „Direct Selling" und „Experience Selling" und eröffnet produzierenden KMU neue Vertriebspotenziale und Geschäftsmodelle. Beim Cross Selling wird eine bestehende Kundenverbindung für den zusätzlichen Verkauf von verwandten oder fremden Produkten oder Dienstleistungen genutzt. Klassisches Beispiel ist die Bank, die neben dem Girokonto auch Versicherungen anbietet, oder im stationären Handel der Frisör, der zusätzlich zur Dienstleistung auch Haarpflegeprodukte verkauft. Amazon beispielsweise nutzt das Cross-Selling-Prinzip, indem Kunden Informationen wie „Wird oft zusammengekauft" oder „Kunden, die diesen Artikel gekauft haben, kauften auch (…)" kommuniziert werden. So werden die gewonnenen Daten über das Such- und Konsumverhalten der Nutzer direkt genutzt, um die Verkäufe weiterer Produkte zu fördern. Soft- und Hardware-Anbieter von XR-Technologien können ihre Produkte und Dienstleistungen der Industrie über innovative Geschäftsmodelle anbieten. Beispiel: Ein Virtual-Reality-Unternehmen, das virtuelle Verkaufsräume entwickelt und den produzierenden KMU die Integration ihres Produktportfolios in eine bestehende Shop-Umgebung ermöglicht, könnte die Nutzung und kundenindividuelle Anpassung der Verkaufsräume auf Basis des Geschäftsmodellmusters „Shop-in-Shop" realisieren und über Mietmodelle Umsätze generieren.

Vielfach zeichnen sich innovative Geschäftsmodelle durch eine Kombination verschiedener Ansätze aus. Virtuelle Verkaufsräume können beispielsweise über eine Kombination der Geschäftsmodelle „White Label", „Two-sided-Market" und „Pay-per-use" etabliert werden. „White Label" bedeutet, dass das Produkt, in diesem Fall der virtuelle Verkaufsraum, optisch an das Corporate Design (Unternehmens-Erscheinungsbild) des Kunden angepasst wird, sodass nicht erkenntlich ist, dass es sich nicht um eine Eigenentwicklung des Kunden handelt. „Two-sided-Market" beschreibt Geschäftsmodelle, bei denen die Interaktionen zwischen verschiedenen Parteien wie etwa Anbieter und Nachfrager auf einer bereitgestellten digitalen Plattform erleichtert bzw. erst ermöglicht werden. „Pay-per-use" beschreibt Geschäftsmodelle, bei denen die Leistung auf Basis der Nutzungsintensität abgerechnet wird, beispielsweise der Nutzungsdauer in Stunden. Weitere Details zu diesen und weiteren Geschäftsmodellen beschreibt das folgende Kapitel. Einige der dort aufgeführten Geschäftsmodelle wie „Make-more-of-it", „License" „Layer Player", „Solution Provider" oder „Performance-based Contracting" lassen sich im Kontext der XR-Technologien universell einsetzen. Abschn. 4.2 gibt einen Überblick, welche Geschäftsmodellmuster im Kontext der XR-Technologien vielversprechend erscheinen und unterlegt diese mit theoretischen sowie praktischen Beispielen.

Geschäftsmodell-Innovationen im Bereich Mixed Reality

4

4.1 GINXR als Orientierungsrahmen

Zur Systematisierung der Geschäftsmodelle wird die im Abschn. 2.2 dargestellte Wertschöpfungskette nach Porter genutzt [72]. Dafür wurden die Bezeichnungen der Wertschöpfungsstufen leicht angepasst. Die Ausgangs- und Eingangslogistik wurde im Kontext der XR-Technologie zusammengefasst, da für beide Wertschöpfungsstufen dieselben Anwendungsfälle und damit einhergehende Geschäftsmodellmuster identifiziert wurden. Während Abb. 2.4 im zweiten Kapitel einen Überblick über die Anwendungsfälle je Wertschöpfungsbereich des Unternehmens gegeben hat, stellt Abb. 4.1 mit dem GINXR-Modell einen Orientierungsrahmen für mögliche Geschäftsmodell-Innovationen vor. Das Akronym GINXR steht für **G**eschäftsmodell-**In**novation mit Mixed **R**eality **(XR)**. Dieser Orientierungsrahmen für die systematische Analyse der Wertschöpfungskette eines Unternehmens bietet Ansatzpunkte zur Neu- bzw. Weiterentwicklung der Geschäftsmodelle eines Unternehmens. Das Modell orientiert sich am GIN3D-Modell von Feldmann et al. (2019) [24]. Es unterscheidet sich jedoch von diesem, da es sich hier zum einen um eine grundlegend andere Technologie handelt. Zum anderen wird auf eine Darstellung der Akteure im Entstehungsprozess von XR-Produkten verzichtet, da eine Klassifizierung entlang der Wertschöpfungskette nicht eindeutig möglich erschien.

> Das **GINXR-Modell** strukturiert die **Geschäftsmodellmuster** entlang der **Wertschöpfungskette eines Unternehmens.**

A. Grothus et al., *Digitale Geschäftsmodell-Innovation mit Augmented Reality und Virtual Reality*, https://doi.org/10.1007/978-3-662-63746-3_4

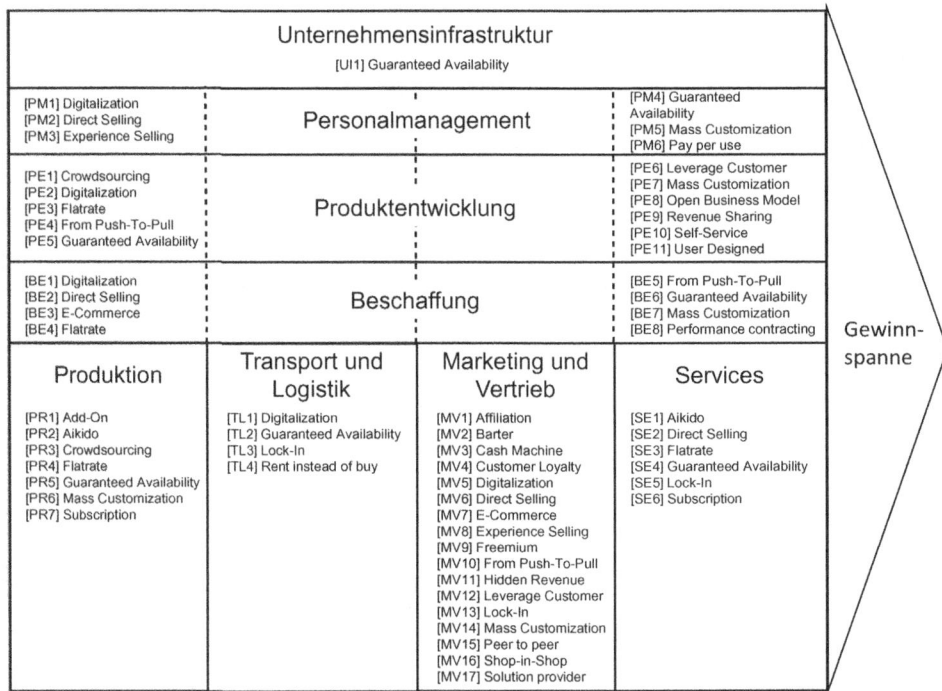

Abb. 4.1 Geschäftsmodellmuster entlang der Wertschöpfungskette nach Porter

Als **Orientierungsrahmen** dient das GINXR-Modell der **Strukturierung des Such-feds für innovative Geschäftsmodelle mit XR.** Der Orientierungsrahmen gibt dabei einheitliche Begriffe für das gemeinsame Grundverständnis aller Akteure vor und dient als Ausgangspunkt für auf diesem Modell aufbauende, unternehmensspezifische Aus-gestaltungen von Geschäftsmodellen. Im Gegensatz zum GIN3D-Modell [24] wurde bei der Darstellung der Wertschöpfungskette bewusst auf die Systematisierung der Akteure bzw. Anbieter entlang der Wertschöpfungskette verzichtet. Für eine Komplettierung des Gesamtbildes werden diese **Akteure in der XR-Wertschöpfungskette** nachfolgend vor-gestellt:

- **Softwareanbieter** sind Unternehmen, die Software für die XR-Hardware bzw. Anzeigemedien mit Computerprogrammen entwickeln bzw. vertreiben und so die in den Geschäftsmodellen beschriebenen Anwendungsfälle ermöglichen. Soft-wareanbieter verfolgen dabei ihr eigenes Geschäftsmodell, das unterschiedlich aus-gestaltet sein kann. Oft werden Lizenzen vergeben, Abonnements abgeschlossen oder Zahlungen in Abhängigkeit der Nutzungsdauer berechnet. Dabei kann jedes Unter-nehmen, auch solche aus dem verarbeitenden Gewerbe, als Softwareanbieter auf-treten. In diesem Kontext treten also Unternehmen, welche XR-Anwendungen für ihre Kunden im B2B- oder B2C-Markt anbieten, als Softwareanbieter auf. An dieser Stelle wird nicht zwischen Softwareanbieter und Softwarehersteller differenziert.

- **Hardwarehersteller** entwickeln und vertreiben XR-Geräte komplementär zur vorgenannten XR-Software. XR-Hardware umfasst zum einen die Anzeigemedien wie etwa Brillen, Handhelds, Kontaktlinsen oder Projektionsmedien, zum anderen Technologien zur Interaktion mit der virtuellen Umgebung wie etwa Controller, Handschuhe, Sensoren oder Tretmühlen. Hardwarehersteller verfolgen unterschiedliche Geschäftsmodelle. Oft wird die Hardware verkauft, zur Miete angeboten oder verkauft und mit einer Nutzungsgebühr verknüpft. Ebenso können die Erzeugnisse dieser Hardwarehersteller für das eigene Geschäftsmodell eines produzierenden Unternehmens verwendet werden.
- Die **Inhaltsersteller** oder auch **Content Creators** sind Unternehmen, welche die virtuellen Elemente und Inhalte digital erstellen und so aufbereiten, dass sie sich für XR-Anwendungen nutzen lassen. Meist beschäftigen Softwareanbieter eigene Inhaltsersteller, doch können diese auch unabhängig von ihnen am Markt agieren.
- **Anwender** umfassen im B2B-Kontext die Unternehmen bzw. im B2C-Kontext die Privatkunden, welche die angebotene XR-Software einsetzen. Sie sind in den meisten Geschäftsmodellmustern die zahlenden ZielKunden eines Geschäftsmodells.

Für das Verständnis des Modells sollen nachfolgend die Elemente der Wertschöpfungskette in Anlehnung an Porter [72] näher erläutert werden. Diese lassen sich in primäre und unterstützende Aktivitäten unterscheiden.

Primäre Aktivitäten
- **Produktion:** Umfasst sämtliche Tätigkeiten, die im Zusammenhang mit der Leistungserstellung stehen. Im verarbeitenden Gewerbe sind diese Aktivitäten beispielsweise maschinelle Bearbeitung, Montage, Ausrüstung, Verpackung, Druck oder Veredelung. XR ersetzt hier nicht zwangsläufig die Produktion, sondern wird im Rahmen der Produktionsprozesse als Instrument eingesetzt.
- **Transport und Logistik:** Im hier beschriebenen Modell umfasst diese Wertschöpfungsstufe sämtliche logistischen Aktivitäten in Zusammenhang mit dem Empfang, der Einlagerung und der internen Verteilung von Gütern sowie dem Transport von Material und der Lagerhaltung. Darüber hinaus umfasst dieser Schritt die Distribution der Produkte an die Kunden sowie die Abwicklung der Aufträge und die Planung entsprechender Termine.
- **Marketing und Vertrieb:** Diese Wertschöpfungsstufe umfasst sämtliche Aktivitäten im Rahmen der Markenbildung und dem Verkauf von Produkten und Dienstleistungen an B2C- und B2B-Kunden. Beispiele sind Werbung, Angebotserstellung, Preisgestaltung und weitere Marketing- und Vertriebstätigkeiten sowie das Schaffen neuer Vertriebswege.

- **Services:** Umfassen den Bereich der Dienstleistungen. In diesem Schritt sind sämtliche Dienstleistungen zur Erhaltung oder Erhöhung des Wertes des Produkts enthalten. Dies können die bei den Anwendungsfällen beschrieben Services für die Installation, Inbetriebnahme, Wartung, Reparatur oder Ausbildung sein, aber auch Ersatzteillieferungen und weitere mehr.

Unterstützende Aktivitäten

- **Beschaffung:** Diese unterstützende Aktivität umfasst sämtliche Schritte, welche die Beschaffung von Roh-, Hilfs- und Betriebsstoffe sowie Investitionsgüter wie etwa Maschinen und Gebäude betreffen.
- **Produktentwicklung:** Die (Weiter-)Entwicklung von Produkten oder neuen Technologien. Da wertschöpfende Aktivitäten in Unternehmen des verarbeitenden Gewerbes eng mit Technologie und der (Weiter-)Entwicklung von Produkten verknüpft sind, ist dieser Unterstützungsprozess zentral für erfolgreiche Unternehmen. Der Fokus des Unterstützungsprozesses soll im Zusammenhang dieses Modells aber bei der (Weiter-)Entwicklung des Produkt- und Serviceangebots eines Unternehmens liegen, wenngleich der technologischen Weiterentwicklung des Unternehmens als solches ebenfalls ein hoher Stellenwert zugeschrieben werden kann.
- **Personalmanagement:** Das Personalmanagement umfasst sämtliche Aktivitäten, welche die bestehende Belegschaft und die Rekrutierung sowie die Einstellung neuer Mitarbeiter betreffen. Dies umfasst die Aus- und Weiterbildung der Mitarbeiter sowie die Förderung der Arbeitssicherheit. Im sogenannten „War for Talents" muss das Personalmanagement geeignete Fach- und Führungskräfte für das Unternehmen gewinnen und diesen Kenntnisse und Fähigkeiten für die zu erledigende Arbeit vermitteln.
- **Unternehmensinfrastruktur:** Umfasst übergreifende Aktivitäten wie die Gesamtgeschäftsführung, Außenkontakte, Informationssysteme etc. Bezogen auf das verarbeitende Gewerbe und die XR-Technologie sind hierbei insbesondere Abstimmungs-, Planungs- und Entscheidungsaktivitäten relevant.

Nachdem der vorherige Abschnitt die einzelnen Stufen des Modells erläutert hat, werden in den folgenden Kapiteln die einzelnen Geschäftsmodellmuster entsprechend ihrer Zuordnung zu den Wertschöpfungsstufen dargestellt. Dazu werden in einem ersten Schritt die Geschäftsmodellmuster allgemein und beispielhaft anhand der XR-Technologien erläutert. In einem zweiten Schritt werden die einzelnen Geschäftsmodellmuster für die einzelnen Stufen der Wertschöpfungskette anhand von detaillierten Beispielen aus Literatur und Praxis konkretisiert. Für eine leichtere Orientierung wurden den Geschäftsmodellmustern Kürzel zugewiesen (siehe Abb. 4.1), mit denen sich die Geschäftsmodellmuster einer Wertschöpfungsstufe bzw. Unterstützungsaktivität zuordnen lassen.

4.2   Geschäftsmodellmuster im AR-Ökosystem und im VR-Ökosystem

Jeder Stufe der Wertschöpfungskette nach Porter sind im GINXR-Modell potenziell realisierbare Geschäftsmodellmuster zugeordnet. Der Begriff Geschäftsmodellmuster bezeichnet eine Beschreibung der Funktionsweise eines Typs von Geschäftsmodellen, der sich durch Ähnlichkeit im Hinblick auf Konfiguration, Struktur und Aufbau der Modellelemente auszeichnet. Die 55 Geschäftsmodellmuster nach Gassmann et al. (2013) [143] beschreiben den Großteil aller möglichen neuen Geschäftsmodelle, da es sich in den meisten Fällen um die Kombination bereits existierender Ideen, Konzepte und Technologien handelt [143]. Tab. 4.1 erläutert die **45 im Bereich der XR-Technologien als vielversprechend identifizierten Geschäftsmodellmuster** in Form einer kurzen Beschreibung und einer beispielhaften Anwendung. Dabei orientieren sich die Bezeichnungen an den englischen Begriffen, die in Theorie und Praxis weit verbreitet sind [143].

Tab. 4.1 Geschäftsmodellmuster im XR-Ökosystem. (In Anlehnung an Gassmann, Frankenberger und Csik (2013) [143])

Muster	Beschreibung des Musters	Beispiel AR & VR
Add-on Separate Verrechnung von Extras	Das Hauptprodukt wird relativ preiswert angeboten, um dann für komplementäre Extras relativ hohe Preise aufzurufen. Ein Beispiel: Ryanair hat mit diesem Modell die Flugindustrie revolutioniert	**VR** Die zentrale Hardware wird günstig verkauft. Danach fallen zum Beispiel für den Kauf von Zusatzhardware wie Controllern und Trackingsensoren vergleichsweise hohe Kosten an. Zudem ist denkbar, dass die zu der Hardware gehörige Software teuer erworben werden muss. So können hier beispielsweise auch weitere Software-Bausteine als Add-On (Premium etc.) angeboten werden. **AR** Hersteller verkaufen die Hardware zu relativ günstigen Preisen, um dann mit dem Verkauf der Software und weiteren Dienstleistungen als Add-On zur Basisleistung mehr Umsatz zu generieren
Affiliation Eigener Erfolg durch den Erfolg des Partners	Das Unternehmen unterstützt Partner-Unternehmen (engl. Affiliates) dabei, ihre Produkte erfolgreich zu verkaufen, etwa durch das Bereitstellen von Vertriebskanälen oder Marketing. Das unterstützende Unternehmen (engl. Affiliator) erzielt seine Erlöse transaktionsbasiert wie beispielsweise bei pay-per-sale oder pay-per-click. Beispiele sind Flugvergleichsportale, die Kunden auf die Buchungsseiten von Fluglinien leiten (auch Lead-Handel genannt)	**VR** Hersteller von VR-Hardware bewerben eine Plattform oder eine Software beim Verkauf der Hardware. Ebenfalls können Softwareanbieter spezifische Hardware bewerben, wenn sie ihre Software verkaufen. **AR** Dienstleister, der das Anzeigen von Produkten in AR ermöglicht. Für Käufe werden andere Produkte beworben, über die dann durch Affiliation Geld verdient wird
Aikido Radikale Abgrenzung von bestehenden Geschäftsmodellmustern	Aikido ist eine japanische Kampfkunst, bei der die Kraft eines Angreifers gegen ihn oder sie eingesetzt wird. Als Geschäftsmodell erlaubt Aikido einem Unternehmen, etwas anzubieten, das dem Image und der Denkweise der Konkurrenz diametral entgegengesetzt ist. Dieses neue Wertversprechen zieht Kunden an, die Ideen oder Konzepte bevorzugen, die dem Mainstream entgegengesetzt sind	Allein die Anwendung von VR & AR kann als radikale Abgrenzung zu anderen Geschäftsmodellen gesehen werden. So treten neue Darstellungsmöglichkeiten in großer Variation auf, die dazu führen, dass Unternehmen sich radikal von klassischen Geschäftsmodellen und der Konkurrenz abgrenzen können. So kann beispielsweise gänzlich auf eine physische Präsentation der Produkte verzichtet werden und die Produkte nur über AR/VR für den Kunden erlebbar werden. Varianten der Produkte können digital angezeigt und ausgewählt werden

(Fortsetzung)

Tab. 4.1 (Fortsetzung)

Muster	Beschreibung des Musters	Beispiel AR & VR
Auction Versteigerung an den Höchstbietenden	Bei einer Auktion wird ein Produkt oder eine Dienstleistung an den Höchstbietenden versteigert. Damit realisiert der Verkäufer den höchsten vom Kunden akzeptierten Preis. Ein bekanntes Beispiel ist eBay. Eine Auktion kann auch umgekehrt ablaufen. Das heißt, dass der Käufer eine Leistungsspezifikation aufgibt und die Anbieter um den Auftrag konkurrieren. Beispielsweise unterbieten sich Handwerker auf der Online-Plattform MyHammer, um den Auftrag eines Kunden zu erhalten	**VR** Auktionatoren sind in der Lage ein „echtes Auktionserlebnis zuhause" zu realisieren. So können Live-Auktionen in VR abgebildet werden, bei denen der Auktionsraum digital mit Avataren der Teilnehmer und der Auktionsobjekte dargestellt wird
Barter Tausch	Tauschhandel ist eine Tauschmethode, bei der Waren an Kunden verschenkt werden, ohne dass tatsächlich Geld transferiert wird. Im Gegenzug bieten sie der sponsernden Organisation etwas von Wert. Der Tausch muss keinen direkten Zusammenhang aufweisen und wird von jeder Partei unterschiedlich bewertet	**VR** Freie Dreingabe der Hardware mit dem Ziel der Nutzerdatenverwertung. Danach Datenverkauf oder Nutzung der gewonnenen Daten, um ein besseres Angebot zu schaffen oder komplementäre Leistungen zu verkaufen. Interessen und Verhaltensweisen von Zielgruppen können so besser verstanden werden **AR** Die bei der Nutzung einer AR-App generierten Positionsdaten und erzeugten 3D-Bilder werden verwendet, um das App-Erlebnis noch besser zu machen. Dafür wird die App kostenfrei zur Verfügung gestellt. Diese Daten können ebenfalls zum Verkauf gestellt werden

(Fortsetzung)

Tab. 4.1 (Fortsetzung)

Muster	Beschreibung des Musters	Beispiel AR & VR
Cash-Maschine Geldautomat	Beim Geldautomatenkonzept zahlt der Kunde im Voraus für die an ihn verkauften Produkte, bevor ein Unternehmen die damit verbundenen Kosten decken kann. Dies führt zu einer erhöhten Liquidität, die zur Tilgung von Schulden oder zur Finanzierung von Investitionen in anderen Bereichen verwendet werden kann. Viele Crowdfunding Plattformen nutzen dieses Prinzip	**VR** Durch VR-Anwendungen können Konzepte zum Beispiel im Vertrieb und in Entwicklungsphasen besser und frühzeitiger vorgestellt werden. Die Produkte lassen sich dann gegebenenfalls bereits vor Produktionsstart verkaufen **AR** Auch durch AR-Anwendungen besteht die Möglichkeit der frühen Einbindung und Visualisierbarkeit des Produktes beim Kunden. Auch hier ist zum Beispiel ein Customizing mittels AR und ein Verkauf vor Produktionsstart möglich
Cross-Selling	Bei diesem Modell werden Dienstleistungen oder Produkte aus einer zuvor ausgeschlossenen Branche zu den Angeboten hinzugefügt, wodurch vorhandene Schlüsselkompetenzen und -ressourcen genutzt werden Insbesondere im Einzelhandel können Unternehmen leicht zusätzliche Produkte und Angebote anbieten, die nicht mit der Hauptbranche verbunden sind, auf die sie sich zuvor konzentriert hatten. Auf diese Weise lassen sich zusätzliche Einnahmen mit relativ wenigen Änderungen an der bestehenden Infrastruktur und den Vermögenswerten generieren, da mehr potenzielle Kundenbedürfnisse erfüllt werden	**VR** Über VR-Anwendungen lässt sich Eye-Tracking durch Brillen realisieren. So kann die Sammlung dieser Daten zur Verbesserung des Einkaufserlebnisses genutzt werden. Zudem lassen sich Marketingkomponenten zielgerichtet integrieren und in VR-Konsumwelten, die auf den Nutzer zugeschnitten sind, einbinden und so ein Cross-Selling-Potenzial erschließen **AR** Produkte lassen sich so platzieren, dass beispielsweise verwandte Produkte zusätzlich angeboten und visualisiert werden

(Fortsetzung)

Tab. 4.1 (Fortsetzung)

Muster	Beschreibung des Musters	Beispiel AR & VR
Crowdfunding Schwarm-finanzierung	Ein Produkt oder Projekt wird von einer Gruppe von Investoren finanziert, typischerweise über das Internet. Wird eine definierte Budgethöhe erzielt, so wird das Projekt realisiert. Viele Start-ups nutzen Crowdfunding-Kampagnen, um sich zu finanzieren Crowdfunding wird in der Regel über Online-Platt-formen wie etwa kickstarter.com organisiert, die eine Marge pro Investment erhalten	**AR & VR** Sowohl bei VR also auch bei AR ist das Crowdfunding sowohl für die Software als auch für die Entwicklung neuer Hardware eine mögliche Finanzierungsquelle
Crowd-Sourcing Schwarmaus-lagerung	Die Lösung einer Aufgabe wird an anonyme Mit-wirkende im Internet (Crowd) vergeben, bzw. aus-gelagert. Diesen Akteuren wird für ihren Beitrag ein monetärer Anreiz geboten Konsumgüterunternehmen wie Procter & Gamble oder Henkel haben in der Vergangenheit die Ideen-findung für neue Produkte an ihre Kunden aus-gelagert	**AR & VR** Auch hier findet sich bei VR und AR die Möglichkeit die Aufnahme unter-schiedlicher Objekte an die sogenannte Crowd zu vergeben, die für jeden Upload vergütet wird. Dies kann zum Beispiel im Zusammenhang neuer Software-Module, aber auch neuer Anwendungen wie Schulungsdaten-banken passieren
Customer Loyalty Kundenbindung	Die Kundenbindung und -loyalität wird durch die Bereitstellung von Nutzen über das eigentliche Produkt oder die Dienstleistung hinaus, d. h. durch anreizbasierte Systeme sichergestellt Ziel ist es, die Loyalität zu erhöhen, indem eine emotionale Bindung geschaffen oder einfach mit Sonderangeboten belohnt wird. Die Kunden werden freiwillig an das Unternehmen gebunden, was zukünftige Einnahmen schützt	**VR** Service und Supportdienstleistung werden ohne weitere Kosten zusätzlich zum Kauf eines Produkts oder über die Abonnementdauer angeboten. Dies ist sowohl mit der VR-Anwendung und zusätzlichem Support vorstell-bar oder für die VR-Software an sich, für die dann der Support kostenlos bereitgestellt wird **AR** Durch einen Gamification-Ansatz können Kunden mittels AR Produkte entdecken und Punkte sammeln. Dies regt zu einem erneuten Besuch und zu Zusatzkäufen an

(Fortsetzung)

Tab. 4.1 (Fortsetzung)

Muster	Beschreibung des Musters	Beispiel AR & VR
Digitalization Digitalisierung physischer Produkte	Bestehende physische Produkte werden durch digitale Produkte ersetzt. Diese lassen sich beispielsweise leichter und schnelle distribuieren. Beispiele bieten Musik-Streamingdienste wie Spotify, die physische Tonträger substituieren	**VR** VR ermöglicht es nicht nur, eine Prototypen-Phase während der Schaffung eines neuen Produkts zu verkürzen und den Entwicklungs- und Testprozess zu beschleunigen, vielmehr können auch Prototypen virtuell erlebbar werden und ggf. physische Prototypen ganz ersetzen. Dies kann auch als ergänzende, verkaufsfördernde Maßnahme genutzt werden. **AR** Digitalisierung der eigenen Produkte in AR, um diese vorab beim Kunden darzustellen. Dadurch lässt sich der Anteil von Rücksendungen senken
Direct Selling Direktverkauf	Direktverkauf bezieht sich auf ein Szenario, bei dem die Produkte eines Unternehmens nicht über Zwischenkanäle verkauft werden, sondern direkt beim Hersteller oder Dienstleister erhältlich sind. Auf diese Weise überspringt das Unternehmen die Einzelhandelsspanne oder alle zusätzlichen Kosten im Zusammenhang mit den Zwischenprodukten. Diese Einsparungen können an den Kunden weitergegeben werden und eine standardisierte Verkaufserfahrung aufgebaut werden. Zusätzlich kann ein solcher enger Kontakt die Kundenbeziehungen verbessern	**VR** VR-Anwendungen ermöglichen es Herstellern, direkter mit Kunden zu kommunizieren und ihre Produkte auch ohne Zwischenhändler begreifbar bzw. sichtbar darzubieten. So können in VR Produkte dargestellt und vermarktet werden, ohne dass der Kunde diese vor Ort physisch sehen muss. Dies senkt zum Beispiel in hochpreisigen Segmenten oder bei Investitionsgütern die Vertriebskosten. **AR** Die benötigte Verkaufsfläche kann stark reduziert werden oder gänzlich entfallen. So lassen sich Gegenstände beispielsweise bereits zuhause visualisieren und in die zukünftige Umgebung virtuell einbinden. So können Hersteller Verkäufe direkt mit dem Endkunden über eigene Online-Shops ohne den Handel abwickeln

(Fortsetzung)

Tab. 4.1 (Fortsetzung)

Muster	Beschreibung des Musters	Beispiel AR & VR
E-Commerce Internethandel	Herkömmliche Produkte oder Dienstleistungen werden nur über Online-Kanäle geliefert, wodurch die mit dem Betrieb einer physischen Zweigstelleninfrastruktur verbundenen Kosten entfallen. Die Kunden profitieren von einer höheren Verfügbarkeit und Bequemlichkeit, während das Unternehmen in der Lage ist, seinen Verkauf und Vertrieb in andere interne Prozesse zu integrieren	**VR** Ein virtueller Verkaufsraum wird für eine Vielzahl an Produkten möglich. Besonders interessant, sobald neben der Visualisierung weitere sensorische Ebenen der Wahrnehmung der Kunden beispielsweise über Handschuhe angesprochen werden können, um die Produkte in der virtuellen Realität realitätsgetreu erleben zu können **AR** Die Produktpräsentation im eigenen Online-Store kann über AR mit Zusatzinformationen angereichert werden. So erhöht sich die Kundenbindung, gegebenenfalls kann ein mögliches physisches Anprobieren von Konsumgütern wie Bekleidung oder Schuhen gänzlich entfallen
Experience Selling Fokus auf das Kundenerlebnis	Der Wert eines Produkts oder einer Dienstleistung wird mit dem Kundenerlebnis, das damit angeboten wird, gesteigert. Dies öffnet die Tür für eine höhere Kundennachfrage und eine entsprechende Erhöhung der in Rechnung gestellten Preise. Das bedeutet, dass das Kundenerlebnis entsprechend angepasst werden muss, z. B. durch personalisierte Werbung	**AR & VR** Sowohl VR als auch AR bieten die Möglichkeit, ein direktes Kundenerlebnis zu generieren. So lassen sich Eindrücke des Produktes bereits früh abbilden und auch nach Verkauf des Produktes oder während einer Anwendung bieten die Technologien die Chance, die Kundenwahrnehmung des Produktes zu bereichern
Flatrate Pauschalgebühr	Bei diesem Modell wird eine feste Gebühr für ein Produkt oder eine Dienstleistung erhoben, unabhängig von der tatsächlichen Nutzung oder den zeitlichen Beschränkungen, denen es unterliegt Der Benutzer profitiert von einer einfachen Kostenstruktur, während das Unternehmen eine konstante Einnahmequelle hat	**VR** Der Verkauf von Lizenzen für die Softwarenutzung zum Beispiel in Form eines Abonnements oder einer Einmalzahlung für den unbegrenzten Zugriff auf die Inhaltsdatenbank von VR- Videos und Spielen. Außerdem kann eine Hardwaremiete der VR-Geräte inkl. Service und Zugang zu Software angeboten werden **AR** Beispielsweise das unbegrenzte Anzeigen von 3D-Modellen bei Spielen, anstatt für jedes Modell einzeln zu zahlen

(Fortsetzung)

Tab. 4.1 (Fortsetzung)

Muster	Beschreibung des Musters	Beispiel AR & VR
Freemium Kostenlose Basisversion	Die Basisversion eines Angebots wird kostenlos abgegeben, in der Hoffnung, die Kunden schließlich dazu zu bewegen, für die Premium-Version zu bezahlen. Das kostenlose Angebot ist in der Lage, die größtmögliche Anzahl von Kunden für das Unternehmen zu gewinnen. Das im Allgemeinen geringere Volumen der zahlenden „Premium-Kunden" generiert die Einnahmen, die auch das Gratisangebot querfinanzieren	**VR** Bestimmte Basis- Funktionen einer VR-Lösung sind als Freemium anzubieten. Für weitere Angebote im Sinne einer „Pro Version" mit erweiterten Funktionen muss der Kunde zum Beispiel monatlich zahlen. Dies kann beispielsweise auch im Bereich von Service-Diensten über VR realisiert werden **AR** Die Basis-Version einer AR- App ist kostenfrei. Wenn der Kunde die Premium-Version zahlt, ist diese zum Beispiel werbefrei
From Push to Pull Ziehprinzip	Dieses Muster beschreibt die Strategie eines Unternehmens, die Prozesse des Unternehmens zu dezentralisieren und damit flexibler zu gestalten, um kundenorientierter zu sein. Um schnell und flexibel auf neue Kundenbedürfnisse reagieren zu können, kann jeder Teil der Wertschöpfungskette – einschließlich der Produktion oder sogar Forschung und Entwicklung – betroffen sein	**VR** Das Produktdesign kann in VR durch den Kunden komplett vorgenommen oder mitgestaltet werden. Zudem können Prototypen genutzt werden, um das Kundeninteresse präziser zu verstehen, bevor final produziert wird **AR** AR Vorab-Visualisierung im Raum und ein durchzuführendes Customizing mittels AR. Die Abgrenzung zum Geschäftsmodell „Cash-Machine" ist, dass das Produkt erst nach der Lieferung durch den Kunden gezahlt wird. Dies ist möglich für jedes individualisierbare Produkt. Zudem kann so auch die Auswahl des Produkts durch das Unternehmen durchgeführt werden, das den meisten Kundenanforderungen entspricht. So kann die Produktion zugunsten der meistausgewählten Produktvarianten optimiert werden

(Fortsetzung)

Tab. 4.1 (Fortsetzung)

Muster	Beschreibung des Musters	Beispiel AR & VR
Guaranteed Availability Garantierte Verfügbarkeit	Ein Produkt oder eine Dienstleistung steht mit einem garantierten Service-Level zur Verfügung. Dies ist beispielsweise wichtig, wenn Ausfallzeiten von Maschinen zu hohen wirtschaftlichen Verlusten führen. Ein Beispiel bietet der Werkzeuganbieter Hilti mit langlaufenden Wartungsverträgen und Leasing-Modellen	**VR** Anwendungen in VR sind durch das Online-Medium immer verfügbar. So lässt sich ein virtueller Verkaufsraum schaffen, der rund um die Uhr ortsunabhängig geöffnet ist, beispielsweise für Montage-, Wartungs- oder Reparaturanleitungen. **AR** Die Bereitstellung eines dauerhaften und jederzeit abrufbaren Remote-Services lässt sich durch AR-Anwendungen kostengünstig und einfach verwirklichen. So können jederzeit Experten visuell vor Ort sein. Auch in AR lassen sich zum Beispiel Anleitungen dauerhaft in hoher Qualität anbieten
Hidden Revenue Versteckter Umsatz	Die Logik, dass der Benutzer für das Einkommen des Unternehmens verantwortlich ist, wird aufgegeben. Stattdessen kommt die Haupteinnahmequelle von einer dritten Partei, die jedes kostenlose oder preisgünstige Angebot, das die Nutzer anzieht, querfinanziert. Ein Beispiel ist die Finanzierung durch Werbung auf Websites, bei der die besuchenden Kunden für die Inserenten, die das Angebot finanzieren, von Wert sind. Dieses Konzept erleichtert die Idee der „Trennung zwischen Einnahmen und Kunden"	**VR** Die Möglichkeit, Werbung innerhalb der VR Anwendung zu schalten. Nutzer können zum Beispiel die Anwendung nur durch Ansehen der Werbung dauerhaft weiter nutzen. **AR** Werbung kann individuell auf den Nutzer angepasst werden und gezielt orts- und themengebunden platziert werden. Dies ist zum Beispiel bei Service- und Reparaturanweisungen und Sightseeing denkbar

(Fortsetzung)

Tab. 4.1 (Fortsetzung)

Muster	Beschreibung des Musters	Beispiel AR & VR
Ingredient Branding Vermarktung kundenseitig geschätzter „Zutaten"	Einer zugekauften Komponente eines Produkts bzw. der Marke wird kundenseitig so viel Beachtung geschenkt, dass diese beim Verkauf des Endproduktes gesondert ausgewiesen und vermarktet wird Ein bekanntes Beispiel sind Prozessoren von Intel. Der Endkunde überträgt die hohe Produktqualität des Prozessors auf das gesamte Gerät (Laptop/PC)	**VR** VR-Anwendung oder Zusatzkomponente als spezieller und einmaliger Bestandteil des Produktes. Zum Beispiel kann die Integration von VR in das Produkt auf einen hohen Innovationsgrad oder eine höhere Qualität des Gesamtproduktes schließen lassen **AR** AR-Anwendungen, die in Abgrenzung zu Wettbewerbern zusätzlich angeboten werden. Dies kann bereits bei Remote-Serviceangeboten beginnen, die dauerhaft abrufbar sind. Zudem können hardwarespezifische Anwendungen aufgrund der Popularität der Anwendungen dazu führen, dass komplementäre Hardware gekauft wird Durch die Integration bekannter Markenprodukte in AR-Hard- oder -Software lässt sich möglicherweise ein Imagetransfer in der Kundenwahrnehmung auf das Gesamtprodukt realisieren, etwa Im Hinblick auf einen höheren Innovationsgrad oder einer höheren Qualität des Produkts
Layer Player Spezialisierung auf eine Wertschöpfungsstufe	Spezialisierung auf eine Stufe oder Aktivität in der Wertschöpfungskette. Diese offeriert das Unternehmen in der Regel auf verschiedenen Märkten für unterschiedliche Branchen Beispielsweise fokussiert sich der Zahlungsdienstleister PayPal auf den B2C-Online-Zahlungsverkehr	**VR** Bestimmte Unternehmen konzentrieren sich nur auf eine Teilanwendung, wie zum Beispiel das Bereitstellen virtueller Verkaufsräume, die dann aber für jegliche Unternehmen angeboten werden **AR** Angebot eines Frameworks oder Toolkits zu Erstellung von AR-Anwendungen über alle Branchen hinweg. Des Weiteren können spezialisierte AR- Anwendungen für weit verbreitete, branchenunspezifische Prozesse angeboten werden

(Fortsetzung)

Tab. 4.1 (Fortsetzung)

Muster	Beschreibung des Musters	Beispiel AR & VR
Leverage Customer Data Nutzung von Kundendaten	Durch die Sammlung von Kundendaten und deren vorteilhafte Aufbereitung für den internen Gebrauch oder für interessierte Dritte wird neuer Wert geschaffen. Einnahmen werden dadurch erzielt, dass diese Daten entweder direkt an andere verkauft oder für eigene Zwecke, d. h. zur Steigerung der Werbewirksamkeit, genutzt werden	**VR** Neben der Nutzung genereller Betriebs- und Nutzungsdaten ermöglichen VR-Anwendungen die Auswertung von Kundenpräferenzen durch Eye-Tracking und ermöglichen die Ermittlung, welche Eigenschaften von Werbemaßnahmen zu erhöhten Blickraten und damit höherer Aufmerksamkeit führt **AR** Nutzungs- und Betriebsdaten der AR-App können weiterverwendet werden, beispielsweise für Auswertungen der Kamerainhalte oder des Sichtfensters
Licensing Lizenzvergabe	Geistiges Eigentum wird an Geschäfts- oder Privatkunden weitergegeben bzw. es werden Nutzungsrechte eingeräumt. Im Gegenzug zahlt der Lizenznehmer Gebühren an den Lizenzgeber Ein Beispiel ist Duales System Deutschland GmbH als Betreiber des deutschen Mülltrennungssystems „Der Grüne Punkt"	**VR** Hierunter fallen Lizenzen für VR-Software oder Anwendungen zur Nutzung dieser. Zudem können originale 3D-Modelle eigener Produkte lizensiert werden, um sie für Kunden nutzbar zu machen **AR** Eine selbstentwickelte App kann weiter lizensiert werden, sollte sie eine transferierbare Lösung für andere Unternehmen in der Branche sein Zum Beispiel kann ein Handwerksunternehmen eine eigene Service-App entwickeln und diese auf ihrer Website integrieren. Andere Handwerker haben nun die Möglichkeit, diese Software zu lizensieren und ihren eigenen Kunden anzubieten
Lock-in Starke Kundenbindung	Produktabhängigkeiten schaffen, beispielsweise durch hohe Umstellkosten oder Exklusivität der Inhalte Beispiele für Unternehmen mit Lock-In Effekten sind Apple mit iOS oder Nestle mit Nespressokapseln	**VR & AR** Erzwungene Kopplung bzw. ausschließliche Komplementarität von Hard- und Software. Sie kombiniert Plattformen, die andere Hardware ausschließen, wodurch Umstellkosten aus Sicht des Kunden einen Wechsel zu Konkurrenzangeboten erschweren oder ganz ausschließen

(Fortsetzung)

Tab. 4.1 (Fortsetzung)

Muster	Beschreibung des Musters	Beispiel AR & VR
Long Tail Nischenprodukte	Auch eine Konzentration auf Nischenprodukte kann – kumuliert über eine Vielzahl an Nischenprodukten – zu beachtlichen Erlösen führen. So hat sich Netflix am Anfang nicht auf sogenannte Blockbuster-Filme, sondern auf Serien für kleine Kundensegmente konzentriert	**AR** Online-Marktplatz für AR Anwendungen. Gegebenenfalls können diese kuratiert sein oder einen Online-Marktplatz für auf AR optimierte 3D-Modelle darstellen
Make More of It Verkauf von Kapazitäten und Know-how	Kapazitäten und Kompetenzen lassen sich nicht nur für die eigene Leistungserstellung einsetzen, sondern können ebenso anderen Unternehmen angeboten werden. Amazon Webservices ist ein treffendes Beispiel. Der Internetriese stellt seine Infrastruktur auch anderen Unternehmen als Dienstleistung zur Verfügung	**VR** Selbst erstellte Lösungen können extern angeboten und das Know-how als Beratungsdienstleistung verkauft werden **AR** Ein Unternehmen kann neben seiner Kerntätigkeit Beratungsdienstleistungen anbieten, wie AR- Anwendungen erstellt werden oder wie diese zu implementieren sind
Mass-Customization Kunden-individuelle Massen-produktion	Individuelle Kundenbedürfnisse werden erfüllt, indem Produkte personalisiert und zu Preisen einer Massenproduktion angeboten werden. Beim Müslihersteller Mymuesli können Kunden ihre individuellen Mischungen zu wettbewerbsfähigen Preisen kaufen	**VR** Schnelles Anbieten von VR-basierten Verkaufsräumen für jede Art von Kunden, beispielsweise durch ein einfach adaptierbares Toolkit. VR ermöglicht Mass-Customization auch dadurch, dass der Kunde seine individuellen Produkte in VR entwirft. Diese Möglichkeit der Maßanfertigung eines Produktes kann darüber hinaus als Service und besonderes Kundenerlebnis verkauft werden **AR** Customizing von Produkten zuhause fördert ein mögliches Mass-Customization Geschäftsmodell, indem Kunden ihre Produkte individuell auf ihre Bedürfnisse zuhause oder im Unternehmen anpassen können. Beispiele sind passgenaue Möbel (B2C) oder Maschinen und Anlagen (B2B)

(Fortsetzung)

Tab. 4.1 (Fortsetzung)

Muster	Beschreibung des Musters	Beispiel AR & VR
Open Business Model Offenes Geschäftsmodell	In offenen Geschäftsmodellen wird die Zusammenarbeit mit Partnern im Ökosystem zu einer zentralen Quelle der Wertschöpfung. Unternehmen, die ein offenes Geschäftsmodell verfolgen, suchen aktiv nach neuen Wegen der Zusammenarbeit mit Lieferanten, Kunden oder Komplementären, um ihr Geschäft zu öffnen und zu erweitern	**VR & AR** Kunden generieren Inhalte für die VR- oder AR-Plattform und können zum Beispiel neue Funktionen als Blaupausen hinterlegen Zusammenschlüsse mehrerer Unternehmen, um den Branchenstandard für VR-/AR-Software zu definieren und gemeinschaftlich zu entwickeln
Open Source Offene(r) Quell-Code der Software bzw. Konstruktion der Hardware	Freier Zugang zum Quell-Code einer Software. Der Softwareanbieter verdient Geld mit komplementären Dienstleistungen wie etwa Beratung Die bekannteste Open-Source-Software ist Linux von Red Hat. Dieses Muster lässt sich auf technische Details anderer Produkte transferieren	**VR & AR** Freies Anbieten von VR-beziehungsweise AR- Toolkits oder Anwendungen und Beratung, wie diese zu erstellen sind
Orchestrator Orchestrierung der Wertschöpfungskette	Innerhalb dieses Modells liegt der Schwerpunkt des Unternehmens auf den Kernkompetenzen in der Wertschöpfungskette. Die anderen Segmente der Wertschöpfungskette werden ausgelagert und aktiv koordiniert. Auf diese Weise kann das Unternehmen Kosten senken und von den Größenvorteilen der Zulieferer profitieren. Darüber hinaus kann die Konzentration auf die Kernkompetenzen die Leistung steigern	**VR & AR** Plattformbetreiber für VR- oder AR- Anwendungen. Fokus könnte beispielsweise auf dem Framework und der Bereitstellung der Plattform liegen

(Fortsetzung)

Tab. 4.1 (Fortsetzung)

Muster	Beschreibung des Musters	Beispiel AR & VR
Pay per Use Nutzungs-abhängige Ver-gütung	Der Kunde zahlt in Abhängigkeit von seinem Ver-brauch bzw. seines Nutzungsverhaltens. Dies bietet ihm eine hohe Flexibilität. Dieses Modell wird unter anderem beim Carsharing wie beispielsweise DriveNow von BMW genutzt	**VR** Anbieten der VR-Umgebung, um dann bei Nutzung der Umgebung am Umsatz der Kunden in dieser Umgebung beteiligt zu werden. Anbieten der AR-Anwendung mit Bezahlung nach Nutzungsintensität. **AR** Zahlung nur für benötigte Servicedienstleistungen wie beispielsweise Remote-AR-Services oder Abruf von AR-Bedienungsanleitungen oder -Schulungen
Pay what you want Kunde bestimmt den Preis	Der Kunde legt den Preis fest. Beispiel: Trinkgeld oder bestimmte Musikalben, die keinen festgelegten Preis haben. Vielmehr wird der Kunde gebeten einen Preis zu zahlen, der nach dem eigenen Empfinden angemessen ist	**VR & AR** Prinzipiell ist dieses Geschäftsmodell sowohl bei VR- als auch AR- Soft-ware denkbar
Peer-to-Peer Vermittlung unter Gleichen	Beim Peer-to-Peer (P2P) vermitteln Unternehmen zwischen homogenen Gruppen von Individuen wie etwa Endverbrauchern. Dies erfolgt vor allem über Online-Plattformen und Kommunikationsdienst-leistungen. Ein Beispiel bietet das Unternehmen Airbnb, das Anbieter privater Wohnungen und Unterkunfts-suchende zusammenführt	**VR** Möglich zum Beispiel bei Unterhaltungsplattformen. Dabei erstellen Nutzer Inhalte für andere Nutzer. Diese zahlen einen definierten Betrag zur Nutzung der Plattform. **AR** Teilen von Inhalten mit AR–Anwendung, beispielsweise im Bereich von Mobile-Anwendungen

(Fortsetzung)

Tab. 4.1 (Fortsetzung)

Muster	Beschreibung des Musters	Beispiel AR & VR
Performance-Based Contracting Leistungsabhängige Vergütung	Der Preis für ein Produkt basiert nicht auf seinem physischen Wert, sondern auf dem erbrachten Leistungsergebnis als Dienstleistung. Im Extremfall handelt es sich um ein Betreibermodell, bei dem das Produkt Eigentum des Unternehmens bleibt und nur die abgerufene Leistung (z. B. Nutzungsdauer in Stunden, Leistungsabruf in kWh) als Dienstleistung verrechnet wird (product-as-a-service) Ein Beispiel ist Rolls-Royce, die die Nutzung ihrer Flugzeugturbinen in Flugstunden abrechnen, statt die Turbinen einmalig zu verkaufen	**VR** Kostenfreie Bereitstellung der Hardware. Dafür aber Zahlung des besseren Dienstleistungsangebots bei Bedarf **AR** AR-Hardware wird bereitgestellt, um mit dieser die Serviceleistung zu erbringen. Der Service wird dann verrechnet
Rent instead of Buy Temporäres Nutzungsrecht gegen Miete	Der Kunde mietet ein Produkt (statt es zu kaufen), um es mit wenig Kapitaleinsatz nutzen zu können Der Anbieter generiert mehr Erlöse als beim einmaligen Verkauf des Produktes, da die Erlöse über die gesamte Mietdauer erzielt werden Ein Beispiel sind Autovermietungen wie Sixt oder Europcar	**VR & AR** Die Hardware in Kombination mit der Software kann durch den Kunden gemietet werden. Der Kunde profitiert dabei von vorkonfigurierten Geräten mit komplementärer, angepasster Software

(Fortsetzung)

Tab. 4.1 (Fortsetzung)

Muster	Beschreibung des Musters	Beispiel AR & VR
Revenue Sharing Teilen der Umsätze mit Partnern	Revenue Sharing bezieht sich auf die Praxis der Firmen, ihre Einnahmen mit ihren Interessenvertretern wie z. B. Komplementären oder sogar Konkurrenten zu teilen. So werden in diesem Geschäftsmodell vorteilhafte Eigenschaften zusammengeführt, um symbiotische Effekte zu schaffen, bei denen zusätzliche Gewinne mit Partnern geteilt werden, die an der erweiterten Wertschöpfung beteiligt sind. Eine Partei ist in der Lage, einen Teil der Einnahmen von einer anderen Partei zu erhalten, die von der erweiterten Wertschöpfung für ihren Kundenstamm profitiert	**VR** Anbieter von Online-Verkaufsflächen (Online -Marketplaces) und ähnliche Plattformen für das Angebot virtueller Inhalte oder Anwendungen, bei denen ein Teil des Umsatzes an den Store-Betreiber abgeführt wird **AR** Offener AR-Marktplatz, ähnlich wie Apple Store oder Playstore. Bei Transaktionen wird eine Gebühr an den Anbieter des Stores für die Bereitstellung der Infrastruktur gezahlt
Reverse Engineering Nachkonstruktion	Dieses Muster bezieht sich darauf, ein Konkurrenzprodukt zu erhalten, es zu zerlegen und diese Informationen zu nutzen, um ein ähnliches oder kompatibles Produkt herzustellen. Da keine großen Investitionen in Forschung oder Entwicklung notwendig sind, können diese Produkte zu einem niedrigeren Preis als das Originalprodukt angeboten werden	**VR & AR** Ideen anderer VR- oder AR-Anwendungen übernehmen, da diese vor allem in der Vorentwicklung viel Aufwand erfordert haben. Insbesondere bei der Erstellung von Inhalten kann von den Lerneffekten anderer Organisationen profitiert werden
Shop-in-Shop Symbiotisches Miteinander	Anstatt eigene Läden zu eröffnen, integrieren Unternehmen diese in bestehende Ladenflächen oder auf Internet-Marktplätzen anderer Unternehmen. Das Gast-Unternehmen profitiert vom günstigen Kundenzugang und das gastgebende Unternehmen von neuen Kunden und den Mieteinnahmen Beispiele sind Tchibo-Shops in Supermärkten oder Mode-Geschäfte in Warenhäusern	**VR** Virtuelle Verkaufsflächen als Plattform. Andere Marken und Produktanbieter können dort virtuelle Verkaufsflächen mieten und ihre Produkte digital aufbereitet vertreiben **AR** Blaupausen-Shop (im Einkaufszentrum) ohne Produkte. Innerhalb der AR-App kann dann ein Shop ausgewählt werden. Die Produkte werden mittels AR dargestellt

(Fortsetzung)

Tab. 4.1 (Fortsetzung)

Muster	Beschreibung des Musters	Beispiel AR & VR
Solution Provider Alles aus einer Hand	Ein Full-Service-Anbieter bietet dem Kunden über einen Kontaktpunkt alle Produkte und Dienstleistungen für eine Anwendung oder eine Branche an Ein Beispiel ist Heidelberger Druckmaschinen	**VR** Bestimmte Anbieter agieren als Full-Service-Anbieter. Sie bieten neben der Hardware Service-Dienstleistungen und Software-Angebote an **AR** Full-Service für beispielsweise Ferndienstleistungen, AR-Anleitungen oder AR- Shops. Beispielsweise werden neben der Hardware sämtliche Applikations- und Softwarebedarfe durch den einen Anbieter abgedeckt
Subscription Abonnement	Der Kunde zahlt eine regelmäßige Gebühr, normalerweise auf monatlicher oder jährlicher Basis, um Zugang zu einem Produkt oder einer Dienstleistung zu erhalten. Während die Kunden meist von niedrigeren Nutzungskosten und allgemeiner Serviceverfügbarkeit profitieren, generiert das Unternehmen einen stetigen Einkommensstrom	**VR** Geeignet für Hardware als auch Software beziehungsweise in Kombination. Für jede Anwendung kann theoretisch ein Abonnement für die Nutzung des Endgeräts abgeschlossen werden **AR** Apps können über ein Abonnement bezogen werden. Dies gilt für Service Apps, bei denen den Nutzern bei Bedarf ein durch reale Personen geleisteter Service geboten wird oder einfache Zugänge zu Apps
Supermarket Supermarkt	Ein Unternehmen verkauft unter einem Dach eine große Vielfalt an leicht erhältlichen Produkten und Zubehör Im Allgemeinen ist das Sortiment der Produkte groß, aber die Preise werden niedrig gehalten. Durch das große Angebot werden mehr Kunden angezogen, während Verbundvorteile Vorteile für das Unternehmen bringen	**VR** Supermarkt in Form von digitalen Verkaufsflächen oder Verkaufssupermarkt für VR- Software an sich **AR** Darstellung eines Plattformgeschäfts. Dabei findet ein Angebot verschiedener Apps und Software statt

(Fortsetzung)

Tab. 4.1 (Fortsetzung)

Muster	Beschreibung des Musters	Beispiel AR & VR
Target-the-poor Zielgruppe der Kunden mit geringer Kaufkraft	Das Produkt- oder Dienstleistungsangebot richtet sich nicht an den Premium-Kunden, sondern an den Kunden, der an der Basis der Kaufkraft-Pyramide positioniert ist Kunden mit geringerer Kaufkraft profitieren von erschwinglichen Produkten. Das Unternehmen erzielt mit jedem verkauften Produkt kleine Gewinne, profitiert aber von den höheren Verkaufszahlen, die in der Regel mit der Größe des Kundenstamms einhergehen	**VR** VR-Tourismus, bei dem Kunden über die Nutzung von VR-Geräten „verreisen", kann deutlich günstiger angeboten werden als reale Reisen. Möglicherweise für den Kundenkreis, der sich keinen Urlaub leisten kann Ähnliche Angebote sind für hochpreisige Produkte denkbar, welche sich nur besserverdienende Personen leisten können. Beispielsweise können Fahrten und Flüge mit detaillierten digitalen Nachbauten von Flugzeugen und Kraftfahrzeugen angeboten werden
Two-Sided Market Indirekte Netzwerkeffekte auf Plattformen	Interaktionen zwischen verschiedenen Parteien, in der Regel Anbieter und Nachfrager, werden auf einer organisatorischen oder digitalen Plattform erleichtert, beziehungsweise erst ermöglicht Die Attraktivität einer Plattform steigt mit der Nutzeranzahl auf beiden Seiten (Netzwerkeffekte), beispielsweise die Anzahl an Hotels bei Booking.com und die Anzahl der Zimmersuchenden	**VR** Digitale Verkaufsräume, Marktplätze, VR-Software oder VR-Inhalte. Bestehende Online-Marktplätze können mit VR angereichert werden, um so ihre Attraktivität für die Nutzergruppe zu steigern **AR** Plattform als Marktplatz für Services/Dienstleistungen und AR-Anwendungen. Auch hier ist es möglich, Plattformen durch AR anzureichern und so attraktiver zu gestalten, um die Nutzergruppe zu erweitern
User Designed Kunde als Wertschöpfungspartner	Anbieter stellen ihren Kunden eine Infrastruktur zur Verfügung, um selbst unternehmerisch aktiv zu werden Ein Beispiel dafür ist das Unternehmen Apple, das seinen App-Store für Entwickler von Apps geöffnet hat	**VR** Kunden entwickeln Ihre eigenen Inhalte und stellen diesen anderen Kunden zur Verfügung. Der Nutzen besteht darin, dass das Unternehmen Inhalte nicht selbst erstellen muss und die Kunden eine große Vielfalt an Inhalten geliefert bekommen Oder „Infrastructure-as-a-Service", Infrastrukturnutzung durch Unternehmen zur Entwicklung eigener Anwendungen **AR** Plattformanbieter, um Kunden zu ermöglichen, AR-fähige 3D-Modelle zu entwickeln und anzubieten

(Fortsetzung)

Tab. 4.1 (Fortsetzung)

Muster	Beschreibung des Musters	Beispiel AR & VR
White Label Verkauf von Produkten unter verschiedenen Labeln	Ein White-Label-Produzent erlaubt anderen Unternehmen, seine Waren unter ihren Marken zu vertreiben, sodass es so aussieht, als seien sie von ihnen hergestellt worden. Dasselbe Produkt oder dieselbe Dienstleistung wird oft von mehreren Vermarktern und unter verschiedenen Marken verkauft. Auf diese Weise können verschiedene Kundensegmente mit dem gleichen Produkt zufriedengestellt werden	**VR & AR** Die VR- oder AR-Hardware selbst besteht aus einer Vielzahl an Zukaufteilen. Zudem können auch White-Label-Verkaufsräume für verschiedene Kundengruppen etabliert werden

Geschäftsmodellmuster mit Mixed Reality entlang der Wertschöpfungskette nach Porter

5

Im vorherigen Kapitel wurden grundsätzliche Wertschöpfungsschritte produzierender Unternehmen in Anlehnung an die Wertschöpfungskette nach Porter und generische Geschäftsmodellmuster in Verbindung mit XR-Technologien erläutert. Tab. 5.1, 5.2, 5.3, 5.4, 5.5, 5.6, 5.7 und 5.8 stellen als vielversprechend erachtete Geschäftsmodellmuster vor, um Unternehmen bei der Identifikation von Ansatzpunkten zur Neu- oder Weiterentwicklung eines Geschäftsmodells zu unterstützen. Dabei werden je Geschäftsmodellmuster Praxisbeispiele und relevante Literaturquellen beschrieben. Auch wenn einige Beispiele zur Anregung der Kreativität aus anderen Branchen und Anwendungsbereichen kommen können, so sind die Geschäftsmodelle auf produzierende Unternehmen, die im Fokus dieser Studie stehen, übertragbar bzw. adaptierbar. Die Struktur der Analyse folgt der Wertschöpfungskette nach Porter und ist untergliedert in Produktion, Transport und Logistik, Marketing und Vertrieb, Services, Unternehmensinfrastruktur, Personalwirtschaft, Produktentwicklung und Beschaffung. Beispiele aus der Praxis und der Literatur konkretisieren die nachfolgend vorgestellten Geschäftsmodellmuster.

A. Grothus et al., *Digitale Geschäftsmodell-Innovation mit Augmented Reality und Virtual Reality,* https://doi.org/10.1007/978-3-662-63746-3_5

5.1 Produktion

Tab. 5.1 XR-Geschäftsmodelle auf der Wertschöpfungsstufe Produktion

ID	Muster	Anwendbarkeit	Fallbeispiele in der Praxis	Literatur
PR1	**Add-On** Zusatzoptionen zum Grundprodukt	**VR & AR** Die Hardware zur Implementierung von VR-/AR-Anwendungen in der Produktion wird kostengünstig oder kostenfrei zur Verfügung gestellt Die Haupteinnahmen erzielt das anbietende Unternehmen dann über die komplementäre Software. Dabei ist denkbar, dass in bestimmten Segmenten auch Serviceoptionen direkt beim Anbieter hinzugebucht werden können	**AR** **AugmentedPro** erleichtert den industriellen Betrieb mit High-End AR-Software, die an Wartungs-, Produktions- und Inspektionsaufgaben angepasst ist. Es handelt sich um eine Software-Suite, die eine Creator-Komponente für die Erstellung kundenindividueller Prozesse und eine Player-Komponente für die Ausführung von Prozessen enthält. Die Creator-Software ist kostenlos. Die Player-Komponente hingegen ist kostenpflichtig	Zum Zeitpunkt der Verschriftlichung konnte kein Beispiel ermittelt werden
PR2	**Aikido** Radikale Abgrenzung von bestehenden Geschäftsmodellmustern	**VR & AR** VR- und AR- Anwendungen bieten die Möglichkeit bisher genutzte Technologien so zu erweitern, dass neue Arbeitsabläufe entstehen Dadurch ist zum Beispiel eine Steigerung des Arbeiterwohlbefindens und -schutzes und gleichzeitige Produktivitätssteigerung erreichbar. Kombinationen mit digitalen Zwillingen können hier zudem zu einer erhöhten Genauigkeit und Interaktivität führen Beispielsweise werden Interaktionen zwischen Menschen und Maschinen simuliert und optimiert	**VR** **SALT AND PEPPER** entwickelt VR-Lösungen, die das interaktive Testen des Zusammenspiels von Menschen und Maschine erlauben. Zudem ermöglichen sie zum Beispiel die virtuelle Planung von Arbeitsplätzen, um Ergonomie, Platzierung von Arbeitsmitteln und den Arbeitsprozess zu simulieren **AR** **HEA²R** (in **BitVox connected acoustics** aufgegangen) bietet erweiterte Sprachassistenzsysteme für lärmintensive Arbeitsbereiche, die auf Augmented Auditiv Reality basieren. Das System ermöglicht eine intelligente Steuerung akustischer Sprachmeldungen, die ein Mitarbeiter unmittelbar in den Kontext (wichtig, dringlich, unwichtig) einordnen kann. Darüber hinaus kann über eine Cloud-Anbindung eine individuelle Assistenz für Arbeitsschritte eingerichtet werden	[157, 158] **VR** [16, 74, 82, 96] **AR** [13, 76, 77, 159]

(Fortsetzung)

Tab. 5.1 (Fortsetzung)

ID	Muster	Anwendbarkeit	Fallbeispiele in der Praxis	Literatur
PR3	**Crowdsourcing** Auslagern von Prozessen an externe Akteure	**VR & AR** XR-Anwendungen im Rahmen von kollaborativen Datenbanken bzw. offenen Wissensbanken ermöglichen, dass Designs zur Prozessmodellierung in der Produktionsplanung mit anderen Akteuren geteilt und dann individuell weiterentwickelt werden	**AR** **Augmented Reality for Enterprise Alliance (AREA)** ist eine globale Organisation auf Mitgliederbasis, die sich der flächendeckenden Einführung miteinander kompatibler AR-Systeme in Unternehmen widmet. Dabei werden Schnittstellenstandards zwischen einzelnen Anwendungen definiert und gemeinsam eine Wissensdatenbank zu Prozessen und Best Practices mit AR aufgebaut. **Augment.com** ermöglicht es, 2D-Bilder und Spezifikationen von eigenen 3D-Modellen auf eine Online-Plattform hochzuladen. Einzelhändler können auf diese Datenbank der Produkte zugreifen und die 3D-Modelle, welche für AR aufbereitet sind, für Kunden in AR visualisieren. Hierbei sind die Hersteller der Produkte die externen Akteure	**VR** [160]
PR4	**Flatrate** Pauschalpreise für unbegrenzte Produktnutzung innerhalb einer festgelegten Spanne	**VR & AR** Softwareanbieter von VR-oder AR-Software/-Hardware, die als Unterstützung im Montage- oder Produktionsprozess eingesetzt werden kann, bieten Pakete an, die über bestimmte Laufzeiten zu einem Festpreis genutzt werden können. Dabei kann bei einer Flatrate zum Beispiel eine unbegrenzte Anzahl an einzelnen Schulungen oder Fernwartungsleistungen abgerufen werden. Die Alternative wäre die Berechnung je einzeln abgerufener Leistung	**AR & VR** **XR Go** bietet neben alleinstehenden Hardware- und Softwarelösungen auch Bundles (Bündel aus Hardware und Software) an, z. B. zu Fernassistenz- oder Schulungszwecken. Die komplementären Produktbündel (engl. Bundles) können mit einer festgelegten Laufzeit geleast werden und in diesem Zeitraum unbegrenzt genutzt werden	Zum Zeitpunkt der Veröffentlichung konnte kein Beispiel ermittelt werden

(Fortsetzung)

Tab. 5.1 (Fortsetzung)

ID	Muster	Anwendbarkeit	Fallbeispiele in der Praxis	Literatur
PR5	**Guaranteed Availability** Jederzeitige Produktverfügbarkeit	**VR & AR** Der Anwender einer VR-bzw. AR-Lösung ist in der Lage, jederzeit individuelle Informationen an den Arbeiter im Produktionsprozess weiterzugeben und kann so die Informationsbereitstellung dauerhaft und abgestimmt gewährleisten Diesem Geschäftsmodell kann ebenfalls zugeordnet werden, dass durch Simulation mittels XR-Anwendungen die Produktionsplanung von neuen Montageprozessen erfolgt. Dabei stehen die Objekte jederzeit für alle Nutzer zur Verfügung; es können Optimierungen vorgenommen werden und so geplant werden. Dadurch erhöhen sich die spätere Verfügbarkeit und die Sicherheit des Prozesses	**AR** **DPNB** (Der Broker für dynamische Produktionsnetzwerke) Online-Marktplatz der bei der Bildung von Produktionsnetzwerken innerhalb einer Supply Chain unterstützt Es werden freie Kapazitäten und Bedarfe bei Nachfrageschwankungen und Auslastungsspitzen in Produktionsprozessen über einen Online-Marktplatz angeboten und mittels AR Anlernvorgänge bei komplexen Montagevorgängen verkürzt **Tepcon** erstellt u. a. für die Produktion komplexe AR-Montageanleitungen bereit, welche über einfache Montageanleitungen in Schriftform hinausgehen Diese können dauerhaft online hinterlegt und abgerufen werden und bieten so mit der garantierten Verfügbarkeit einer detaillierten Anleitung einen Mehrwert	**VR** [16, 89, 90] **AR** [13, 77, 78, 91, 161, 162]
PR6	**Mass Customization** Kunden-individuelle Massen-produktion	**VR & AR** Durch die Bereitstellung einer Software ermöglicht der Anbieter dem Kunden, schnell und unkompliziert eigene VR- oder AR-Modelle zu entwerfen und in die eigene Produktion zu integrieren	**AR** **PTC** stellt mit der Anwendung Vuforia Studio eine Software zur Verfügung, die es dem Kunden ermöglicht, eigene 3D-Modelle schnell in AR umzuwandeln. Dies macht den Kunden unabhängig von externen AR-Serviceanbietern **Augment.com** ermöglicht es, 2D-Bilder und Spezifikationen von eigenen 3D-Modellen auf eine Online-Plattform hochzuladen Einzelhändler können auf diese Datenbank der Produkte zugreifen und die 3D-Modelle, welche für AR aufbereitet sind, für Kunden in AR sichtbar machen. Hierbei sind die Hersteller der Produkte die externen Akteure	Zum Zeitpunkt der Verschriftlichung konnte kein Beispiel ermittelt werden

(Fortsetzung)

Tab. 5.1 (Fortsetzung)

ID	Muster	Anwendbarkeit	Fallbeispiele in der Praxis	Literatur
PR7	**Subscription** Regelmäßiger Leistungsbezug und -abrechnung	**VR & AR** Anbieter stellen VR-/AR-Software oder Software für bestimmte Zeitspannen zu festen Preisen zur Verfügung Im Gegensatz zur Flatrate werden innerhalb der Software keine Individualleistungen angeboten, die einzeln beziehbar wären (wie beispielsweise einzelne Bilder oder Maschinenzeit in Minuten). Mit einer Subscription wird daher ein generelles Nutzungsrecht der Software und Hardware gewährt	**VR & AR** **Vuzix** bietet ihre Software oftmals im Bündel mit der eigenen Hardware an. Diese kann dann über bestimmte Laufzeiten gebucht werden Die Buchung von zusätzlichen Apps erfolgt als monatliche oder jährliche Subscription. Bei der Hardware kann zwischen verschiedenen Produkten gewählt werden, während die Software mit allen angebotenen Produkten kompatibel ist **TeamViewer** bietet AR-Anwendungen zur Digitalisierung von Arbeitsprozessen in Logistik, Fertigung, Wartung und Instandsetzung, z. B. Make-by-Vision für geführte Fertigungsaktivitäten Team Viewer xMake ist eine Make-by-Vision-Lösung für Fertigungsprozesse. Es werden unterschiedliche Lizenzmodelle mit monatlicher Abrechnung angeboten **EasyAR** ist eine VR Engine. EasyAR Sense bietet Erkennungsfähigkeiten der realen Welt und unterstützt Bild-, Objekt-, Oberflächen- und Bewegungsverfolgung. EasyAR Sense 4.0 bietet verschiedene Abonnementoptionen an	Zum Zeitpunkt der Verschriftlichung konnte kein Beispiel ermittelt werden

5.2   Transport und Logistik

Tab. 5.2 XR-Geschäftsmodelle auf der Wertschöpfungsstufe Transport und Logistik

ID	Muster	Anwendbarkeit	Fallbeispiele in der Praxis	Literatur
TL1	**Digitalization** Digitale Transformation bestehender Produkte	**VR** Planungsarbeiten müssen nicht mehr physisch oder in digitalen 2D-Layouts stattfinden. So können Produktionshallen o. ä. vorab dreidimensional visualisiert werden. Durch VR lassen sich eine Vielzahl von Stakeholdern in den Prozess integrieren. Zudem können zum Beispiel Lärmsimulationen durchgeführt werden **AR** AR bietet die Möglichkeit eines „Smart Packaging" Ansatzes. So kann die produktspezifische Werbeoberfläche auf der Oberfläche einer Verpackung entfallen und stattdessen im Verkaufsraum über AR eingeblendet werden	**AR** **Video** liefert in dem Projekt „Vir2pac – Digitaler Umweltschutz" einer Softwarelösung für die Identifikation und Zuordnung des Produkts sowie für die Darstellung der Oberfläche	**VR** [16, 74, 96] **AR** [86, 98]
TL2	**Guaranteed Availability** Jederzeitige Produktverfügbarkeit	**AR** Vor allem im Bereich des Kommissionierens bietet AR breite Anwendungsfelder in der Intralogistik. So können durch den Abgleich physischer mit virtuellen Gegenständen Fehlerraten verringert und so Prozesse effizienter und genauer durchgeführt werden. Dabei lassen sich prozessrelevante Information jederzeit und situationsspezifisch abrufen. Außerdem wird eine Verbesserung der Ergonomie erzielt, weil die Kommissionierung mit freien Händen durchgeführt wird und Informationen ohne Berührung eines Endgeräts abrufbar sind. Dies ist in Kombination mit weiteren Technologien wie RFID-Tags, Bluetooth und Wifi erweiterbar, um die Konnektivität zu erhöhen	**AR** **DHL** hat in Kooperation mit **Ubimax** ein Pilotprojekt für Vision-Picking mittels AR-Brillen im Kommissionier-Prozess durchgeführt. So sollen Fehler reduziert werden. Kommissionierer werden über eine AR-Brille mit Informationen bezüglich des optimalen Ablageplatzes auf dem Ladungsträger versorgt	**AR** [13, 91, 92]

(Fortsetzung)

Tab. 5.2 (Fortsetzung)

ID	Muster	Anwendbarkeit	Fallbeispiele in der Praxis	Literatur
TL3	**Lock-In** Produktabhängigkeit schaffen	**VR & AR** Im Bereich der Logistik/Lager für die Kommissionierung verwendete HMD-werden von einem Hardware-Anbieter angeboten, der gleichzeitig eine Software bereitstellt. Diese Komponenten sind aufeinander abgestimmt und ausschließlich miteinander kompatibel	**AR** Die Glass Enterprise Edition von **Google** wird u. a. die Kommissionierung beworben. Das Anzeigegerät läuft auf Basis des Betriebssystems Android des gleichen Anbieters **Picavi** bietet Wearables für die Logistik an, insbesondere Pick-by-Vision-Technologie. Picavi bietet die Software Picavi Pure an, die direkt mit dem ERP- oder Lagerverwaltungssystem vor Ort verbunden werden kann	Zum Zeitpunkt der Verschriftlichung konnte kein Beispiel ermittelt werden
TL4	**Rent instead of buy** Mieten statt kaufen	**VR & AR** Gerade im Hardware-Bereich ist ein zeitweiliges Mieten von VR-/AR-Headsets in der Logistik denkbar. So können Modelle später einfacher durch verbesserte Modelle ausgetauscht werden. Dies erhöht langfristig die Leistungsfähigkeit der Prozesse Attraktiv kann ein solches Modell auch in Planungsphasen von Produktions- oder Lagerhallen sein. Hier können die Anwendungen Simulationen erlauben und ein Leihen der Hardware ermöglicht die temporäre Anwendung	**XR Go** bietet neben alleinstehenden Hardware- und Softwarelösungen auch Bundles, bestehend aus Hardware und Software, an. Diese Produktbündel können mit einer festgelegten Laufzeit geleast oder gekauft werden	Zum Zeitpunkt der Verschriftlichung konnte kein Beispiel ermittelt werden

5.3   Marketing und Vertrieb

Tab. 5.3 XR-Geschäftsmodelle auf der Wertschöpfungsstufe Marketing und Vertrieb

ID	Muster	Anwendbarkeit	Fallbeispiele in der Praxis	Literatur
MV1	**Affiliation** Werbung für fremde Produkte	**VR & AR** Software-Unternehmen bewerben aktiv Partneranbieter von AR-Hardware. So verdient der Partner an Verkäufen der Software potenziell mit	**AR** **Re'flekt** bietet die eigene Software im Bundle mit einer Hololens des Anbieters Microsoft an **Tepcon** setzt ihre AR Anwendungen ebenfalls auf der Hardware-Basis Hololens von Microsoft um und bewirbt diese entsprechend. Siehe dazu das Praxisbeispiel von Tepcon: Guaranteed Availability [PR5]	Zum Zeitpunkt der Verschriftlichung konnte kein Beispiel ermittelt werden
MV2	**Barter** Kostenlose Abgabe von Produkten, um zukünftige Absatzpotenziale zu schaffen	**VR & AR** Unternehmen stellen bei Verkauf eines Produkts eine Zusatzmöglichkeit der Anwendung von VR & AR zur Verfügung. Hierbei wird ein Mehrwert durch den Kunden wahrgenommen, da das Erlebnis mit dem Produkt erweitert wird. So können langfristig Absatzpotenziale generiert werden Weiterhin lassen sich Nutzungs- und Betriebsdaten führen, die zu einer Verbesserung des Produktes genutzt werden können Zudem ist es möglich, dass bei Verkauf eines Produktes VR/AR-Brillen beigelegt werden, um später Serviceleistungen wie beispielsweise Fernwartungen oder Ersatzteilbeschaffung anbieten und verkaufen zu können	**AR** **Lego** erweitert durch seine Lego App spezifische Produkte um ein virtuelles Erleben (Lego Hidden Side). Die App ist kostenlos und bietet über das Eröffnen virtueller Spielwelten einen Mehrwert für die Kunden **Heinz** führte eine Kampagne durch, bei der Kunden die Verpackungen der Saucen scannen und kostenlos Rezeptvorschläge für die Verwendung des Produkts erhielten	**VR** [101]

(Fortsetzung)

Tab. 5.3 (Fortsetzung)

ID	Muster	Anwendbarkeit	Fallbeispiele in der Praxis	Literatur
MV3	**Cash-Machine** Schnellere Einnahmen als Ausgaben	**VR & AR** XR-Anwendungen ermöglichen es, dass Produkte bereits vor dem tatsächlichen Kauf getestet und konfiguriert werden. So können Vorbestellungen vor dem physischen Verkaufsstart realisiert werden	**VR** **Mastercard & Swarovski** bieten virtuell begehbare Räume mit Produkten an. Käufe können dort digital getätigt werden **AR** **Mercedes-Benz Deutschland** setzte bei der Neueinführung der A-Klasse auf eine AR- Anwendung, in der Kunden Ausstattungsmerkmale über eine App definieren konnten, um so ihre Designvorstellungen wie etwa die Farbwahl zu konfigurieren und virtuell direkt zu visualisieren. So können u. a. Vorbestellungen realisiert werden **ZeroLight** ermöglicht Unternehmen, dass ihre Kunden (vor allem die Automobilbranche) Produkte durch AR konfigurieren können **PTC** bietet ebensoSoftwarelösungen, die eine solche Visualisierung ermöglichen	**AR** [118]
MV4	**Customer Loyalty** Bonussystem für wiederkehrende Kunden	**VR & AR** Gamification-Ansätze lassen sich sowohl im stationären als auch im Online-Handel integrieren Vorstellbar ist, dass der Kunde mit anderen Nutzern/Kunden interagiert und Punkte sammeln kann, die ihm dann beim Kauf von Produkten als monetärer Gegenwert gutgeschrieben werden	**AR** **Coca-Cola**, der Schweizer Künstler Fredinko und der Softwareanbieter Zappar ermöglichen dem Kunden über das Einscannen eines AR-Codes auf der Cola-Flasche die Freischaltung eines Cartoons und das Freischalten/Sammeln von Regionen des Herkunftslandes der Flasche. Je Region des Landes wird ein anderer Cartoon gezeigt	**AR** [163]

(Fortsetzung)

Tab. 5.3 (Fortsetzung)

ID	Muster	Anwendbarkeit	Fallbeispiele in der Praxis	Literatur
MV5	**Digitalization** Digitale Transformation bestehender Produkte	**VR & AR** Die Erstellung von Produkten in VR oder AR, um diese beim Kunden ohne das tatsächliche physische Produkt präsentieren zu können. Eingebettete haptische Feedbacks durch zusätzliche Hardware können in diesem Zusammenhang den Erfolg digitaler Präsentation erhöhen. Dies spart neben dem Erstellungsaufwand realer Demo-Produkte zum Beispiel auch Vertriebsreise- und Transportkosten	**VR** **Engel & Völkers** stellt seine Immobilien in VR dar. Dies kann Vor-Ort-Besuche der Immobilien ersetzen und spart Zeit und Fahrtkosten **AR** **ZREALITY** bietet mit der Anwendung Sphere die Möglichkeit, Produkte zunächst digital in AR zu präsentieren **HoloMe** erstellt im Bereich Fashion Hologramme einer Person mit der gewünschten Kleidung. So kann sich der Kunde die Kleidung direkt zuhause im gewünschten Umfeld vorstellen und spart (Anfahrts-)Zeit im Ladengeschäft	**AR** [164, 165]
MV6	**Direct Selling** Direkter Kontakt zwischen Hersteller und Kunden (ohne Händler)	**VR & AR** Vor allem in der direkten Ansprache der Kunden im Bereich von After-Sales Services und dem Verkauf von Service Paketen, aber auch im direkt Vertrieb, kann der Hersteller den Handel oder externe Servicedienstleister direkt umgehen und seinen Kunden einen Remote-Service anbieten	**VR** Durch virtuelle Pop-up Stores, wie z. B. **Ford** sie nutzt, kann das Unternehmen dem Kunden mittels VR ein realitätsnahes Fahrerlebnis bieten So können Händler umgangen und Kunden direkt durch den Hersteller angesprochen werden **AR** **Trumpf** nutzt u. a. im Bereich des Aftersales/Service sog. Smart Glasses zur schnelleren Unterstützung der Kunden Dabei scannt der Kunde einen QR- Code. Der Servicemitarbeiter kann das Objekt live sehen und dem Kunden Anweisungen geben **Scanblue** bietet Software zur Visualisierung von Gegenständen in AR beim Kunden zuhause. Dies bietet die Möglichkeit für Hersteller, die Produkte selbst dem Endkunden über virtuelle Visualisierungen anzubieten und so den Handel als Intermediär zu umgehen	**AR** [100]

(Fortsetzung)

Tab. 5.3 (Fortsetzung)

ID	Muster	Anwendbarkeit	Fallbeispiele in der Praxis	Literatur
MV7	**E-Commerce** Elektronischer Kauf und Verkauf von Waren und Dienstleistungen	**VR & AR** Unternehmen können durch XR-Anwendungen den eigenen Online-Shop anreichern. Daraus resultieren beispielsweise geringere Reklamationskosten Zudem lassen sich bisher stationär durchgeführte Präsentationen und der Verkauf vollständig in den E-Commerce-Kanal verlagern, da der Kunde die Produkte direkt zuhause betrachten kann **AR** Es sind virtuelle Pop-Up Stores denkbar, die in die Umgebung integriert sind und durch den Kunden über Smartphones zugänglich gemacht werden	**VR** Der Online-Händler **Alibaba** setzt mit Buy+ ein VR-Einkaufserlebnis um. Kunden können weltweit in virtuelle Märkte gehen und Produkte direkt online kaufen. So muss keine Ware zur Präsentation auf stationären Ladenflächen vorgehalten werden **AR** Der Brillenhändler **MisterSpex** bietet die Möglichkeit, Brillenmodelle zuhause virtuell anzuprobieren **Ikea, Amazon** und **Dulux** bieten die Möglichkeit durch Apps zum Beispiel Gegenstände in Räumen beim Endkunden zu Hause virtuell zu platzieren Der Schuhhersteller **Airwalk** hat in einer Kampagne mittels AR Pop-Up Stores in die Umgebung integriert, in denen Kunden Sondereditionen von Schuhen kaufen konnten. Dies steigerte nicht nur die Intensität der Interaktion mit dem Kunden, sondern auch den Umsatz	**VR** [153] **AR** [165]

(Fortsetzung)

Tab. 5.3 (Fortsetzung)

ID	Muster	Anwendbarkeit	Fallbeispiele in der Praxis	Literatur
MV8	**Experience Selling** Produkterlebnis spielt eine tragende Rolle	**VR & AR** Ein Unternehmen bietet dem Kunden an, Produkte durch XR-Anwendungen visuell, akustisch und möglicherweise auch haptisch sowie olfaktorisch zu erleben. So werden Kaufanregungen geschaffen und der Kunde kann das Produkt realistischer sowie zeit- und ortsunabhängig ggf. über mehrere Sinne erfahren. Schon die Erlebbarkeit des Produkts in XR an sich kann durch den Kunden als positive Erfahrung wahrgenommen werden	**VR** Volvo Cars bietet Kunden an, dass mittels VR erlebt werden kann, wie die Autos auf Gefahrensituationen reagieren. Zudem können Autos in VR konfiguriert werden **AR** Ikea, Amazon und Dulux bieten die Möglichkeit, durch Apps Konsumgüter wie Möbel oder Badeinrichtungen direkt zu Hause in den Räumen des Endkunden einzublenden. Der Kosmetikverkäufer Sephora bietet die Möglichkeit, Produkte digital in einer Applikation auszuprobieren und das eigene Gesicht virtuell mit den Kosmetikprodukten zu schminken. ZeroLight ermöglicht es Unternehmen (vor allem der Automobilbranche), Produkte auf der Online-Handelsplattform für Kunden erlebbar und gestaltbar zu präsentieren. So werden Interaktion mit dem Kunden und seine Identifikation mit dem Produkt erhöht	**VR** [101] **AR** [153, 165–167]
MV9	**Freemium** Kostenlose Basisversion	Kunden erhalten wie beim Geschäftsmodell Barter [MV2] die Basis-AR-Anwendung kostenfrei zu einem gekauften Produkt dazu Falls der Kunde zusätzliche Erweiterungen der AR-Anwendung nutzen möchte, muss er kostenpflichtig eine Premium-Version erwerben	Die Plattform Kudan bietet Software Development Kits, um Kunden das Entwickeln und Testen von AR-Apps zu ermöglichen Der Download des Software- Development-Kits ist kostenlos. Um die entwickelte App allerdings bei Google Play oder im App Store von Apple anbieten zu können, muss eine kostenpflichtige Jahreslizenz für das Anbieten und das Bearbeiten der AR-App erworben werden	Zum Zeitpunkt der Veröffentlichung konnte kein Beispiel ermittelt werden

(Fortsetzung)

Tab. 5.3 (Fortsetzung)

ID	Muster	Anwendbarkeit	Fallbeispiele in der Praxis	Literatur
MV10	**From Push-To-Pull** Kunde ist König und es wird nur das personalisierte, was der Kunde wünscht	**VR & AR** Im Gegensatz zum Muster Cash-Machine wird hier erst dann gezahlt, wenn das personalisierte Produkt bereits gefertigt ist	**AR** **Nike** setzt bei NikeID (personalisierte Schuhe) In-store AR ein. So kann der Kunde im stationären Ladengeschäft sehen, welche Veränderungen am Schuh möglich sind und kann über die NikeID einen individuellen Schuh nach seinen Vorstellungen konfigurieren **ROAR** bietet White-Label- Entwicklungen nach individuellen Kundenanforderungen mit monatlichen Abonnementoptionen Siehe Beispiele beim Geschäftsmodellmuster Cash-Machine: Bei den dortigen Beispielen sind beide vorgenannten Varianten vorstellbar	Zum Zeitpunkt der Veröffentlichung konnte kein Beispiel ermittelt werden
MV11	**Hidden Revenue** Umsatz durch Werbeoberfläche	**AR** Durch AR- Anwendungen erhalten Unternehmen die Möglichkeit, Werbung benutzerspezifisch in die Umwelt zu integrieren. Dafür ist ein genaues Aufzeichnen und Erstellen des Karten-/Umgebungsmaterials notwendig	**AR** **6D.ai** (heute Teil von **Niantic**) bietet durch seine offene Softwarelösung eine crowdbasierte Aufnahme der Umwelt an So entsteht die Grundlage für die für die Integration von digitaler AR-Werbung in die über das Anzeigemedium wahrgenommene Umgebung **Scape Technologies** ermöglicht es, AR Inhalte präzise in die Umgebung einzubetten, um so eine kundenspezifische Ansprache zu realisieren Außerdem können Inhalte in der App angepasst und anderen Nutzern zugänglich gemacht werden	**AR** [98]

(Fortsetzung)

Tab. 5.3 (Fortsetzung)

ID	Muster	Anwendbarkeit	Fallbeispiele in der Praxis	Literatur
MV12	**Leverage Customer** Effiziente Nutzung und Aufbereitung von erhaltenen Kundendaten	**VR & AR** Durch XR-Anwendungen können Kunden aktiv in den Produktentstehungsprozess eingebunden werden. So lassen sich zum Beispiel über EyeTracking gewonnenen Daten im Marketing und Vertrieb nutzen, um Werbung oder Produkte zu personalisieren und zu verbessern	**VR** Das Unternehmen **InVRsion** bietet Shelfzone EyeTracking an. So kann mittels VR-Eye-Tracking ermittelt werden, in welchen Bereichen eines Regals der Kunde die längste Blickverweildauer hat. So lässt sich sowohl Produktmarketing optimieren als auch das Suchverhalten von Kunden analysieren. **AR** **Unilever** setzt bei ihrer Eiscrememarke Magnum auf Customer Engagement, indem Kunden zum aktiven Interagieren mit den Produkten angeregt werden sollen: Kunden können im Internet Banner scannen und dann in einer mobilen AR-Anwendung Toppings auf das Eis platzieren. Diese Eigenkreationen können sie dann vergünstigt in Shops in der Nähe erwerben. Unilever sammelt so neben einer Customer Experience auch Daten für die kundenzentrierte Entwicklung zukünftiger Produktvarianten	**VR** [156] **AR** [99]
MV13	**Lock-In** Produktabhängigkeit schaffen	**VR & AR** Die Service-Anwendung ist nur in Kombination mit der unternehmenseigenen Hardware möglich. So kann das Unternehmen sowohl Umsätze auf Ebene der Hardware als auch durch Softwareverkäufe erzielen	**AR & VR** **Vuzix** bietet ihre Software lediglich für die eigenen Smart Glasses an. **VR** Die VR-Brillenhersteller **Varjo** verkauft seine Brillen mit dem zusätzlich zu zahlenden Software- und Servicepacket. Die Vertragsbindung ist auf mindestens ein Jahr festgelegt. **Toshiba** Vision DE Suite ist Toshibas proprietäre Software und wurde entwickelt, um die wesentlichen Funktionen ihrer AR-Lösung, der dynaEdge AR Smart Glasses, zu realisieren. Mit Vision DE Suite können Benutzer Fotos aufnehmen, Live-Videos aufnehmen und streamen, Dokumente speichern und abrufen, auf Diagramme zugreifen, Textnachrichten empfangen und über Live-Videoanrufe kommunizieren. Somit werden Vision DE Suite + dynaEdge AR Smart Glasses als Bundle verkauft	Zum Zeitpunkt der Verschriftlichung konnte kein Beispiel ermittelt werden

(Fortsetzung)

Tab. 5.3 (Fortsetzung)

ID	Muster	Anwendbarkeit	Fallbeispiele in der Praxis	Literatur
MV14	**Mass Customization** Individuelles Bedürfnis mit Massen-fertigungs-strukturen befriedigen	**VR & AR** Durch die aktive Einbindung von Kunden innerhalb des Vertriebs-prozesses können Kunden eigene Wünsche für die Produkte äußern und ein auf sie zugeschnittenes Endprodukt erhalten. Zudem können Werbebotschaften personalisiert platziert werden Darüber hinaus ermöglichen Softwarelösungen einer breiteren Masse die einfache und individuelle Erstellung von VR- und AR-Inhalten	**VR** Das Unternehmen **Aspekteins** bietet an, ihre VR-App auf die Kundenwünsche anzupassen Da die Softwaregrundlage bereits besteht, kann ein Customizing mit spezifischen Inhalten schnell vielen Kunden zugänglich gemacht werden **AR** **Scape Technologies** Siehe Hidden Revenue [MV11] **Mercedes-Benz Deutschland** Siehe vergleichend dazu [MV3] **ZeroLight** Siehe [MV3] und [MV8] **Unilever** Siehe vergleichend dazu [MV12]	**AR** [165, 168]
MV15	**Peer-to-peer** Transaktion von Privatleuten (Vermittlungs-funktion)	**VR & AR** Plattformanbieter können den Austausch von Inhalten oder Gegenständen über VR oder AR ermöglichen Hierzu dient die Plattform als Vermittler, auf der Dritter ihre Produkte platzieren können, um so eine Präsentationsfläche zu erhalten	**AR** Das ARKit von **Apple** ermöglicht die Umsetzung gemeinsamer Treffen verschiedener Nutzer innerhalb einer AR-Umgebung. Der Informationsaustausch und die Kommunikation erfolgt dabei über Peer-To-Peer zwischen den einzelnen Personen ARCore von **Google** enthält die Funktion Cloud Anchors, die es ermöglicht, einer AR-Szene virtuelle Objekte hinzuzufügen. Verschiedene Nutzer können das Objekt sehen und parallel mit ihm interagieren	**AR** [163]

(Fortsetzung)

Tab. 5.3 (Fortsetzung)

ID	Muster	Anwendbarkeit	Fallbeispiele in der Praxis	Literatur
MV16	**Shop-in-shop** Handels- oder Vertriebsfläche in anderem Geschäft	**AR** Hersteller von Produkten können auf stationären Verkaufsflächen eigene AR-Online-Shops integrieren. Auf diese Weise ist die stationäre Verkaufsfläche leichter adaptierbar Der Handel kann durch einen Anteil am Umsatz vergütet werden, während der Hersteller seine Reichweite gegenüber den Kunden erhöht	**Shopify** ist eine E-Commerce Plattform, die das Erstellen einer E-Commerce-Website erlaubt Shopify bietet dabei die Möglichkeit an, AR in den Online-Stores zu integrieren. Dies ermöglicht ein neues Einkaufserlebnis für die Kunden	Zum Zeitpunkt der Veröffentlichung konnte kein Beispiel ermittelt werden
MV17	**Solution provider** Vollumfassende Lösungen und Beratungen	**VR & AR** Unternehmen bieten neben der Software auch die Hardware an. Zusätzlich können verschiedene Angebote spezifisch für diverse Industrien angeboten werden Das Unternehmen kann so vielschichtig Umsätze generieren und Kunden binden	**AR** **Vuzix** bietet neben verschiedenen Hardware- Komponenten aus eigenem Haus auch externe Service-Dienstleistungen an. Diese sind individuell für verschiedene Industrien ausgelegt Hier sind OEMs wie **Trumpf** zu nennen, die durch die AR-Anwendungen im Servicebereich ihr Portfolio weiter erweitern können und die Unabhängigkeit von externen Serviceanbietern erhöhen **AR&VR** **Jambit** bietet maßgeschneiderte VR- und AR-Lösungen zur Umsetzung auf unterschiedlichen Endgeräten an Es besteht die Möglichkeit, diese Applikationen, um weitere Tools zu erweitern. Jambit bietet Unterstützung bei der Entwicklung und Anpassung von 3D-Inhalten, sowie bei weiteren IT-Entwicklungsaufgaben	Zum Zeitpunkt der Veröffentlichung konnte kein Beispiel ermittelt werden

5.4 Service

Tab. 5.4 XR-Geschäftsmodelle auf der Wertschöpfungsstufe Service

ID	Muster	Anwendbarkeit	Fallbeispiele in der Praxis	Literatur
SE1	**Aikido** Radikale Abgrenzung von bestehenden Geschäftsmodellmustern	**VR & AR** Indem Hersteller produktspezifischen Service dem Kunden direkt ohne einen zusätzlichen Servicedienstleister „remote" anbieten, verändert sich die Struktur der Wertschöpfungskette: Der Servicedienstleister wird umgangen	**AR** Zum Beispiel **Robert Bosch, Porsche, Trumpf** Durch eine verstärkte Nutzung von Remote-Assist-Anwendungen können diese Hersteller den (End-)Kunden direkt mit eigenem Service unterstützen und umgehen so externe Servicedienstleister	**VR** [101] **AR** [108, 169]
SE2	**Direct Selling** Direkter Vertrieb vom Hersteller an den (End-)Kunden	Siehe Aikido [SE1]	Siehe Aikido [SE1]	Siehe Aikido [SE1]
SE3	**Flatrate** Pauschalpreis für unbegrenzte Produktnutzung innerhalb eines festgelegten Zeitraums	Für die Servicedienstleistung oder Software werden für einen bestimmten Zeitraum pauschale Kostensätze abgerechnet. Diese können beispielsweise nach Nutzeranzahl variieren	**Viveport Infinity:** Für einen monatlichen oder jährlichen Fixbetrag können die Abonnenten auf ein großes VR-Angebot, bestehend aus Apps und Spielen, zugreifen **VRExpert** bietet VR- und AR-Brillen in Kombination mit individuellen Services an. Der Großteil der Hardware kann gekauft werden. Einige VR-Brillen werden aber auch zur Miete angeboten, z. B. für Veranstaltungen **Vuzix** bietet für ihre Remote-Assist-Plattform verschiedene Bundle-Preise pro Monat an. Dabei hängen die Kosten davon ab, wie viele Nutzer ein Unternehmen ausstatten möchte	Zum Zeitpunkt der Verschriftlichung konnte kein Beispiel ermittelt werden

(Fortsetzung)

Tab. 5.4 (Fortsetzung)

ID	Muster	Anwendbarkeit	Fallbeispiele in der Praxis	Literatur
SE4	**Guaranteed Availability** Jederzeitige Verfügbarkeit	**VR & AR** Durch VR oder AR-Anwendungen kann ein Unternehmen einem Kunden ad-hoc und dauerhaft produktspezifische Wartungsanleitungen zur Verfügung stellen. Diese sind durch Darstellung in XR für den Nutzer einfacher verständlich und anwendbar. Zudem spart das erbringende Unternehmen Reisekosten	**AR** **Porsche** nutzt die AR Plattform **Atheer** für ein Remote-Assist-Programm. So wird eine Reparatur vor Ort schneller und kostengünstiger ermöglicht. U. a. bieten die Unternehmen **Re'flekt, Vuzix, PTC und Ubimax** Remote-Assist-Softwarelösungen an, die die Mitarbeiter im Feld mit stationären Experten unterstützen. **Robert Bosch** wirbt mit seiner Common VR Plattform damit, Reparaturvorgänge um 15 % zu beschleunigen, da komplexe Vorgänge durch die AR-Anwendung für die Reparaturmitarbeiter transparenter werden. **General Electric** nutzt Helme, die mittels AR und einer Verbindung zu Service-Mitarbeitern den Technikern im Feld in Echtzeit Anweisungen oder visuelle Einblendungen bei unerwarteten Problemen geben. So müssen diese nicht erst ins Büro zurückkehren, um das Problem zu analysieren, sondern können vor Ort zeitnah eine Problembeseitigung herbeiführen. **Tepcon** Siehe Guranteed Availability [PR5]	**VR** [101] **AR** [15, 96, 108, 109, 170]
SE5	**Lock-In** Produktabhängigkeit schaffen	**VR & AR** Die Service-Anwendung ist nur in Kombination mit der unternehmenseigenen Hardware möglich. So kann das Unternehmen sowohl Umsätze auf Ebene der Hardware als auch durch den Verkauf von Software erzielen	**Toshiba** Siehe Lock-In [MV13] **Vuzix** bietet ihre Remote-Assist-Software lediglich für die eigenen Smart Glasses an	Zum Zeitpunkt der Verschriftlichung konnte kein Beispiel ermittelt werden
SE6	**Subscription** Regelmäßiger Leistungsbezug	Siehe Flatrate [SE3]	Siehe Flatrate [SE3]	Siehe Flatrate [SE3]

5.5   Unternehmensinfrastruktur

Tab. 5.5 XR-Geschäftsmodelle auf der Wertschöpfungsstufe Unternehmensinfrastruktur

ID	Muster	Anwendbarkeit	Fallbeispiele in der Praxis	Literatur
UI1	**Guaranteed Availability** Jederzeitige Produktver- fügbarkeit	**VR & AR** In diesem Bereich ist die garantierte Ver- fügbarkeit auf den Informationsgehalt zu beziehen. So ermöglichen VR- und AR- Anwendungen neue Darstellungsmöglich- keiten, die ein virtuelles Zusammenarbeiten optimieren Dabei können zu jeder Zeit Sachverhalte auch auf Managementebene schnell und praxisnah visualisiert werden. Entscheidungen werden so fundierter und nachvollziehbarer	**VR** **Ford Motor Company** nutzt die **Siemens**- Anwendung Intosite, um virtuell digitale Zwillinge der Anlagen zu begehen und Informationen aus jedem integrierten IT- System abzurufen Dies kann weltweit angewandt werden, sodass die Anlagen jederzeit mit den geo- grafisch verteilt arbeitenden Mitarbeitern begutachtet werden können, während kontextsensitiv Informationen bereitgestellt werden **AR** Neben der Interaktion mit externen Partnern über AR-Anwendungen ist auch eine Integration von internen Stakeholdern mög- lich. Siehe **Tepcon** Guranteed Availability [PR5]	**VR** [16] **AR** [13, 17, 171]

5.6   Personalmanagement

Tab. 5.6 XR-Geschäftsmodelle auf der Wertschöpfungsstufe Personalmanagement

ID	Muster	Anwendbarkeit	Fallbeispiele in der Praxis	Literatur
PM1	**Digitalization** Digitalisierung bestehender Produkte	**VR & AR** Im Bereich Training und Ausbildung ermöglicht die Abbildung eigener Produkte eine Schulung an den Produkten selbst, beispielsweise für Mitarbeiter im Vertrieb oder der Fertigung. So können etwa Gefahrensituationen in Trainings abgebildet werden. Trainingsobjekte müssen nicht mehr physisch vorhanden sein und es wird ein kontextintensives, ortsunabhängiges Lernen gefördert. Durch die Digitalisierung der Trainings können neben Mehrwerten während des Lernprozesses, wie z. B. eine unmittelbare Anwendung des Erlernten, auch Reisekosten gespart werden. Zudem lassen sich XR-Anwendungen in den Recruitment-Prozess einbinden. So können Abläufe der potenziellen Arbeitsstelle dem Bewerber/Zielgruppe präsentiert werden, um zum Beispiel zu ermitteln, ob sich ein Bewerber eignet oder Stellenprofile mittels der Darstellung über innovative Technologien für junge Talenten attraktiver zu gestalten	**AR** **Lufthansa Cargo** setzt VR im Training ein. Durch die Technologie wird ein interaktives Hologramm in den Klassenraum projiziert und bei einer Führung durch den Trainer können Veränderungen vorgenommen werden. **Goodly-Innovations** stellt mit dem Produkt OptiworX vor allem im Pharmabereich den Trainingsmehrwert u. a. über schnelleres Onboarding neuer Mitarbeiter heraus	**VR** [16, 113, 115, 172–174] **AR** [152, 173, 175]
PM2	**Direct Selling** Direkter Verkauf vom Hersteller an den (End-) Kunden	**VR & AR** Der direkte Verkauf vom Hersteller an den Kunden erlaubt – neben einer höheren Marge, da mögliche Zwischenhändler entfallen- auch das Angebot von Schulungsmöglichkeiten. So können Lerninhalte ortsunabhängig vom Hersteller mit VR- oder AR-Lösungen direkt beim Kunden integriert werden, sodass, Schulungsinhalte direkt am Objekt vor Ort vermittelbar sind	Durch Anwendungen wie die von **RE'FLEKT** wird das direkte Training durch den Hersteller erst ermöglicht	Zum Zeitpunkt der Verschriftlichung konnte kein Beispiel ermittelt werden

(Fortsetzung)

Tab. 5.6 (Fortsetzung)

ID	Muster	Anwendbarkeit	Fallbeispiele in der Praxis	Literatur
PM3	**Experience Selling** Produkterlebnis spielt eine tragende Rolle	**VR & AR** Der Experience-Selling- Ansatz im Training kann eine wichtige Vermarktungskomponente von der Anbieterseite aus sein. So lassen sich Trainings auf Basis von XR durch spielerische Ansätze bzw. Gamification erweitern. Dies kann das Interesse beim Kunden für Trainings erhöhen und den Lernerfolg steigern Gleichzeitig können Unternehmen eigene Trainings mit VR- oder AR-Inhalten anreichern. So lässt sich auf spielerische Weise Wissen vermitteln Die erlebbare Präsentation von Arbeitsplätzen gegenüber potenziellen Bewerbern kann an sich ebenfalls schon innovative Erfahrung gesehen werden und damit den Arbeitgeber als ein fortschrittliches, digitales Unternehmen erscheinen lassen	**VR** Je realistischer ein solches Erlebnis darstellbar ist, umso größer kann potenziell auch die Nutzererfahrung eingeschätzt werden. Aus diesem Grund ist hier das amerikanische Unternehmen **HaptX** zu nennen, welches Handschuhe anbietet, die bei der VR-Nutzung ein haptisches Feedback an den Nutzer geben. Dies erhöht die Immersion der Nutzer	**VR** [115, 176]
PM4	**Guaranteed Availability** Kunde zahlt für jederzeitige Produktverfügbarkeit	**VR & AR** Durch AR- bzw. VR-basierte Trainings sind die Inhalte durch die Nutzer zu jeder Zeit und von jedem Ort mit Netzzugang abrufbar. So kann die Anzahl an Testobjekten verringert und die Nutzerzahl erhöht werden Zudem können während laufender Prozesse ad hoc Trainingshinweise oder Verbesserungsvorschläge eingebracht werden. Dadurch können Mitarbeiter sich kontinuierlich weiterentwickeln	**AR** **Lufthansa Cargo** Siehe Digitalization [PM1]	**AR** [152, 173]

(Fortsetzung)

Tab. 5.6 (Fortsetzung)

ID	Muster	Anwendbarkeit	Fallbeispiele in der Praxis	Literatur
PM5	**Mass-Customization** Individuelles Bedürfnis mit Massenfertigungsstrukturen decken	**VR & AR** Trainingsabwicklung in XR ermöglicht es, individuell Veränderungen in Trainingsabläufen vorzunehmen. So können zielgerichtet Trainingsinhalte auf spezifische Nutzerbedürfnisse oder Prozessaktivitäten angepasst werden und diese sind durch die reale Darstellung der Objekte auch ohne ein physisch vorliegendes Trainingsobjekt wiederholt durchführbar. So kann ein Trainingsumfeld mehrfach angepasst und breitgestellt werden Low-Code-Programmierumgebungen ermöglichen zudem, dass Anwendungen auch ohne Programmierung erstellbar sind, während die Inhalte auf der integrierten Plattform bereitgestellt werden können	**AR** **3spin** verspricht eine einfache Erstellung von Trainingsinhalten auf ihrer Plattform. Diese Inhalte lassen sich zudem weltweit über eine Cloudlösung skalieren	**AR** [152]
PM6	**Pay per use** Abrechnung nach abgerufener Leistung	**VR & AR** VR/AR-Trainings können über eine Plattform erstellt und weltweit auf Endgeräten verteilt werden. Dabei rechnet der Anbieter pro Nutzung ab	**3Spin** stellt die Trainings über eine Cloudlösung auf Endgeräten dar. Hierbei wird pro Nutzer abgerechnet	Zum Zeitpunkt der Verschriftlichung konnte kein Beispiel ermittelt werden

5.7 Produktentwicklung

Tab. 5.7 XR-Geschäftsmodelle auf der Wertschöpfungsstufe Produktentwicklung

ID	Muster	Anwendbarkeit	Fallbeispiele in der Praxis	Literatur
PE1	**Crowdsourcing** Auslagern von Prozessen wie z. B. Ideenfindung an externe Akteure	**VR & AR** Durch XR wird kollaboratives Arbeiten in der Entwicklungsphase eines Produkts vereinfacht Kundenwünsche können leichter integriert werden und Kunden können ihre eigenen Vorstellungen (remote) einfließen lassen	Zum Zeitpunkt der Verschriftlichung konnte kein Beispiel ermittelt werden	**AR** [15, 99]
PE2	**Digitalization** Entwicklung neuer digitaler Produkte oder digitale Transformation bestehender Produkte	**VR** In der Produktdesignphase können Prototypen visualisiert und Veränderungen einfach vorgenommen werden. Dies spart Prototypingkosten und reduziert die Time-to-Market. Zudem können Problemfelder früher aufgedeckt werden und so effizienter und effektiver gelöst werden **AR** Die im Rahmen einer Produktentwicklung angestrebten physischen Produkte können zuvor in AR dargestellt werden. So können Vorabvisualisierungen dem Kunden präsentiert und Feedback eingeholt werden. Dies spart Kosten bei der Erstellung realer Prototypen	**VR** **Boeing** nutzt VR, um den Flugzeugbau zu optimieren und Risiken frühzeitig aufzudecken **Siemens** bietet Applikationen an, die unter anderem mit digitalen Zwillingen arbeiten, um in VR Teamcenter Designänderungen vorzunehmen und zu testen. Dies ist kollaborativ mit mehreren Entwicklern von verschiedenen Orten aus möglich Das amerikanische Unternehmen **HaptX** bietet Handschuhe an, die ein haptisches Feedback an den Nutzer geben, während er eine VR-Anwendung nutzt. Dies erhöht den Realismus beim Testen von Prototypen	**VR** [16]

(Fortsetzung)

Tab. 5.7 (Fortsetzung)

ID	Muster	Anwendbarkeit	Fallbeispiele in der Praxis	Literatur
PE3	**Flatrate** Pauschalpreis für unbegrenzte Produktnutzung innerhalb einer festgelegten Spanne	**VR & AR** Dies gilt vor allem für die in der Produktentwicklungsphase genutzte VR- & AR- Hard- und Software Über das Flatrate-Modell kann zum Beispiel der Softwareanbieter die Leistung abrechnen	Zum Zeitpunkt der Verschriftlichung konnte kein Beispiel ermittelt werden	Zum Zeitpunkt der Verschriftlichung konnte kein Beispiel ermittelt werden
PE4	**From Push-To-Pull** Gefertigt wird nur das, was der Kunde möchte	**VR & AR** Produktentwicklung mit VR & AR bedeutet einen hohen Interaktivitätsgrad zwischen Unternehmen und Kunden. So können persönliche Vorstellungen des Kunden direkt in die Entwicklung einfließen Kunden können in diesem Fall ebenso interne Kunden sein. So ermöglicht das kollaborative Zusammenarbeiten mittels XR-Anwendungen eine breitere Einbindung verschiedener Stakeholder im Unternehmen	**VR** Siehe **Siemens** Digitalization [PE2]	Zum Zeitpunkt der Verschriftlichung konnte kein Beispiel ermittelt werden
PE5	**Guaranteed Availability** Kunde zahlt für jederzeitige Produktverfügbarkeit	**VR & AR** Für dieses Geschäftsmodell in der Produktentwicklung ist ein Unternehmen des produzierenden Gewerbes der Kunde So können durch VR- & AR-Prototyping geografische Distanzen leicht überbrückt werden. Hier muss der XR-Anbieter (Software) garantieren, dass der erstellte Prototyp rund um die Uhr bearbeitbar und präsentierbar ist	Zum Zeitpunkt der Verschriftlichung konnte kein Beispiel ermittelt werden	**AR** [116]
PE6	**Leverage Customer** Effiziente Nutzung und Aufbereitung von erhaltenen Kundendaten	**VR & AR** Verschiedene Nutzungsdaten der Kunden, die während der Testphase mit VR/AR Prototypen entstehen, können im Prototypen-Bau integriert werden So muss kein physisches Produkt erstellt werden, um es zu testen, sondern Modelle können schon früh für Markttests bereitgestellt werden. Ein Beispiel der Nutzungsdaten kann die über Tracking-Methoden aufgenommen Blickverweildauer sein	**VR** Siehe **InVRsion** Leverage Customer [MV12]	Zum Zeitpunkt der Verschriftlichung konnte kein Beispiel ermittelt werden

(Fortsetzung)

Tab. 5.7 (Fortsetzung)

ID	Muster	Anwendbarkeit	Fallbeispiele in der Praxis	Literatur
PE7	**Mass-Customization** Individuelles Bedürfnis mit Massenfertigungsstrukturen	**VR & AR** Durch eine frühe Kundenintegration bei der Produkterstellung sind Mass Customizingansätze möglich. So können bestimmte Grundfunktionen durch das produzierende Unternehmen vorgegeben werden, in die anschließend durch den Kunden individuell in weitere Entwicklungsschritten eingegriffen werden kann	Zum Zeitpunkt der Verschriftlichung konnte kein Beispiel ermittelt werden	[157]
PE8	**Open Business Model** Einbeziehung externer Faktoren (Unternehmen)	**VR & AR** Prototyping und Produktentwicklung über Unternehmensgrenzen hinweg wird durch VR & AR deutlich vereinfacht (zum Beispiel OEM und Zulieferer). So sind schnelle Kommunikation und Visualisierung möglich	Zum Zeitpunkt der Verschriftlichung konnte kein Beispiel ermittelt werden	**VR** [16]
PE9	**Revenue Sharing** Umsatzanteil wird mit Stakeholdern geteilt	**VR & AR** Durch eine Integration in die Produktentwicklung anderer Stakeholder kann eine erfolgsabhängige Umsatzbeteiligung realisiert werden. Die gemeinsame Entwicklung wird vom leitenden Unternehmen bei Produkterfolg entlohnt bzw. zusätzlich vergütet	Zum Zeitpunkt der Verschriftlichung konnte kein Beispiel ermittelt werden	Zum Zeitpunkt der Verschriftlichung konnte kein Beispiel ermittelt werden
PE10	**Self-Service** Kunden übernehmen Wertschöpfungsaktivitäten	**VR & AR** Siehe [PE9] Revenue Sharing Hier wird jedoch der Endverbraucher stärker integriert; nicht direkte Partnerunternehmen	Siehe [PE9] Revenue Sharing	Siehe [PE9] Revenue Sharing
PE11	**User Designed** Kunde ist Erfinder, das Unternehmen stellt Strukturen	**VR & AR** Die Entwicklung bzw. die Anpassung eines digitalen Produkts (z. B. AR-App) findet durch den Kunden selbst über die Plattform eines Anbieters statt. Dieser stellt beispielsweise ebenfalls die Software bzw. das Werkzeug für die Erstellung, sodass die Produktentwicklung für den Kunden erleichtert wird bzw. erst ermöglicht wird	Zum Zeitpunkt der Verschriftlichung konnte kein Beispiel ermittelt werden	Zum Zeitpunkt der Verschriftlichung konnte kein Beispiel ermittelt werden

5.8   Beschaffung

Tab. 5.8 XR-Geschäftsmodelle auf der Wertschöpfungsstufe Beschaffung

ID	Muster	Anwendbarkeit	Fallbeispiele in der Praxis	Literatur
BE1	**Digitalization** Entwicklung neuer digitaler Produkte oder digitale Transformation bestehender Produkte	**VR & AR** Durch eine Digitalisierung von Produkten bzw. Prototypen werden Aktivitäten für einen Beschaffungsvorgang zwischen Lieferant und Kunde erleichtert und beschleunigt. So lassen sich beispielsweise Mustersendungen einsparen bzw. die Anzahl verringern und Veränderungen an Prototypen kurzfristig digital vornehmen	**AR** Der Roboterhersteller **Kuka** wendet AR für die Erstellung digitaler Abbilder von Maschinen an, auf denen Software vor der Übertragung auf die reale Anlage getestet wird. So werden Zeit und Geld gespart; der Kunde kann die Details einer Anlage remote betrachten	**AR** [100]
BE2	**Direct Selling** Direkter Kontakt zwischen Hersteller und Kunden (ohne Handel als Intermediär)	**VR & AR** Die Präsentation von Produkten in XR oder das Anbieten von VR- oder AR-Services direkt seitens des Herstellers beschleunigt und vereinfacht gleichzeitig die Beschaffung. So können Services auch für das beschaffende Unternehmen eventuell günstiger direkt beim Hersteller bezogen werden, weil Serviceanbieter-Margen entfallen Gleichzeitig können die Unternehmen so Lieferanten schneller testen, da Produkte ortsunabhängig direkt seitens des Herstellers präsentierbar sind	Zum Zeitpunkt der Verschriftlichung konnte kein Beispiel ermittelt werden	**VR** [177, 178]

(Fortsetzung)

Tab. 5.8 (Fortsetzung)

ID	Muster	Anwendbarkeit	Fallbeispiele in der Praxis	Literatur
BE3	**E-Commerce** Elektronischer Kauf und Verkauf von Waren und Dienstleistungen (Internet)	**VR & AR** Die Anreicherung von Online-Shops durch XR-Visualisierung ermöglicht auch einem Einkäufer eine schnellere Urteilsfindung	**VR** **Mastercard & Swarovski** Siehe Cash-Machine [MV3] **AR** **ZREALITY** bietet mit der Anwendung Sphere die Möglichkeit, Produkte zunächst digital in AR zu präsentieren Dies erspart neben dem Erstellungsaufwand realer Produkte für die Ausstellung dem Käufer darüber hinaus den Aufwand einer Anreise zum Produktstandort	Zum Zeitpunkt der Veröffentlichung konnte kein Beispiel ermittelt werden
BE4	**Flatrate** Pauschalpreis für unbegrenzte Produktnutzung innerhalb einer festgelegten Spanne	**VR & AR** Option eines Abrechnungsmodells, wenn im Rahmen der Beschaffung von XR-Hardware- und Software Vertragsparameter verhandelt werden	Zum Zeitpunkt der Verschriftlichung konnte kein Beispiel ermittelt werden	Zum Zeitpunkt der Verschriftlichung konnte kein Beispiel ermittelt werden
BE5	**From Push-To-Pull** Gefertigt wird nur das, was der Kunde nachfragt	**VR & AR** Einkäufer können durch XR-Kollaboration frühzeitiger und problemloser in den Produktentstehungsprozess beim Lieferanten integriert werden Dies fördert eine kundenspezifische Fertigung vor allem in hochpreisigen Segmenten. So können Gegenstände theoretisch auch vor Ort schon präsentiert werden, ohne physisch gefertigt zu sein. Dies spart ebenfalls Kosten für die Vorstellung neuer Produkte	**AR** Siehe Digitalization [BE5]	**VR** [178]

(Fortsetzung)

Tab. 5.8 (Fortsetzung)

ID	Muster	Anwendbarkeit	Fallbeispiele in der Praxis	Literatur
BE6	**Guaranteed Availability** Kunde zahlt für jederzeitige Produktverfügbarkeit	**VR & AR** In der Beschaffung von komplexen Produkten ist es oftmals erforderlich, in verschiedenen Entscheidungsgremien Produkte zu begutachten und Spezifikationen zu reflektieren. Durch die Nutzung von VR- oder AR-Visualisierung können verschiedene Entscheidungsträger jederzeit die visualisierten Produkte abrufen und eventuelle Änderungsvorschläge integrieren. Weiterhin kann die durchgehende Serviceverfügbarkeit durch XR-Remote-Assist ein entscheidendes Beschaffungsmerkmal gegenüber vergleichbaren Konkurrenzprodukten werden	Siehe zum Beispiel [SE4] oder [UI1]	**VR** [177]
BE7	**Mass-Customization** Kundeindividuelle Massenproduktion	Siehe Muster [BE 5] From Push-To-Pull	Zum Zeitpunkt der Verschriftlichung konnte kein Beispiel ermittelt werden	**VR** [178]
BE8	**Performance based contracting** Leistungsbasierte Verträge	**VR & AR** Option eines Abrechnungsmodells, wenn im Rahmen der Beschaffung von XR-Hardware- und Software Vertragsparameter verhandelt werden	Zum Zeitpunkt der Verschriftlichung konnte kein Beispiel ermittelt werden	Zum Zeitpunkt der Verschriftlichung konnte kein Beispiel ermittelt werden

In den vorhergehenden Tabellen wurden die in der Recherche und durch Ableitung identifizierten Geschäftsmodellmuster nach Gassmann et al. 2013 [143] auf das Technologiefeld der Mixed Reality übertragen. Einige Geschäftsmodelle in der Praxis stellen eine Kombination der hier dargestellten Geschäftsmodellmuster dar, worauf Gassmann et al. ebenso hinweisen. Vielmehr sei es sogar zu empfehlen, mehrere Geschäftsmodellmuster zu kombinieren und so ein passendes Wertangebot für Kunden und Wertströme für das Unternehmen zu realisieren. Zudem lassen sich die einzelnen Geschäftsmodellmuster nicht zwingend auf einzelne Stufen der Wertschöpfung reduzieren, sondern sie sind sich gleichzeitig in mehreren Wertschöpfungsstufen anzuwenden. Aus diesem Grund entspricht die Analyse der Geschäftsmodellmuster in Tab. 5.1 und 5.8 nicht dem **MECE-Prinzip** (engl. für mutually exclusive and collectively exhaustive). Das MECE-Prinzip beinhaltet die vollständige und überschneidungsfreie Abbildung von Unterelementen, bezogen auf zugehörige Oberelemente. Zudem ist ein Sachverhalt logisch und eindeutig strukturiert darzustellen. Die Geschäftsmodellmuster sind nicht überschneidungsfrei zuordenbar. Darüber hinaus wird für die zugrundeliegende Recherche kein Anspruch auf Vollständigkeit erhoben. Dies ist weder Ziel dieser Studie noch vor dem Hintergrund der schnellen technologischen Weiterentwicklung der Mixed Reality einfach zu realisieren. Insbesondere die große Dynamik der jungen Technologien im Hinblick auf mögliche Anwendungsfelder verdeutlicht deren großes Einsatzpotenzial in den verschiedenen Stufen der Wertschöpfungskette und Branchen. So dient die vorgestellte Analyse insbesondere dazu, Denkanstöße und erste Ansätze für Geschäftsmodell-Innovationen zu liefern. Im zweiten Teil des Buches, wird vor diesem Hintergrund praxisorientiert beschrieben, wie eine konkrete Entwicklung von innovativen Geschäftsmodellen auf Basis von XR erfolgen kann.

Generell gibt es zwei grundsätzliche strategische Ansätze bei der Entwicklung von Geschäftsmodellen: Bei der **„Me-Too"-Strategie** (engl. für Nachahmer-Strategie) werden erfolgreiche Geschäftsmodelle anderer Anbieter auf das eigene Unternehmen übertragen und dadurch adaptiert. Dabei kann sich das Kopieren bestehender Geschäftsmodelle in einer neuen Branche als Alleinstellungsmerkmal herausstellen. Alternativ wird ein Geschäftsmodell im Sinne einer **Pionier-Strategie** entwickelt. Dabei werden neue Wege beschritten und kein bestehendes Geschäftsmodell kopiert. Hierbei bringt das Unternehmen als Erstes ein neues Produkt bzw. Wertangebot auf den Markt, gewinnt dadurch an Image und kann im Sinne einer sogenannten Blue-Ocean-Strategie neue Märkte schaffen und den Kunden innovative Produkte und Dienstleistungen anbieten und nicht in stark umkämpften Märkten (Red Ocean) mit Wettbewerbern konkurrieren [179]. Beide Strategien erscheinen im Kontext von XR sinnvoll, wenn gleich aufgrund der Neuheit des Technologiefeldes unter Umständen in vielen Fällen mangels nachzuahmender Beispiele die Pionier-Strategie bzw. die Blue-Ocean-Strategie gewählt werden wird.

Die technischen Medien für das Umsetzen neuer Geschäftsmodelle mit XR sind teilweise noch weit entfernt von einer schnell und einfach zu nutzenden Anwendung im

Sinne eines „Plug and Play". Für viele Anwendungsfälle ist erst Individualsoftware zu entwickeln, während für andere Einsatzszenarien wie beispielsweise Remote Service mit AR, bereits White-Label-Lösungen am Markt erhältlich sind. Geschäftsmodelle, welche aktuell aufgrund des hohen Aufwands für Individualsoftware noch nicht sinnvoll erscheinen, sind möglicherweise in nicht allzu ferner Zukunft wirtschaftlich attraktiv. Doch für klein- und mittelständische Unternehmen gelten unter Umständen besondere Herausforderungen bei der Gestaltung von Geschäftsmodellen. Darauf soll in Kap. 6 eingegangen werden.

Geschäftsmodellmuster im Bereich Mixed Reality für KMU

6

6.1 Merkmale von KMU

Die Kategorisierung deutscher Unternehmen nach der Unternehmensgröße verdeutlicht das Potenzial und die Relevanz des Mittelstands in Deutschland. Mit einem Anteil von 99 % an der Anzahl aller Unternehmen, bilden kleine und mittlere Unternehmen (KMU) das Rückgrat der deutschen Wirtschaft [180]. Im vorherigen Kapitel wurde eine Fülle von Geschäftsmodellen für verschiedene Stufen der Wertschöpfungskette nach Porter vorgestellt. Dabei wurden Einsatzmöglichkeiten von XR entlang der Wertschöpfungskette, unabhängig von der Größe des Unternehmens, betrachtet. Im folgenden Abschnitt werden Geschäftsmodellbeispiele für KMU vorgestellt, bei denen die XR-Technologie bisher nicht den Kern des Geschäftsmodells darstellt. KMU sind gemäß der Richtlinie der Europäischen Kommission als Unternehmen definiert, die weniger als 250 Mitarbeiter beschäftigen und deren Umsatzvolumen 50 Mio. € oder eine Jahresbilanzsumme von 43 Mio. € nicht übersteigt [181]. Jedoch lassen sich KMU im Hinblick auf Geschäftsmodell-Innovationen anhand **führungs-, organisations- und personalspezifischer Merkmale** treffender charakterisieren als auf Basis betriebswirtschaftlicher Kennzahlen [182]. Nach Mugler (2008) treffen folgende Merkmale auf KMU zu [183]:

- Die Persönlichkeit des Unternehmers, der vielfach auch Leiter und Eigentümer ist, prägt das Unternehmen.
- Der Unternehmer verfügt über ein Netzwerk persönlicher Kontakte zu Kunden, Lieferanten und anderen Partnern im Wertschöpfungsnetzwerk.
- Das Unternehmen erstellt Produkte und Dienstleistungen nach individuellen Wünschen der Kunden.
- Die Kontakte zwischen der Unternehmensleitung und den Mitarbeitern sind durch kurze Wege und informellen Austausch gekennzeichnet.

© Der/die Autor(en), exklusiv lizenziert durch Springer-Verlag GmbH, DE, ein Teil von Springer Nature 2021
A. Grothus et al., *Digitale Geschäftsmodell-Innovation mit Augmented Reality und Virtual Reality*, https://doi.org/10.1007/978-3-662-63746-3_6

- Die Organisation weist einen geringen Grad an Formalisierung auf.
- Auf Umweltveränderungen kann schnell und flexibel reagiert werden.
- Das Unternehmen wird nicht von einem größeren Unternehmen wie etwa im Rahmen eines Konzerns beherrscht.
- Das Unternehmen hat nur einen kleinen Marktanteil.

Diese Merkmale sind nicht als konstituierende Merkmale für KMU zu verstehen, die in ihrer Gesamtheit für die Klassifizierung erfüllt sein müssen: Nicht jedes Merkmal trifft auf jedes KMU zu. So gibt es etwa KMU mit beachtlichen Marktanteilen bis hin zu Marktführern in bestimmten Nischen.

6.2   Ausgewählte Geschäftsmodellmuster für KMU

Bei den folgenden Ausführungen wird der Betrachtungsumfang insbesondere auf diejenigen Anbieter fokussiert, welche die vorgenannten KMU-Merkmale erfüllen und bei denen XR-Technologien bisher keine zentrale Rolle im Geschäftsmodell oder auf einzelnen Stufen der Wertschöpfungskette einnimmt. Bei den beispielhaften Anwendungsszenarien der XR-Technologien im Bereich produzierender Unternehmen gilt es stets zu berücksichtigen, dass es einerseits KMUs aus dem industriellen Bereich gibt, welche XR einsetzen, um ihr bestehendes Geschäft zu unterstützen. Andererseits gibt es am Markt XR-Anbieter oder Dienstleister, deren Kernprodukt das Entwickeln und Verkaufen von XR-Komponenten selbst ist. Beide Unternehmensgruppen können individuelle Geschäftsmodelle durch den Einsatz von XR verfolgen. Die produzierenden KMU können durch den Einsatz der XR-Technologien neue Geschäftsmodelle für Ihre Kernkompetenzen bzw. Produkte oder Herstellungsprozesse aufbauen. Die typischen Einsatzbereiche lassen sich anhand der Wertschöpfungskette nach Porter kategorisieren und darauf aufbauend mit erfolgsversprechenden Geschäftsmodellen verknüpfen. Die Zielgruppe der XR-Anbieter dagegen bietet Hard- und Softwareprodukte sowie Dienstleistungen im Bereich der XR-Technologien an und zielt dabei u. a. auf die produzierenden KMU als Kunden. Hier bieten sich andere Geschäftsmodelle an, um die KMU durch den Einsatz von XR-Technologien anforderungsgerecht zu unterstützen. Langfristig sind Geschäftsmodelle der AR- und VR-Anbieter nur erfolgreich, wenn sie einen den Kundenbedürfnissen entsprechenden Mehrwert liefern.

Im Folgenden werden fünf Geschäftsmodellmuster auf Basis von Mixed Reality vorgestellt, die als besonders geeignet für KMU identifiziert wurden:

- Virtuelle Verkaufsräume als neue Kundenschnittstelle
- Neue Servicequalität auf Basis von Mixed-Reality-Technologien
- Neue Qualität digitaler Zusammenarbeit: Virtuelle Konferenzen
- Learning-by-Doing: Schulungen und Trainings mittels Mixed Reality
- Innovationsprozesse und Prototypen in der virtuellen Umgebung

Virtuelle Verkaufsräume als neue Kundenschnittstelle
Der kundennahe Vertrieb und die direkte Schnittstelle zum Kunden gehören vielfach zu den Kernkompetenzen von KMU. Mithilfe der Mixed-Reality-Technologien lassen sich neue, individuelle Kundenschnittstellen etablieren, was den produzierenden KMU zusätzliche Geschäftsmodellmuster wie „Direct Selling" oder „Experience Selling" ermöglicht [167]. Anbieter von AR- und VR-Anwendungen wiederum können die virtuellen Verkaufsräume über verschiedene Geschäftsmodellmuster wie „White Label", „Solution Provider", „Pay per Use" oder „Rent instead of buy" am Markt anbieten.

▶ **Solution Provider** Ein Full-Service-Anbieter bietet dem Kunden über einen Kontaktpunkt alle Produkte und Dienstleistungen für eine Anwendung oder eine Branche an.

Attraktive virtuelle Verkaufsräume sollten über eine möglichst realitätsgetreue Visualisierung verfügen, damit die Kaufentscheidung nicht negativ durch visuelle Unsicherheit beeinflusst wird. Eine Stimulierung des Tastsinns über Druckhandschuhe kann den visuellen Eindruck unterstützen und die Produkte realitätsgetreuer wirken lassen. Außerdem muss der Verkaufsraum leicht erreichbar sein. Dazu muss die verfügbare Brillentechnologie noch weiter verbessert und in größerem Maßstab zugänglich sein. Anbieter von virtuellen Verkaufsräumen müssen dafür Sorge tragen, dass die Implementierung bei Kunden schnell und unkompliziert erfolgen kann. Denkbar wäre, dass der virtuelle Verkaufsraum von der IT-Abteilung direkt auf der Unternehmenswebsite integriert wird oder, dass der virtuelle Verkaufsraum auf einer öffentlichen Online-Plattform zur Verfügung steht. Der Zugang zum virtuellen Verkaufsraum kann vom Unternehmen über gängige Kanäle wie soziale Netzwerke, Webseiten und weitere digitale Kundenschnittstellen kommuniziert werden.

Neue Servicequalität auf Basis von Mixed-Reality-Technologien
„Made in Germany" ist ein anerkanntes Zeichen für Qualität. Den guten Ruf der deutschen Industrie haben neben den Großunternehmen vor allem die Mittelständler geprägt [24]. Viele der in Deutschland hergestellten Produkte werden international vertrieben und eingesetzt, was sich am Status der „Exportnation" widerspiegelt [184]. Zu den wichtigsten deutschen Exportgütern zählen Kraftfahrzeuge und ihre Ersatzteile, Maschinen und chemische Erzeugnisse [185]. Technisch komplexe Maschinen und Anlagen „Made in Germany" [186] erfordern regelmäßige Wartungs- und Servicearbeiten durch spezialisierte Techniker [187]. Da diese zur Überwindung der geografischen Distanz oft lange Anreisewege zurücklegen müssen, sind Wartungs- und Reparaturarbeiten zeit- und kostenintensiv. Zusätzlich kann in Notfällen wertvolle Zeit verloren gehen, bis der Servicetechniker vor Ort ist. Die Technologien der XR bieten in diesem Bereich großes Potenzial. Mithilfe von AR-Anwendungen lassen Mitarbeiter des Kunden, die im Hinblick auf das Produkt ggf. wenig Erfahrung haben, schrittweise durch den Wartungs- und Serviceprozess geführt werden, beispielsweise durch grafische Hervorhebungen von Objekten oder Einblenden textlicher Informationen. Dies kann je

nach Anforderung automatisch erfolgen oder durch einen zugeschalteten Spezialisten in Echtzeit aus der Ferne begleitet werden.

Ein entsprechendes Vorgehen ist bei der Inbetriebnahme von Maschinen und Anlagen denkbar. Die Servicedienstleistungen können so deutlich effizienter, da Zeit- und Kostenersparnisse realisiert werden [13, 96]. Auch hier stehen den KMU vielfältige Geschäftsmodelle zur Verfügung, um entsprechende Leistungsangebote durch ein innovatives Geschäftsmodell auf die Anforderungen des Marktes abzustimmen und Erträge zu generieren. Besonders die Geschäftsmodellmuster „Pay per Use", „Guaranteed Availability", „Lock-In", „Long Tail", „Add-On", „Flatrate" und Kombinationen daraus scheinen sich für KMU anzubieten. Für Hersteller von Mixed-Reality-Anwendungen erscheinen die folgenden Geschäftsmodellmuster, mit denen sie ihre AR und VR Produkte, Anwendungen und Services vertreiben können, attraktiv: „Layer Player", „License", „Performance Based Contracting" oder „Whitelabel".

Neue Qualität digitaler Zusammenarbeit: Virtuelle Konferenzen

Ortsunabhängige Kollaboration der Mitarbeiter und digitale Zusammenarbeit prägen das Bild des modernen Arbeitsplatzes. Die allgegenwärtige Verfügbarkeit des Internets sowie die Kameras in Mobiltelefonen und Laptops haben die ursprüngliche Telefonkonferenz bereits revolutioniert. Die Verfügbarkeit von Serversystemen und Cloud-Speichern ermöglicht zudem den weltweiten, gemeinsamen Zugriff von geografisch verteilt arbeitenden Parteien auf Daten und Arbeitsmaterial. Der Einsatz dieser Technologien im Bereich der Kommunikation haben die Kollaboration von Menschen über geografische Distanzen verbessert und sind zum elementaren Bestandteil der Arbeitswelt geworden. Dies reduziert vor allem Reisekosten und -zeit. Videokonferenzen haben sich insbesondere durch die Corona-Pandemie als Alternative zum Präsenztreffen etabliert. Sie werden branchenunabhängig überall dort genutzt, wo ein direkter Austausch vor Ort nicht möglich ist. Dementsprechend gibt es viele Anbieter von Videokonferenzsystemen.

Trotz der vielfältigen technologischen Medien für digitale Zusammenarbeit gibt es Situationen, in denen die digitalen Interaktionsmöglichkeiten den Anforderungen z. B. einer komplexen Abstimmungsaufgabe nicht gerecht wird, sodass ein Treffen der Beteiligten in physischer Präsenz nötig ist. Eine Hauptursache: Videokonferenzen ermöglichen zwar einen Austausch über große Distanzen hinweg, jedoch keine realitätsnahe Interaktion der Beteiligten. Eine realitätsnahe Interaktion erfordert zusätzlich zur verbalen Kommunikation und zum zweidimensionalen visuellen Wahrnehmens weitere Aspekte wie gemeinsames Ausprobieren, Schreiben und weitere physische Handlungen. Auch die simultane Wahrnehmung der gesamten Arbeitsgruppe und des Arbeitsmaterials ist wichtig für eine realitätsnahe Interaktion – statt wie bei Videokonferenzen die starke Fokussierung auf den Sprecher bzw. die präsentierten Medien. Hier bieten die Technologien der Mixed Reality Verbesserungspotenzial. Mittels VR lassen sich virtuelle Arbeitswelten etablieren, in denen die Beteiligten trotz geografischer Distanz realitätsnah in virtuellen Räumen simultan zusammenarbeiten. Die realitätsnahe Darstellung der Arbeitsumgebung, der Arbeitsmaterialien und insbesondere der beteiligten Mitarbeiter kann das Maß der Produktivität und die Geschwindigkeit der Entscheidungsfindung wesentlich erhöhen [16]. Ein Beispiel für die Bestrebungen in diesem Bereich ist Microsofts „Spatial", ein Programm welches digitale Meetingräume bereitstellt und den Nutzern erlaubt, hier mit VR-Brillen realitätsnah mit anderen Teilnehmern zu interagieren [188]. Auch AR verspricht in diesem Bereich Verbesserungspotenzial, allerdings sind die Möglichkeiten im Vergleich zur VR begrenzt. Für Anbieter von Tools im Bereich der digitalen Kollaboration wie etwa Videokonferenzsystemen sind die Geschäftsmodellmuster „Flatrate", „Freemium" oder „Subscription" denkbar. Darüber hinaus bieten sich aber auch innovative Muster wie „Add-On", „Aikido", „Customer Loyalty", „Hidden Revenue", „Leverage Customer" oder „Pay per Use".

Learning-by-Doing: Schulungen und Trainings mittels Mixed Reality
Das Schulen von Mitarbeitern ist ein wichtiger Erfolgsfaktor für Unternehmen. Insbesondere der schnelle technologische Wandel erfordert ein regelmäßiges Training der Mitarbeiter, sowohl um mit den neuen Technologien arbeiten zu können als auch innovative Produkte und Dienstleistungen auf Basis der neuen Technologien zu gestalten. Neben der Vermittlung neuer Fertigkeiten erfordert die Durchsetzung unternehmensweiter Verhaltensregeln (Code of Conduct) das Schulen der Mitarbeiter. Dabei gestaltet sich die Planung und Durchführung der Schulungen oft aufwendig, wenn die Schulungsteilnehmer physisch am Schulungsort zusammenkommen müssen. Dies führt zu einer begrenzten Teilnehmerzahl, blockierten Mitarbeitern und hohem Abstimmungsbedarf der Trainer. Im Fall von krankheitsbedingten Abwesenheiten müssen zudem Ersatzschulungen durchgeführt werden. Auch in diesem Bereich bieten die Technologien der Mixed Reality Potenziale zur Verbesserung. Ähnlich wie bei der virtuellen Kollaboration bietet VR die Möglichkeit, Schulungen ohne physische Anwesenheit der Mitarbeiter realitätsnah durchzuführen [113, 172, 189].

Innovationsprozesse und Prototypen in der virtuellen Umgebung
Ein weiterer Einsatzbereich der Mixed-Reality-Technologien mit Potenzial für KMU stellt die Forschung und Entwicklung dar. Die zeit- und kostenintensive Entwicklung physischer Prototypen ist ein Grund für lange Entwicklungszyklen und hohe Aufwendungen. Die Entwicklung und Anpassung von Prototypen werden zukünftig vermehrt in der virtuellen Umgebung stattfinden. Unterstützt durch Handschuhe mit Drucksensoren und Druckausübung ist in der virtuellen Realität nicht nur ein visuelles, sondern auch ein haptisches Erleben des Produktes möglich. Anpassungen und Weiterentwicklungen der Prototypen sowie das (kundenseitige) Testen der Anpassungen kann damit deutlich schneller und mit niedrigeren Kosten erfolgen. Darüber hinaus können Ideensammlung, Anpassung und der Produkttest in der virtuellen Realität mit deutlich mehr Beteiligten erfolgen, sodass die Innovationskraft gesteigert wird [16, 87, 99, 116].

6.3 Erfolgsfaktoren für KMU

Um die in Kap. 5 aufgeführten Geschäftsmodelle erfolgreich einzuführen und umzu-setzen, sind verschiedene Anforderungen zu erfüllen, die sich in interne und externe Erfolgsfaktoren unterscheiden lassen. Als Erfolgskriterium können sowohl die Möglich-keit der Monetisierung der Geschäftsmodell-innovation als auch die langfristige Wirtschaftlichkeit, das heißt, das Verhältnis zwischen dem Wert des Ressourceneinsatzes und des Outputs, herangezogen werden. Zu den **internen Erfolgsfaktoren** zählen die Faktoren, die das Unternehmen selbst beeinflussen kann, wie etwa der Ressourcenein-satz oder die Veränderungsbereitschaft der Mitarbeiter. **Externe Erfolgsfaktoren** der Unternehmensumwelt, wie beispielsweise die technologischen und rechtlichen Rahmen-bedingungen, werden von den Unternehmen als gegeben wahrgenommen. Tab. 6.1 bietet einen Überblick über die Erfolgsfaktoren. Die Relevanz der einzelnen Faktoren ist in Abhängigkeit von Branche, Unternehmen und Anwendungsfall zu gewichten.

Da KMU auf einen Großteil der externen Faktoren nur geringen bis keinen Einfluss nehmen können, wird das Hauptaugenmerk im Folgenden auf die internen Erfolgs-faktoren gelegt. **Dynamische Fähigkeiten** beschreiben die Kompetenz eines Unter-nehmens, flexibel auf Umweltveränderungen reagieren zu können, indem es seine Ressourcenbasis ständig reaktiv anpasst und proaktiv weiterentwickelt [136]. Bei den Ressourcen handelt es sich unter anderem um Prozesse, Wissen, Personal und Techno-logien. Konkret bedeutet dies, dass KMU, die Mixed-Reality-Technologien nutzen wollen, zunächst **Kapazitäten und Kompetenzen** aufbauen müssen. Diese können sowohl intern etabliert werden, aber auch von externen Partnern wie VR-Design-Unternehmen zugekauft werden. Insbesondere die Zusammenarbeit mit Software- und

Tab. 6.1 Interne und externe Erfolgsfaktoren für Geschäftsmodelle

Interne Erfolgsfaktoren des Unternehmens	Externe Erfolgsfaktoren zur Überwindung aktueller Grenzen XR-Technologien
• Dynamische Fähigkeiten • Einsatz von Ressourcen und Aufbau von Kapazitäten • Aufbau von Kompetenzen, zum Beispiel im Hinblick auf Software • Veränderung von Prozessen • Veränderungsbereitschaft und -fähigkeit der Mitarbeiter • Fähigkeit zum Aufbau von Kooperationen • Wertschöpfung im Netzwerk mit Partnern • Datenaustausch, Vertrauen • Open Innovation • Finanzierung • Möglichkeiten zum sicheren Datenaustausch • Intuitive Softwarelösungen	• Technische Verbesserung der Visualisierung • Größe und Tragekomfort der Brillen • Ansprache des Tastsinns, z. B. durch Hand-schuhe mit Drucksensoren • Etablieren einheitlicher Dateiformate und Daten-Standards • Standards und Zertifizierungen für Design, Datei-Formate, Prozesse und Testmethoden • Intuitive Softwarelösungen • Verfügbarkeit von Serviceanbietern • Regelungen der Produkthaftung • Schutz vor Produktpiraterie • Möglichkeiten zum sicheren Datenaustausch

Anwendungsherstellern scheint in frühen Implementierungsphasen erfolgskritisch, bis die eigene Kompetenz über Erfahrungswerte einen höheren Reifegrad erreicht hat.

▶   KMU punkten mit Flexibilität und schneller Reaktionsfähigkeit

Es sind nicht nur Kapazitäten und Kompetenzen für die Herstellung von AR- und VR-Anwendungen aufzubauen. Ebenso sind die **Prozesse** der Wertschöpfung anzupassen. Neue digitale Prozesse wie etwa der Datentransfer von Designs eines Wertschöpfungspartners müssen implementiert werden. Bisherige Prozesse wie beispielsweise das Organisieren von Räumlichkeiten für Mitarbeiterschulungen oder die Betreuung, Belieferung eines Händlernetzes, sind eventuell obsolet. Die Anpassungsfähigkeit von KMU im Hinblick auf Umweltveränderungen ist ein großer Vorteil gegenüber Großunternehmen. Ressourcen und operative Prozesse können relativ leicht angepasst werden. Flache Hierarchien und kurze Kommunikationswege führen zu einer hohen Umsetzungsgeschwindigkeit. Dabei sind die Veränderungsbereitschaft und der Teamgeist über die gesamte Belegschaft wesentliche Erfolgsfaktoren [152].

Das Eingehen von **Kooperationen** mit anderen Unternehmen im Wertschöpfungsnetzwerk erfordert, dass sich Unternehmen öffnen und für unternehmensübergreifende Prozesse digitale Daten mit ihren Partnern austauschen. Dies ist vielfach ein großer Schritt für KMU im Hinblick auf die damit einhergehende Transparenz der Leistungserstellung mit Wertschöpfungspartnern, mit denen noch keine langjährige, von Vertrauen geprägte Geschäftsbeziehung besteht. Viele innovative Geschäftsmodelle erfordern jedoch die enge Zusammenarbeit und den offenen Datenaustausch mit neuen und eventuell wechselnden Partnern. Beispielsweise erfordert die kooperative Erstellung von XR-basierten Mitarbeiterschulungskonzepten oder Servicekonzepten ein besonderes Maß an Austausch und Vertrauen zwischen den Kooperationspartnern. Die Hersteller der XR-Anwendungen sehen sich stets der Gefahr ausgesetzt, dass die nutzenden KMU ihre Expertise langfristig adoptieren und die zukünftige Erstellung von XR-Anwendungen selbst übernehmen bzw. die erzeugten Daten selbst nutzen. Demgegenüber sehen die KMU sich bei Kooperationen dem Risiko ausgesetzt, dass internes Wissen zum Beispiel zu Schulungsinhalten, Strategien oder Serviceprozessen offengelegt und kopiert werden können. Außerdem entsteht durch die Analyse der generierten Daten neues Wissen, auf das die KMU ggf. keinen Zugriff haben. Gleiches gilt für virtuelle Konferenzen und Arbeitsumgebungen, wo entsprechende Daten die Arbeitsinhalte, Prozesse und Kompetenzen des Unternehmens offenlegen.

Auch Innovationsprozesse müssen im Kontext der Mixed-Reality-Technologien eventuell neu organisiert werden. Virtual Innovation und Open Innovation sind die Stichworte. Bei der Schaffung einer VR-Umgebung mit realitätsnaher Interaktion kommt dem Tastsinn eine große Bedeutung zu. Diese Tatsache hat beispielsweise zur Kooperation zwischen Nissan und HaptX Inc. geführt, sodass die F&E des Automobilkonzerns mit dem Handschuhhersteller neue VR Möglichkeiten entwickelt. Diese Kooperation veranschaulicht mehrere Aspekte eines Mixed-Reality-Innovationsprozesses. Zunächst verdeutlicht das Beispiel die Notwendigkeit der branchenübergreifenden Kooperation. Durch den Einsatz von VR im Entwicklungsprozess kann der Innovationsprozess zudem möglichst lange in der virtuellen Umgebung stattfinden, bevor kostenintensiv physische Prototypen gefertigt werden. Hier kann das Open-Innovation-Konzept interessante Einsatzmöglichkeiten finden, bei denen der Hersteller zusammen mit der „Crowd" in einer virtuellen Entwicklungsumgebung den Innovationsprozess durchläuft und so über eine deutlich größere Innovationskraft verfügt. Die „Crowd" ist in diesem Fall, ähnlich wie beim „Crowdfunding", die Gesamtheit der Nutzer, die von einem solchen Projekt erfährt und sich einbringt. Voraussetzung dafür ist lediglich, dass die Beteiligten aus der Crowd über kompatible Software und einen Internetanschluss verfügen. Diese Aspekte verdeutlichen, dass von einem kooperativen Handeln mehrerer Unternehmen alle Beteiligten profitieren: Die Wertschöpfung entsteht im Netzwerk verschiedener Wertschöpfungspartner, die in einem Geschäftsökosystem komplementäre Leistungen für den Kunden erbringen.

Zusammenfassung Teil I

7

Der erste Teil dieses Buches hat einen umfassenden Überblick über die Technologien der Mixed Reality vermittelt. Sowohl AR als auch VR lassen sich bei einer Vielzahl von Anwendungsfällen entlang der Wertschöpfungskette produzierender Unternehmen nutzen. Ziel war es, Unternehmen einen Orientierungsrahmen für das systematische Identifizieren von Ansatzpunkten für eigene Geschäftsmodell-Innovation mit XR zu bieten. Beispiele aus Literatur und Praxis haben die Geschäftsmodellmuster konkretisiert.

In der Rückschau wird bei Geschäftsmodellmustern wie „Guaranteed Availability", „Direct Selling" oder „Digitalization" deutlich, dass XR zum einen einzelne Elemente eines Geschäftsmodells verändern kann, indem beispielsweise Prozesse optimiert werden. Zum anderen lassen sich Kostensenkungspotenziale durch eine Reduktion von Prototyp-, Reise-, Marketing- oder Beschaffungskosten erschließen. Weitere Geschäftsmodellmuster wie etwa „Cash Maschine" oder „From-Push-to-Pull" können nicht nur Kosten bei der Leistungserstellung senken, sondern ebenso neue Ertragsquellen erschließen.

Der nachfolgende Teil II stellt eine Vorgehensweise vor, wie produzierende Unternehmen konkrete Geschäftsmodelle auf Basis von Technologien der Mixed Reality umsetzen können.

Teil II

Geschäftsmodelle mit Mixed Reality entwickeln – ein Leitfaden von der Idee zur Umsetzung

Motivation und Ziele

8

Das Ziel des zweiten Teils ist die übersichtliche Darstellung einer systematischen und praxisnahen Vorgehensweise zur Entwicklung innovativer Geschäftsmodelle auf Basis der XR-Technologien von der ersten Idee bis zur Umsetzung. Unternehmen müssen bei der technologieinduzierten Geschäftsmodell-Innovation unter anderem die folgenden Fragen beantworten:

- Wie beeinflusst oder gefährdet diese Technologie das bestehende Geschäftsmodell des Unternehmens?
- Welche Wettbewerbsvorteile bieten sich durch eine Weiterentwicklung des bestehenden Geschäftsmodells?
- Welche konkreten Ansatzpunkte hat das Unternehmen, um ein neues Geschäftsmodell zu entwickeln?
- Wie lassen sich innovative Ideen bewerten und ein passendes Geschäftsmodell auswählen?
- Und welche Erfolgsfaktoren sind bei der Realisierung zu beachten?

Dieser Teil des Buches bietet in einer kompakten Übersicht Ansatzpunkte für die Beantwortung der vorgenannten Fragen. Er unterstützt Unternehmen bei der schnellen Realisierung innovativer Geschäftsmodelle mit XR-Technologien, indem er einen strukturierten Methodenbaukasten kompakt vorstellt, mit dem ein Unternehmen schrittweise innovative Geschäftsmodelle entwickeln kann. Dies erfolgt mithilfe eines Vorgehensmodells, das konkrete und realisierbare Schritte von der ersten Idee bis zur Umsetzung aufzeigt. Dabei handelt es sich nicht um eine vorgefertigte Implementierungsstrategie für XR-Technologien im eigenen Unternehmen. Vielmehr zeigt der Leitfaden Aspekte einer systematischen Vorgehensweise auf. Der Leitfaden ist unterteilt in fünf Schritte von der Vorbereitung über die Ideenfindung und -bewertung

A. Grothus et al., *Digitale Geschäftsmodell-Innovation mit Augmented Reality und Virtual Reality*, https://doi.org/10.1007/978-3-662-63746-3_8

bis zur Umsetzung eines Geschäftsmodells und stellt diese Schritte jeweils übersicht-
lich dar. Viele Aktivitäten erfolgen in unternehmensinternen Workshops. Der Leitfaden
stellt die Inhalte und den Aufbau solcher Workshops vor. Dafür wird ein Werkzeug-
kasten vorgestellt, der die erforderlichen Methodenkompetenzen knapp und anschaulich
vermittelt. Der Leitfaden ist nicht als detailliertes Planungswerkzeug für die einzelnen
Schritte einzusetzen, sondern versteht sich als kompakte Übersicht und Impulsgeber zur
strategischen Planung eines systematischen Vorgehens. Zur detaillierten Ausgestaltung
einzelner Schritte kann der Leitfaden durch weitere Literatur ergänzt werden.

Erforderliche Grundlagen für das Verständnis der folgenden Ausführungen wurden
in Teil I (Digitale Geschäftsmodell-Innovationen mit Mixed Reality) des Buches gelegt,
insbesondere zu den Einsatzmöglichkeiten entlang der Wertschöpfungskette nach Porter
und vielversprechenden Geschäftsmodellmustern.

Im Folgenden Kap. 9 wird die Methodik zunächst in das Innovationsmanagement eingeordnet. Kap. 10 stellt das Vorgehensmodell zur Entwicklung innovativer Geschäftsmodelle mit XR-Technologien vor. Kap. 11 fasst die zentralen Aspekte des zweiten
Buchteils zusammen.

Einordnung in das Innovationsmanagement

9

Bevor das Vorgehensmodell vorgestellt wird, ist dieser Teil des Buches in den Kontext des Innovationsprozesses einzuordnen. Die wirtschaftliche Situation eines Unternehmens hängt entscheidend von dessen Innovationskraft und die der Mitarbeiter ab. Im globalen Wettbewerb wird ein Unternehmen langfristig nur erfolgreich sein, wenn es fortlaufend neue Ideen hervorbringt und diese bis zur Marktfähigkeit entwickelt. Dies gilt nicht nur für Produkte, Dienstleistungen und Prozesse, sondern ebenso für Geschäftsmodelle. Die erfolgreiche Umsetzung von Ideen zu Innovationen erfordert ein gezieltes Innovationsmanagement, das alle Aspekte von der Strategie über die Prozess- und Organisationsgestaltung bis zur Kultur umfasst. Innovationsmanagement bezeichnet die systematische Planung, Durchführung, Steuerung und Kontrolle der Innovationstätigkeit [145].

Der Innovationsprozess verfolgt das Ziel, Ideen systematisch mit den verfügbaren Ressourcen in ein marktfähiges Geschäftsmodell umzusetzen. Dabei folgt der Leitfaden den bewährten Phasen eines Innovationsprozesses von der Ideenfindung über die Ideenbewertung und -auswahl bis hin zur Umsetzung und laufenden Optimierung. Der Anstoß für den Innovationsprozess liefern die Technologien VR und AR, für die Kundennutzen zu identifizieren sind. Insofern handelt es sich um einen Technology-Push als Innovationsimpuls, um vorhandene oder latente Kundenbedürfnisse zu befriedigen. Dieser Ansatz steht im Gegensatz zu einem Market-Pull, bei dem Innovationen durch Bedürfnisse oder Probleme der Kunden angestoßen werden [190, 191].

Es sei darauf hingewiesen, dass die Strukturierung des Innovationsprozesses mithilfe eines Phasenmodells aufgrund seiner Komplexität, Variabilität und Unsicherheit durchaus Risiken birgt. Das Phasenmodell beschreibt einen idealtypischen Ablauf des Innovationsprozesses, der allerdings die individuellen Voraussetzungen eines Unternehmens nicht berücksichtigt. Die einzelnen Schritte sind in der Praxis oftmals nicht klar voneinander abzugrenzen. Eventuell werden einzelne Schritte übersprungen oder in einem iterativen Prozess mehrfach durchlaufen. Aus diesem Grund ist die Unterteilung

A. Grothus et al., *Digitale Geschäftsmodell-Innovation mit Augmented Reality und Virtual Reality,* https://doi.org/10.1007/978-3-662-63746-3_9

des Vorgehensmodells in fünf Schritte als Hilfsmittel zu verstehen, das zu einem gemeinsamen Verständnis der Teilnehmer am Innovationsprozess über Ziele, Inhalte und Werkzeuge je Schritt führt und den Weg von der Idee zur Umsetzung effektiv und effizient strukturiert.

Geschäftsmodelle mit VR und AR entwickeln: Fünf Schritte von der Idee zur Umsetzung

10

10.1 Überblick

Der nachfolgende Leitfaden gibt Unternehmen mit dem Vorgehensmodell einen chronologisch aufgebauten Orientierungsrahmen an die Hand, mit welchem sie Geschäftsmodell-Innovationen mit AR und VR erarbeiten und erfolgreich auf den Weg bringen können.

Das Vorgehensmodell setzt sich aus den in Abb. 10.1 dargestellten fünf Schritten zusammen. Der erste Schritt umfasst die Vorbereitung und die Analyse des Umfelds des Unternehmens. Dadurch wird eine geeignete Ausgangsbasis für die Ideenfindung in einem interdisziplinären Team im zweiten Schritt gelegt. Die Ideenfindung erfolgt sowohl mit bewährter Kreativitätsmethoden als auch mithilfe der Geschäftsmodellmuster entlang der Wertschöpfungskette (vgl. Teil 1). Bei der Ideenbewertung in Schritt Drei werden die Ideen des vorhergehenden Schritts evaluiert, um Erfolg versprechende Geschäftsmodell-Ideen herauszufiltern. Für die selektierten Ideen werden in Schritt Vier detaillierte Konzepte erstellt und die Implementierung geplant. Den letzten Schritt bildet die Überführung dieser Konzepte in Projekte zur Realisierung des Geschäftsmodells in Form der Markteinführung. Dabei sind Workshops ein zentrales Element des Vorgehensmodells.

10.2 Schritt 1: Vorbereitung und Analyse

10.2.1 Ziele und Inhalte

Der erste Schritt des Vorgehensmodells dient dazu, das Projektteam zusammenzustellen und die nächsten Schritte zu planen (Vorbereitung). Darüber hinaus ist eine gemeinsame

A. Grothus et al., *Digitale Geschäftsmodell-Innovation mit Augmented Reality und Virtual Reality*, https://doi.org/10.1007/978-3-662-63746-3_10

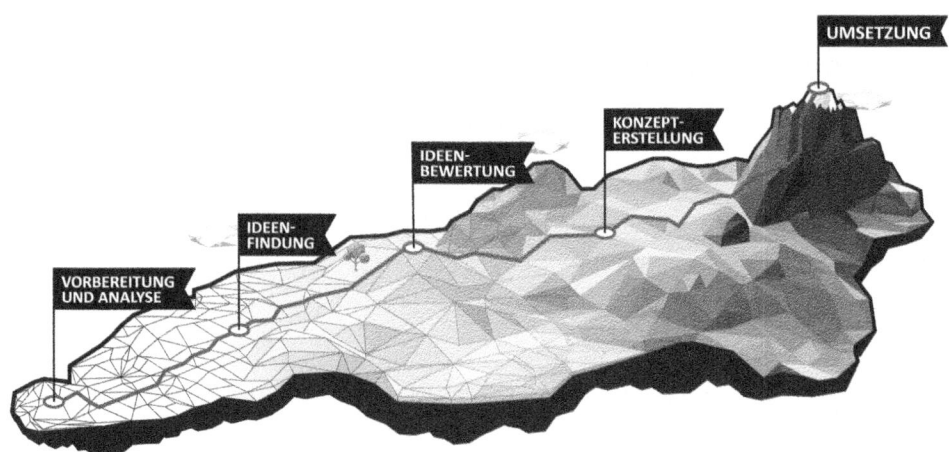

Abb. 10.1 Das GINXR-Vorgehensmodell als Leitfaden von der ersten Planung bis zur Umsetzung

Wissensbasis der Teilnehmer als Startpunkt für die Ideenfindung zu etablieren. Dafür ist ein gemeinsames Verständnis sowohl über das Umfeld und die Strategie des Unternehmens als auch über bestehende Kompetenzen und Geschäftsmodelle zu schaffen (Analyse).

10.2.2 Methodisches Vorgehen

Der erste Schritt – Vorbereitung und Analyse – gliedert sich in die folgenden drei Aktivitäten, um die darauf aufbauenden Workshops zielgerichtet und effizient durchführen zu können:

I. Projektplanung
II. Umfeldanalyse der Akteure und Einflussfaktoren des Geschäftsökosystems
III. Workshop-Planung

Projektplanung
Bei der Projektplanung sollte auf bewährte **Projektmanagement-Standards** wie etwa des Project Management Institute (PMI) zurückgegriffen werden, um das Projekt der Geschäftsmodell-Innovation im Hinblick auf Inhalt und Umfang (engl. Scope), Zeit, Kosten, Qualität, Risiko, Ressourcen, Kommunikation, Veränderungsmanagement und weitere Themenbereiche zu planen [192].

Die **Auswahl der richtigen Projektmanagementmethode** hat erheblichen Einfluss auf den Erfolg eines Projektes. Neben der Methode des klassischen

Wasserfallprojektmanagements stehen agile Methoden oder hybride Ansätze zur Auswahl. Bei hybriden Ansätzen werden projektabhängig Elemente beider Methoden genutzt. Den größten Einfluss auf die Wahl der richtigen Projektmanagementmethode hat der **Projektumfang** beziehungsweise der Projektinhalt. Wenn die Unsicherheit über den Projektumfang gering ist und die Anforderungen transparent und detailliert beschrieben werden, hat ein Vorgehen nach der klassischen Wasserfallmethode eine hohe Erfolgswahrscheinlichkeit. Die Verantwortlichkeiten, Rollen und Prozesse können von Anfang an klar zugeordnet und in einem systematischen, strukturierten Plan dokumentiert werden [193]. Der größte Nachteil des klassischen Projektmanagements, dass Annahmen zu Beginn zu falscher Planung führen, wäre in diesem Fall marginal. Sollten sich die Kundenanforderungen schnell ändern und unklar sein, ist die daraus resultierende Unsicherheit hoch. In diesem Fall zeigt das agile Projektmanagement seine Vorteile: zum Beispiel das schnelle Erkennen von veränderten Kundenanforderungen und die Fähigkeit, schnell und flexibel auf Fehler in der Umsetzung zu reagieren [194–196].

Ein kritischer Erfolgsfaktor ist die **Zusammenstellung des Projektteams** [196]. Das Team sollte sich interdisziplinär, bereichs- und eventuell unternehmensübergreifend zusammensetzen. Stammen die Teammitglieder aus unterschiedlichen Abteilungen bzw. betrieblichen Funktionen, so wird das Wissensspektrum erweitert und Fragestellungen aus verschiedenen Perspektiven beleuchtet [197]. Darüber hinaus haben die **Rahmenbedingungen im Unternehmen** erheblichen Einfluss auf das Projektmanagement und sind somit von hoher Relevanz bei der Auswahl der richtigen Projektmanagementmethode. Eine intensive Auseinandersetzung mit der Frage, welcher Projektmanagementansatz geeignet ist trägt maßgeblich zum Erfolg des Projektes bei. Hier kann ein Entscheidungsmodell wie beispielsweise [192] durch das Aufzeigen relevanter Kriterien den Entscheidungsprozess unterstützen.

Eine Geschäftsmodell-Innovation betrifft eine Vielzahl an Mitarbeitern über Abteilungsgrenzen hinweg. Entsprechend ist ein starkes und deutlich erkennbares **Engagement der Führungskräfte** unerlässlich, um eine erfolgreiche Kooperation des Projektteams mit der Linienorganisation zu erzielen [140]. Entscheidungsträger sind frühzeitig in das Projekt einzubinden, um sie über die Relevanz der Innovation und den Ablauf des Innovationsprozesses zu informieren.

Bei der Projektplanung ist darüber hinaus zu berücksichtigen, ob der Innovationsprozess einem offenen oder geschlossenen Modell folgt. Bei einem **geschlossenen Innovationsmodell** werden ausschließlich unternehmensinterne Ressourcen und Kapazitäten für den Innovationsprozess genutzt. Bei einem **offenen Modell** werden neben internen Kapazitäten ebenso externe Ressourcen wie beispielsweise Kunden, Wertschöpfungspartner oder Berater eingebunden, um interne Ressourcen zu schonen und frische Impulse oder eine Außensicht in den Innovationsprozess einfließen zu lassen. Je früher beispielsweise Kunden in den Innovationsprozess eingebunden werden, desto geringer ist die Gefahr, dass ein fertig entwickeltes Leistungsangebot von den potenziellen Käufern nicht angenommen wird [198].

Umfeldanalyse der Akteure und Einflussfaktoren des Geschäftsökosystems
Im Rahmen der Umfeldanalyse sind die **Akteure** und die **Einflussfaktoren** im
sogenannten Geschäftsökosystem des Unternehmens zu erfassen [143]. Der
Begriff Geschäftsökosystem bezeichnet ein Netzwerk von Organisationen, die ihre
komplementären Fähigkeiten und Kompetenzen für ein gemeinsames Ziel wie ein
umfassendes Leistungsangebot für eine Kundengruppe miteinander verbinden [150].

Umfeldanalyse der Akteure Bei den **Akteuren** handelt es sich um Kunden, externe
Partner, Wettbewerber und das eigene Unternehmen. Das Verständnis der Bedürfnisse der **Kunden** ist eine Grundvoraussetzung, um das Nutzenversprechen bzw. den
Wert der eigenen Leistungen für den Kunden erarbeiten zu können. Dabei sind sowohl
bestehende Kundengruppen als auch bisher unerschlossene Kundensegmente, auf deren
Markt eventuell noch keine Leistung angeboten wird, zu untersuchen. Für die kunden-
zentrierte Gestaltung von Geschäftsmodellen sind unter anderem die folgenden Fragen
zu beantworten:

- Welche Bedürfnisse haben die Kunden und wie können wir sie befriedigen?
- Welche Aufgaben müssen die Kunden bewältigen und wie kann das Unternehmen
  dabei unterstützen?
- Welche Art von Beziehung erwarten die Kunden vom Unternehmen?
- Für welches Nutzenversprechen sind die Kunden bereit zu zahlen?

Partner sind diejenigen Organisationen, die einen wesentlichen externen Beitrag zur
Leistungserstellung für den Kunden leisten. Beispiele sind Lieferanten von Inhalten,
Vertriebspartner, Anbieter komplementärer Dienstleistungen, aber auch Forschungsein-
richtungen und Verbände.
    Wettbewerber sind neben den Kunden und Partnern ein weiterer wichtiger Akteur.
Zunächst ist der relevante Wettbewerb zu identifizieren. Dies kann beispielsweise über
folgende Fragen erfolgen: Welche Unternehmen können das Kundenproblem ebenso
lösen? Wo würden die Kunden Leistungen beziehen, wenn unser Unternehmen heute
schließt? Eine Konkurrenzanalyse im Anschluss bringt Klarheit über die vorliegende
Wettbewerbssituation und liefert unter anderem Erkenntnisse zu Fähigkeiten, Stärken,
Schwächen, Marktleistung, Produktportfolio, Produktionsressourcen, Auslastungs- und
Automatisierungsgrad und der finanziellen Situation der Konkurrenten.

▶   „Die besten Ideen kommen mir, wenn ich mir vorstelle, ich bin mein eigener
    Kunde." Lazarus

Das eigene Unternehmen ist neben Kunden, Partnern und Wettbewerbern ist ebenso
zu untersuchen, um ein vollständiges Bild des Geschäftsökosystems zu erhalten. Ein
gemeinsames Verständnis der Vision und der Strategie des Unternehmens zu schaffen,
sodass diese beiden Aspekte bei der Ideenbewertung zielgerichtet aufgegriffen werden

können, ist von großer Bedeutung. Außerdem sollten in einer Reifegradanalyse die im Unternehmen vorhandenen Kompetenzen und bestehende Geschäftsmodelle im Bereich der VR und AR Technologien erhoben werden.

Im ersten Schritt der Analyse werden die aktuellen, unternehmensinternen Kompetenzen im Hinblick auf die Wertschöpfungsaktivitäten im Bereich AR und VR bewertet, beispielsweise das Designen digitaler Modelle, die Beschaffung von Software. Dies kann beispielsweise anhand von Punktwerten erfolgen, die je Wertschöpfungs-stufe entsprechend des Reifegrads der eigenen Kompetenzen vergeben werden, vgl. Tab. 10.1. In die Evaluation sollten möglichst viele Funktionsbereiche des Unternehmens eingebunden werden, wie beispielsweise Entwicklung, Produktmanagement, Einkauf, Produktion oder Logistik befragt werden, um die Analyse auf einer belastbaren Basis aufzubauen.

Tab. 10.1 Reifegrad bestehender Kompetenzen im Bereich der XR-Technologien

Punktwert	Reifegrad der Kompetenzen: Aktivi-täten sind…	Beschreibung des Reifegrads
0	… nicht vorhanden	Es sind keine Kompetenzen in diesem Bereich XR identi-fizierbar
1	… initial vorhanden	Es sind erste Kompetenzen und Wertschöpfungsprozesse erkennbar, allerdings sind die Prozessergebnisse nicht stabil wiederholbar Damit sind Kosten, Zeiten und Qualität der Aktivitäten nicht vorhersehbar
2	… wiederholbar	Es liegen Kompetenzen vor und ein grundlegender Prozess existiert. Die Erfahrungen mit vergangenen Aufträgen oder Projekten fließen gezielt in die Wertschöpfungsaktivitäten ein Zeiten sind relativ stabil und kontrollierbar. Kosten und Qualität der Ergebnisse unterliegen jedoch starken Schwankungen
3	… definiert	Wertschöpfungsaktivitäten sind beispielsweise in Form von Prozessbeschreibungen definiert und die Verantwortlich-keiten sind festgelegt Kosten und Zeiten sind relativ sicher bewertbar. Allerdings schwankt die Qualität der Ergebnisse
4	… gesteuert	Sowohl für das Ergebnis als auch für den Erstellungs-prozess werden quantitative Ziele vorgegeben, deren Erreichung gemessen und überwacht Zeiten, Kosten und Qualität sind zuverlässig kontrollierbar
5	… Gegenstand von Optimierungen	Die Aufbauorganisation sucht kontinuierlich nach Schwächen und verbessert die Aktivitäten und ihre Ergeb-nisse

Tab. 10.2 Reifegrade bestehender Geschäftsmodelle mit XR-Technologien

Punktwert	Reifegrad der Geschäftsmodelle	Beschreibung des Reifegrads
0	Nicht vorhanden	Es sind weder Ideen noch konkrete Umsetzungen von Geschäftsmodellen auf dieser Wertschöpfungsstufe identifizierbar
1	Ideen generiert	Es liegen Ideen für neue Geschäftsmodelle vor. Allerdings sind diese bisher weder unter Aspekten der Umsetzbarkeit noch der Wirtschaftlichkeit hinreichend evaluiert worden
2	Konzept erstellt und monetär bewertet	Ein belastbares Umsetzungskonzept für ein Geschäftsmodell liegt vor. Zur Erreichung des wirtschaftlichen Potenzials wurden konkrete mit Verantwortlichkeiten und Termine hinterlegte Maßnahmen definiert oder befinden sich bereits in Umsetzung. Ein monetärer Zielwert für das Konzept wurde im Rahmen einer Wirtschaftlichkeitsanalyse bestimmt
3	Pilot erfolgreich getestet	Das Geschäftsmodell ist im Hinblick auf die Dimensionen „Was-Wer-Wie-Wert" für einen Pilotbereich implementiert und erfolgreich validiert worden
4	Implementierung abgeschlossen	Das Geschäftsmodell ist im Hinblick auf die Dimensionen „Was-Wer-Wie-Wert" vollumfänglich implementiert. Allerdings steht ein Nachweis des wirtschaftlichen Erfolgs noch aus
5	Messbare Ergebniswirksamkeit	Das Geschäftsmodell wurde ergebniswirksam realisiert und lässt sich in der Gewinn- und Verlustrechnung nachweisen

Im zweiten Schritt sollten **bestehenden XR-Geschäftsmodelle** evaluiert werden, falls diese vorhanden sind. Dies erfolgt analog zum ersten Schritt anhand von Punktwerten, die jeder Wertschöpfungsstufe der Wertschöpfungskette nach Porter zugeordnet werden. Tab. 10.2 beschreibt beispielhaft die einem Punktwert zugeordneten Merkmale des Geschäftsmodells.

Das Ergebnis der Ist-Analyse des Unternehmens ist die Erstellung eines Profils über aktuell vorhandene Kompetenzen und Geschäftsmodelle im Bereich XR. So erlangen die Projektbeteiligten einen schnellen Überblick über die aktuelle Situation des eigenen Unternehmens.

Die folgenden **Leitfragen** in Tab. 10.3 helfen zusätzlich, die **Kernelemente der bestehenden Geschäftsmodelle,** also „Wer-Was-Wie-Wert?" detailliert zu erfassen.

Umfeldanalyse der Einflussfaktoren Neben den Akteuren müssen die wesentlichen Einflussfaktoren auf das Geschäftsökosystem erfasst werden, um ihre Auswirkungen auf ein potenzielles Geschäftsmodell zu verstehen. Als Einflussfaktoren sind die relevanten Technologien und Trends zu untersuchen. Neben Technologietrends sind **gesetzliche,**

Tab. 10.3 Leitfragen zur ganzheitlichen Erfassung des aktuellen Geschäftsmodells. (In Anlehnung an Gassman et al. (2013), S. 29 f. [143])

Wer? Kunden

- Welche Kunden bzw. -segmente werden hauptsächlich bedient? Nach welchen Kriterien werden die Kundensegmente unterschieden?
- Welche Art von Beziehung erwarten die Kunden und wie werden diese gepflegt? Wie viel kostet die Pflege der Kundenbeziehungen?
- Wer sind die wichtigsten Kunden?
- Welche wesentlichen weiteren Anspruchsgruppen bestehen und sind zu berücksichtigen?
- Über welche Absatzkanäle werden die Kunden bedient?
- Welche Gruppen beeinflussen die Kunden (Meinungsführer, Stakeholder, Anwender)?
- Werden die gleichen Kundensegmente von verschiedenen Unternehmensbereichen unterschiedlich angesprochen?
- Welche Menschen stecken hinter den Kunden? Sind dies immer noch die gleichen Menschen wie im nächsten Jahrzehnt? Insbesondere im Bereich der Geschäftskunden (B2B) wird der Mensch hinter dem Kunden vielfach vergessen

Was? Nutzenversprechen

- Welche Probleme und Bedürfnisse der Kunden werden gelöst oder befriedigt? Durch welche Produkte und Dienstleistungen geschieht dies?
- Was ist der wahrgenommene Kundenwert? Dieser ist oftmals nicht identisch mit den technischen Spezifikationen
- Welcher Wert oder Nutzen wird für den Kunden geschaffen? Wie wird dieser kommuniziert?
- Inwiefern unterscheidet sich das Leistungsangebot von der Konkurrenz? Welche Alternativen hat der Kunde?
- Erfüllt das heutige Geschäftsmodell die Kundenbedürfnisse wirklich?

Wie? Wertschöpfungskette

- Welche Schlüsselressourcen benötigt die Erstellung der Angebote bzw. des Nutzenversprechens? Ressourcen umfassen physische, personelle und finanzielle Ressourcen sowie geistiges Eigentum
- Welche Kompetenzen und Schlüsselaktivitäten sind für die Leistungserstellung erforderlich?
- Basiert die Wertschöpfungskette auf den Kernkompetenzen des Unternehmens?
- Wer sind die wichtigsten Partner in der Wertschöpfungskette? In welcher Beziehung stehen diese zum Unternehmen und was steuern sie zur Leistungserstellung bei?
- Wer sind die wichtigsten Lieferanten und was liefern sie?

Wert? Ertragsmechanik

- Welches sind die größten Kostenblöcke und wesentlichen Kostentreiber?
- Welches sind die Haupteinnahmequellen (sowie Anteile am Gesamtumsatz) und wie werden die Erträge generiert? Wofür sind die Kunden bereit zu zahlen?
- Wo bestehen finanzielle Risiken im derzeitigen Ertragsmodell?

makroökonomische, kulturelle und gesellschaftliche Trends zu untersuchen, um die Umgebung des Geschäftsmodells, insbesondere die Gestaltungsmöglichkeiten und Beschränkungen, zu erfassen.

Die folgende **Checkliste** fasst die **Umfeldanalyse der Akteure und der Einflussfaktoren** des Geschäftsökosystems zusammen (in enger Anlehnung an Gassmann, Frankenberger und Csik (2013) [143]).

- Wer sind die relevanten Akteure im Rahmen des bestehenden Geschäftsmodells?
- Was sind jeweils deren Bedürfnisse und Einflussmechanismen?
- Wie haben sich diese im Laufe der Zeit verändert? Wie werden sie sich zukünftig voraussichtlich ändern?
- Welche Implikationen ergeben sich hieraus für das Geschäftsmodell?
- Zeigen Veränderungen des Wettbewerbsumfelds Stoßrichtungen für eine Veränderung des Geschäftsmodells auf? Wenn ja, welche?
- Gab es in der Branche in der Vergangenheit wesentliche Innovationen verbreiteter Geschäftsmodelle? Wenn ja, was waren die Auslöser hierfür?
- Welche Technologien beeinflussen gegenwärtig das Geschäftsmodell?
- Wie verändern sich die Technologien? Wie sehen die Technologien in fünf oder zehn Jahren aus?
- Wie beeinflussen die zukünftigen Technologieentwicklungen das Geschäftsmodell?
- Was sind die relevanten Trends im Geschäftsökosystem des Unternehmens?
- Wie wirken diese Trends auf die unterschiedlichen Akteure eines Geschäftsmodells ein? Werden Schwächen oder Stärken des Geschäftsmodells durch diese verstärkt oder abgeschwächt?

Workshop-Planung

Ein maßgeblicher Teil der Aktivitäten zur Ideenfindung und -bewertung, sollte im Rahmen eines Workshops stattfinden. Zur Workshop-Planung gehört, neben den allgemeinen organisatorischen Aufgaben wie Raumplanung und Einladung der Teilnehmer, die Erstellung eines Drehbuchs, die Aufbereitung der Ergebnisse der Umfeldanalyse, die Vorbereitung von Impulsvorträgen und die Bestimmung eines Moderators. Ein Workshop Drehbuch ist ein Ablaufplan, der den Verlauf, die erforderlichen Materialien und eventuell die zu erzielenden Zwischenergebnisse eines Workshops aufzeigt. Für die Vorbereitung und Planung des Workshops sollte ausreichend Zeit aufgewendet werden und bei Bedarf, beziehungsweise fehlender Erfahrung, auf Literatur zur Planungsunterstützung zurückgegriffen werden. Der Erfolg des Workshops bemisst sich an der Qualität der Ergebnisse und ist die Basis für die weiteren Schritte zur Umsetzung. Wie fruchtbar der Workshop und die Ergebnisse sind, hängt insbesondere davon ab, wie der Workshop gestaltet und durchgeführt wird. Insofern ist eine qualitativ hochwertige Planung der Grundstein, um die während des Workshops gebundenen Kapazitäten effektiv und effizient zu nutzen.

10.2.3 Zusammenfassung Schritt 1: Analyse und Vorbereitung

Die Analyse und Vorbereitung dienen dazu, das Projektteam zusammenzustellen und die nächsten Schritte im Rahmen der Projektplanung vorzubereiten. Außerdem ist eine gemeinsame Wissensbasis der Teilnehmer als Startpunkt für die Ideenfindung zu etablieren. Dafür ist ein gemeinsames Verständnis über das Umfeld, das heißt die Akteure und Einflussfaktoren des Geschäftsökosystems, zu schaffen. Insbesondere sind bestehenden Kompetenzen und Geschäftsmodelle im Hinblick auf ihre Reifegrade zu analysieren, um erste Impulse für die Ideenfindung im folgenden Schritt zu erhalten.

10.3   Schritt 2: Ideenfindung

10.3.1 Ziele und Inhalte

Am Anfang von Innovationen stehen Ideen. Ideen sind Einfälle und Gedanken von Menschen zur Lösung von Problemen oder zur Optimierung bestimmter Sachverhalte. Die Ideenfindung erfordert Kreativität, also die Fähigkeit, neue und potenziell nützliche Ideen hervorzubringen. Ein systematischer Kreativitätsprozess weist mit dem divergierenden und dem konvergierenden Denken zwei Phasen auf, die getrennt voneinander organisiert werden sollten. **Divergierendes Denken** meint die breite Suche nach zahlreichen neuen Ansätzen. Diese Phase wird im Rahmen der Ideenfindung abgebildet. **Konvergierendes Denken** bedeutet eine zielgerichtete Evaluation der gefundenen Ideen, die im Rahmen der Bewertung im nachfolgenden Schritt Drei erfolgt. Dabei werden vielversprechende Ideen herausgefiltert, die in Schritt Vier zu Konzepten weiterentwickelt werden. Diese strikte Trennung in Schritte bzw. Denkphasen ermöglicht, dass die Fragestellung aus verschiedenen Perspektiven beleuchtet wird und neue Ideen nicht durch „Denkrahmen" eingeschränkt werden [199].

▶   „Der beste Weg, eine gute Idee zu haben, ist viele Ideen zu haben." Louis
      Pasteur

Das Ziel der **Ideenfindung** ist das Hervorbringen von Ideen für die anschließende Bewertung und Ausarbeitung von Konzepten. Dafür sind erprobte Werkzeuge und Prozesse bereitzustellen, um systematisch Innovationen in bereichs- und eventuell unternehmensübergreifenden Teams zu generieren. Bei der Ideenfindung erfolgt dies in zwei aufeinanderfolgenden Stufen. Bei der **offenen Ideenfindung** sammeln die Teilnehmer des Workshops Ideen mithilfe bewährter Kreativitätstechniken. Im zweiten Teil, der systematischen Ideenfindung, werden auf Basis geeigneter Geschäftsmodellmuster entlang der Wertschöpfungskette weitere Ideen generiert. Die offene Ideenfindung erfolgt vor der **systematischen Ideenfindung,** damit die Teilnehmer sich bei der Anwendung der Geschäftsmodellmuster auf das eigene Unternehmen konzentrieren können. Erkenntnisse aus der vorherigen Analyse der Kundenbedürfnisse, des Wettbewerbs und der eigenen Kompetenzen in Schritt Eins unterstützen die Ideenfindung als Anregungsinformation.

10.3.2 Offene Ideenfindung mit Kreativitätsmethoden

Kreativität ist die Fähigkeit zur Entwicklung neuer Ideen. Sie steht am Anfang einer Innovation, das bedeutet einer marktreifen Erfindung oder einer Leistung, für die Kunden bereit sind zu zahlen. Kreativität meint nicht die plötzliche Eingebung, die vom sprichwörtlichen Himmel fällt. Es handelt sich vielmehr um einen Prozess, der bewusst und systematisch betrieben werden sollte, um Ideen hervorzubringen, die sich zu marktrelevanten Geschäftsmodell-Innovationen entwickeln lassen. Aus dem großen Angebot bewährter Methoden zur Ideenfindung werden im Folgenden Brainstorming, Brainwriting und die Trend-Methode als erfolgreich getestete Methoden kurz skizziert.

Brainstorming

Der bekannteste Ansatz zur Ideenfindung ist das Brainstorming, das sich insbesondere für den Anfang der Ideenfindung eignet [199]. Beim Brainstorming wird eine Fragestellung in Form von „Wie könnten wir …" für die Teilnehmer sichtbar formuliert, um den richtigen Startpunkt zu setzen [200]. Die Teilnehmer nennen ihre Ideen, die der Moderator für alle sichtbar auf einem Flipchart oder einem Whiteboard notiert. Dabei werden alle Ideen ohne Kommentare oder Kritik akzeptiert. Bewertung und Auswahl der Ideen erfolgen erst im zweiten Schritt. Es gelten die folgenden Regeln [140, 145, 201]:

- Quantität vor Qualität: Je mehr Ideen erzeugt werden, desto besser.
- Keine Kritik oder Wertung: Jede Idee ist willkommen. Bewertungen und Diskussionen finden erst im Anschluss statt.
- Alle Ideen visualisieren, um Assoziationen zu fördern.
- Weiterentwicklungen und Ergänzungen zu bestehenden Ideen sind erlaubt und erwünscht.
- Der Bezug zur Fragestellung muss stets erkennbar sein.

Ziel des Brainstormings ist es, in kurzer Zeit möglichst viele Ideen zu finden [145]. Ähnlich wie in einem Workshop sind Quantität und Qualität der Ideen stark von der Erfahrung des Moderators, sowie der Motivation und dem Wissen der Teilnehmer abhängig.

Brainwriting

Eine Alternative stellt das sogenannte **Brainwriting** dar. Diese Methode ist als schriftliche Ideenfindungstechnik eine „stumme" Form des Brainstormings [199, 200]. Der synonyme Name 6-3-5-Methode steht für die Grundform des Brainwritings: Sechs Teilnehmer schreiben jeweils drei Ideen innerhalb von fünf Minuten auf ihr eigenes Arbeitsblatt [199]. Der Ablauf wird wie folgt organisiert: Als Startpunkt dient erneut eine Fragestellung in Form von „Wie könnten wir …". Die Teilnehmer werden in Kleingruppen eingeteilt. Auf einem Arbeitsblatt wird eine leere Tabelle mit sechs Zeilen und drei Spalten vorbereitet [145, 201].

Jeder Teilnehmer überlegt sich drei Ideen und schreibt diese in die erste Reihe der Tabelle. Nach fünf Minuten werden die Arbeitsblätter im Uhrzeigersinn an den jeweils nächsten Teilnehmer weitergereicht und jeder ergänzt in fünf Minuten drei weitere Ideen. Dabei können entweder die Ideen des vorherigen Teilnehmers weiterentwickelt oder weitere neue Ideen notiert werden. Ideen werden nicht diskutiert, lediglich Verständnisfragen sind erlaubt. Dies erfolgt so oft, bis eine komplette Runde durchlaufen wurde. Damit hat eine Gruppe bis zu 108 Ideen in nur 30 min gesammelt. Brainwriting weist wesentliche Vorteile im Vergleich zum Brainstorming auf: Zum einen bringt jeder Teilnehmer seine Ideen ein, auch langsamere bzw. introvertierte Teilnehmer [202]. Zudem werden Hemmungen, die durch Hierarchiegefälle verursacht sein können, abgeschwächt. Darüber hinaus ist die Qualität der Ideen oftmals höher, da die Teilnehmer mehr Zeit zum Überlegen als beim Brainstorming haben.

Trend-Innovationsmethode

In Schritt Eins des Leitfadens wurden bereits technologische, gesetzliche, makroökonomische, kulturelle und gesellschaftliche Trends untersucht, um die Umgebung des Geschäftsmodells zu erfassen. Solche Trends lassen sich für die Ideenfindung als Innovationsimpulse nutzen. Auf Basis von Trends werden alternative, in sich konsistente Zukunftsbilder in Form von Szenarien entworfen. Hierzu bringen die Teilnehmer ihr jeweiliges Wissen über die Entwicklung verschiedener Branchen und Bereiche ein. Als Ergebnis entstehen verschiedene Szenarien mit einem hohen Abstraktionsgrad aus der sich wiederum ein neues Wertangebot oder auch Geschäftsmodell ableiten lässt [203].

Ein Beispiel eines Megatrends ist die digitale Vernetzung. Wie solche Trends Impulse für die Geschäftsmodell-Innovation bieten können, wird anhand eines Beispiels deutlich. Die zunehmende Vernetzung kann zu einem verstärkten Bedarf von Online-Plattformen zur Vermittlung im Bereich AR & VR Anwendungen führen. Zum Beispiel in Form von Marktplätzen oder Vermittlungsportalen, um Anbieter und Nachfrager von digitalen Modellen und virtuellen Realitäten zusammenzubringen. Das Phänomen des Cocooning bezeichnet den Rückzug der Menschen in die private Geborgenheit, um der hektischen, globalisierten Welt zu entkommen. Dieser Trend eröffnet die Chance, dass Konsumgüter in der Zukunft vermehrt in der virtuellen Umgebung ausprobiert und gekauft werden oder bestimmte Angebote aus der physischen Realität in die virtuelle Realität überführt werden, zum Beispiel Urlaubsreisen.

Zusammenfassung

Als Methoden zur offenen Ideenfindung wurden Brainstorming, Brainwriting und die Trend-Innovationsmethode bzw. die Szenario-Technik vorgestellt. Unterstützend lassen sich weitere Kreativitätsmethoden einsetzen, um weitere Ideen zu generieren. Bei der Auswahl der Methoden ist darauf zu achten, dass diese dazu geeignet sind, mentale Denkschranken mit provozierenden Ansätzen zu durchbrechen und frische Ideen jenseits der vorherrschenden Branchenlogik fördern.

10.3.3 Systematische Ideenfindung entlang der Wertschöpfungskette

Innovationen sind vielfach neue Variationen von bereits existierenden Dingen [204]. Dabei bietet Bestehendes aus anderen Branchen oder Märkten Inspiration für die Anwendung existierender Geschäftsmodell-Elemente auf die eigene Situation [143]. Außerdem werden die Teilnehmer dazu angehalten, in Geschäftsmodellen zu denken – und nicht nur in Technologien, Produkten und Prozessen. Technologien wie VR und AR sind zwar vielfach die Treiber für neue Geschäftsmodelle, allerdings sind die meisten Technologien nicht nur einer breiten Basis an Unternehmen bekannt, sondern auch frei am Markt verfügbar. Der Wettbewerbsvorteil entsteht erst mit der betriebswirtschaftlichen Verwertung der technischen Potenziale im Rahmen einer Geschäftsmodell-Innovation.

> Erfolg versprechende Geschäftsmodellmuster entlang der typischen Wertschöpfungskette nach Porter dienen als Impuls zur systematischen Ideenfindung

Ein Großteil aller Geschäftsmodell-Innovationen sind Rekombinationen von 55 unterscheidbaren Mustern. Ein Geschäftsmodellmuster (synonym: Geschäftsmodelltyp) ist eine generelle Beschreibung der Funktionsweise von Geschäftsmodellen. Jeder Stufe der Wertschöpfungskette nach Porter sind in Kap. 5 erfolgsversprechende Geschäftsmodellmuster zugeordnet und teilweise mit Beispielen aus der Praxis hinterlegt.

Die systematische Ideenfindung basiert auf der sogenannten **Musteradaption** [143]. Bei der Musteradaption sind die Geschäftsmodellmuster jeweils gedanklich auf das eigene Unternehmen zu übertragen, um so neue Ideen für Geschäftsmodelle zu generieren. Die Geschäftsmodellmuster entlang der Wertschöpfungskette nach Porter dienen als Inspirationsquelle: Welches Anwendungsbeispiel aus der Praxis könnte Potenziale für das eigene Unternehmen aufweisen? Welche Ideen aus der Literatur klingen vielversprechend? Wie lässt sich ein Beispiel sinnvoll weiterentwickeln oder aufs eigene Unternehmen anpassen? Bei der Adaption der Geschäftsmodellmuster auf das eigene Unternehmen lassen sich die Vorgehensweisen Übertragen, Kombinieren und Wiederholen anwenden. Beim **Übertragen** wird ein bestehendes Geschäftsmodell auf eine neue Branche transferiert. **Kombinieren** bedeutet, dass zwei oder mehr Geschäftsmodellmuster anderer Unternehmen auf das eigene Unternehmen übertragen und kombiniert werden. Beim **Wiederholen** wird ein erfolgreiches Geschäftsmodell aus einem anderen Produktbereich für einen neuen Bereich implementiert [143].

10.3.4 Präsentation der Ideen in einem Workshop

Nach Abschluss der Ideenfindung liegen zahlreiche Ideen vor, die erfasst und gespeichert werden müssen. Dafür stellen die einzelnen Gruppen drei Ideen vor den anderen

Tab. 10.4 NABC-Ansatz zur Vorstellung von Ideen. (Nach Gassmann, Frankenberger und Csik (2013) [143])

NEED Kundenbedürfnis	APPROACH Ansatz für Leistungs- erbringung	BENEFIT Nutzen/Wert	COMPETITION Wettbewerb
• Welches Bedürfnis welcher Kunden wird bedient? • Was sind unsere Chancen bei diesen Kunden?	• Welchen Ansatz für das Leistungsver-sprechen verfolgen wir? • Wie wird die Leistung erbracht bzw. Wert generiert?	• Was ist der Nutzen bzw. der Wert für den Kunden? • Welchen Wert erzielt das Unternehmen? • Qualitative und quantitative Aspekte?	• Was gibt es für alter-native Leistungsan-gebote? • Wer ist der Wett-bewerb und was bietet dieser den Kunden? • Wie führt diese Lösung zu einer Differenzierung zum Wettbewerb?
Kundensicht	**Innensicht**	**Wertsicht**	**Außensicht**

Teilnehmern vor. Zur Präsentation der Ideen lässt sich der in Tab. 10.4 dargestellte **NABC-Ansatz** aus dem Design Thinking nutzen [143]. Das Akronym NABC steht für Need (Kundenbedürfnis), Approach (Lösungsansatz), Benefit (Nutzen, Wert) und Competition (Wettbewerb) [205]. Bei diesem Ansatz werden die Ideen aus vier wett-bewerbsrelevanten Perspektiven – der Kunden-, Innen-, Wert- und Außensicht – in maximal zwei Minuten vorgestellt (engl. Elevator Pitch). Nach der Präsentation der Idee vor der Gruppe kann Feedback eingeholt werden, um die Idee iterativ weiterzuentwickeln.

10.3.5 Zusammenfassung Schritt 2: Ideenfindung

Die Ideenfindung dient dem Hervorbringen von Ideen für innovative Geschäftsmodelle. Dies erfolgt zum einen über die offene Ideenfindung mit Kreativitätstechniken wie Brainstorming, Brainwriting oder der Trend-Innovationsmethode. Zum anderen werden Ideen mithilfe der systematischen Ideenfindung entlang der Wertschöpfungskette nach Porter und bewährten Geschäftsmodellmustern generiert.

10.4   Schritt 3: Ideenbewertung

10.4.1 Ziele und Inhalte

Die Wahrscheinlichkeit des wirtschaftlichen Erfolgs einer innovativen Idee zu erhöhen und das Risiko eines Fehlschlags zu minimieren ist das Ziel der Ideenbewertung. Die einzelnen Ideen werden dabei im Hinblick auf ihre Marktfähigkeit und Wirtschaftlichkeit

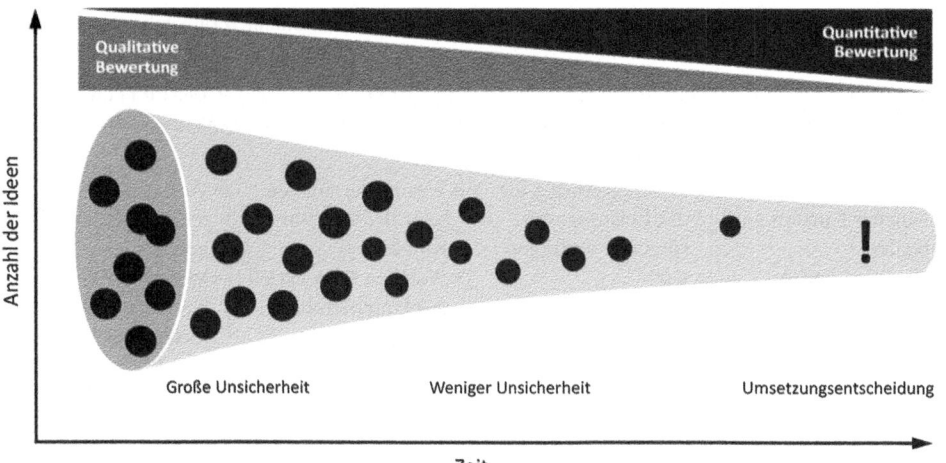

Abb. 10.2 Filterprozess der Ideenbewertung mit qualitativen und quantitativen Methoden

in eine Rangfolge gebracht. Ziel ist die Identifikation derjenigen Geschäftsmodell-Ideen mit hohem Marktpotenzial bei geringem Ressourceneinsatz bzw. guter Ausnutzung der eigenen Stärken.

> „Im Nachhinein ist jede gute Idee logisch, aber um dorthin zu gelangen, muss man die Denkrichtung ändern." de Bono

Bei der Ideenbewertung werden die zuvor erarbeiteten Ideen für innovative Geschäfts-modelle evaluiert, beispielsweise im Hinblick auf ihre technische Realisierbarkeit, ihren potenziellen Markterfolg oder ihres Beitrags zu den strategischen Zielen des Unternehmens. Für die Präferenzbildung beurteilen die Teilnehmer die im Workshop erarbeiteten Ideen hinsichtlich ihres Erfolgspotenzials. Dies erfolgt in Form des in Abb. 10.2 dargestellten **zweistufigen Filterprozesses.** Zunächst werden die Ideen mit **qualitativen Methoden** wie etwa Checklisten und Nutzwertanalysen beurteilt. Danach werden die vorselektierten Ideen mit **quantitativen Methoden** wie Wirtschaftlichkeits-berechnungen weiter bewertet und selektiert [145].

Übliche **Merkmalskategorien** zur Festlegung unternehmensspezifischer Bewertungs-kriterien sind ökonomische Merkmale wie Return-on-Investment und Gewinn, techno-logische Merkmale wie Integrationsfähigkeit in bestehende Prozesse und Strukturen, absatzwirtschaftliche Merkmale wie Marktvolumen und Wettbewerbssituation, strukturelle Merkmale wie personelle Kompetenzen und räumliche Kapazitäten, zeit-liche Merkmale wie Dauer der Realisierung und Amortisationszeit sowie sonstige

Merkmale wie ökologische Folgewirkungen und rechtliche Rahmenbedingungen. Diese Bewertungskriterien sind im Hinblick auf ihre Bedeutung für den Innovationserfolg unternehmensindividuell zu gewichten [145].

10.4.2 Qualitative Methoden der Ideenbewertung

Die qualitative Ideenbewertung dient als erster grober Filter dazu, mit relativ geringem Bewertungsaufwand eine Vorauswahl von Ideen zu treffen. Dabei werden insbesondere solche Ideen eliminiert, die eindeutig als nicht tragfähig oder implementierbar erachtet werden, beispielsweise aufgrund von finanziellen oder kapazitativen Restriktionen bei der Umsetzung. Als Werkzeuge werden im Folgenden die Methode der sechs Denkhüte, die Innovations- und die Strategie-Fit-Checkliste, die 2×2-Matrix, der Paarvergleich und die Nutzwertanalyse vorgestellt.

Sechs-Denkhüte als Methode zur Ideenbewertung

Verbale Einschätzungen sind ein schnelles und einfaches Verfahren zur qualitativen Bewertung. Eine Methode hierfür sind die Sechs-Denkhüte [206], auch als „laterales Denken" bekannt [205]. Dabei handelt es sich um eine Diskussion von sechs Teilnehmern, die jeweils einen vorher festgelegten Blickwinkel auf eine Geschäftsmodell-Idee einnehmen. Die Farbe eines Hutes symbolisiert einen von sechs vordefinierten Blickwinkeln, aus dem während der Diskussion vom jeweiligen Teilnehmer mit einer bestimmten Hut-Farbe argumentiert wird. Alle Teilnehmer nehmen eine durch ihre Hutfarbe definierte Rolle bzw. Sichtweise ein, vgl. Tab. 10.5. Die Hüte lassen sich alternativ

Tab. 10.5 Methode der sechs Denk Hüte – Perspektiven und Eigenschaften der Hüte

Hut bzw. Perspektive	Eigenschaften der Rolle
Weißer Hut: Analytisches Denken (Fakten)	Steuert neutrale Daten, Zahlen, Fakten und Informationen bei; ohne Emotion, Wertung
Roter Hut: Emotionales Denken (Gefühle)	Äußert persönliche Meinungen und Gefühle, Intuition
Schwarzer Hut: Kritisches Denken (Risiken)	Äußert als Kritiker Bedenken, betont mögliche Schwierigkeiten und Hindernisse, „sieht schwarz"
Gelber Hut: Optimistisches Denken (Chancen)	Agiert positiv und konstruktiv, ist von Optimismus erfüllt und denkt in Chancen
Grüner Hut: Kreatives Denken (Ideen)	Entwickelt neue Ideen, denkt über den „Tellerrand" hinaus und bringt Denk-Impulse ein
Blauer Hut: Ordnendes Denken (Prozesse)	Organisation und Steuerung des Diskussionsprozesses, strukturiert und fasst als Moderator Ergebnisse zusammen

durch farbige Karten, auf denen die Eigenschaften der einzunehmenden Rolle notiert sind, ersetzen.

Der Moderator erläutert als Startpunkt die zu bewertende Geschäftsmodell-Idee und die Regeln. Üblicherweise beginnt der weiße Hut, um den Diskurs mit neutralen Fakten und Informationen zu starten. Im Folgenden formulieren die Teilnehmer nacheinander eine Aussage zur Geschäftsmodell-Idee im Sinne von „Wenn ich für einen Moment den [Farbe] Hut aufsetze, würde ich sagen, dass …". Die Aussagen werden schriftlich auf einem Flipchart oder mit Karten an einer Pinnwand gesammelt. Als Ergebnis wird nach mehreren Runden mit wechselnden Hutfarben je Teilnehmer ein ausgewogenes Meinungsbild erzielt [206].

Das Geschäftsmodell wird somit gezielt und systematisch aus unterschiedlichen Perspektiven betrachtet. Eine einseitige Betrachtung der Geschäftsmodell-Idee und das Phänomen des Groupthink werden verhindert, da verschiedene Teilnehmer bzw. Hüte jeweils unterschiedliche Sichtweisen einbringen.

Checklisten zur Ideenbewertung
Mithilfe von Checklisten lassen sich verschiedene Bewertungskriterien zusammenstellen, die für die Beurteilung der Ideen aus Unternehmenssicht von grundlegender Bedeutung sind. Abb. 10.3 und 10.4 bieten illustrative Beispiele für eine **Innovations- und Strategie-Fit-Checkliste.** Bei den zu bewertenden Merkmalen sollte zwischen

Bezeichnung der Idee	…	
Beschreibung / Kundennutzen	…	
Umsetzbarkeit ☐ leicht ☑ mittel ☐ schwierig	**Stärken**	**Chancen / Nutzen**
Marktpotenzial ☑ hoch ☐ mittel ☐ niedrig	• … • … • …	• … • … • …
Investitionen ☐ niedrig ☐ mittel ☑ hoch	**Schwächen**	**Risiken**
Gesamtbeurteilung ☑ Sehr gute Idee ☐ Gute idee ☐ Verwerfen	• … • … • …	• … • … • …
Fazit / Empfehlung	…	

Abb. 10.3 Beispiel einer Innovationscheckliste zur Ideenbewertung

Die Innovation ...	Zutreffend					
	Nicht	Wenig	Teilweise	Wesentlich	Vollständig	Bemerkungen
...hilft uns, unsere **Vision** umzusetzen	✓					
...hilft uns, unsere **Unternehmensziele** zu erreichen			✓			
...unterstützt unsere **Marktpositionierungsziele**		✓				
...entspricht unserer **Technologiestrategie**				✓		
...erfüllt die Anforderungen der **Produktions-** und **Logistikstrategie**					✓	
...verschafft uns **Wettbewerbsvorteile**		✓				
...baut auf unseren bestehenden **Kernkompetenzen** auf			✓			

Abb. 10.4 Beispiele einer Strategie-Fit-Checkliste zur Ideenbewertung

sogenannten Muss- und Kann-Kriterien unterschieden werden. **Muss-Kriterien** sind Merkmale, die eine Idee zwingend aufweisen muss, um weiter untersucht zu werden. Darunter fallen auch K.-o.-Kriterien wie etwa die Realisierbarkeit der Idee, die Vereinbarkeit mit dem Leitbild des Unternehmens oder die Übereinstimmung mit den gesetzlichen Rahmenbedingungen. **Kann-Kriterien** müssen nicht zwingend von einer Idee erfüllt werden, erhöhen aber die Attraktivität der Idee im Vergleich zu den Alternativen [145].

2×2-Matrix zur Ideenbewertung

Die 2×2-Matrix bietet einen visuellen Überblick über die Qualität der Ideen anhand von zwei Kriterien. Damit ist es möglich, eine größere Menge an Ideen zu bewerten und die zu beurteilende Menge an Ideen für die nachfolgende quantitative Analyse weiter zu reduzieren [199].

Zunächst wird eine Vierfelder-Matrix analog zu Abb. 10.5 auf ein Flipchart oder ein Whiteboard gezeichnet. Für die beiden Achsen sind zwei Kriterien zu bestimmen, anhand derer die Ideen zu bewerten sind. Typische Kriterien sind beispielsweise Umsatzpotenzial, Wirtschaftlichkeit, Implementierungsaufwand, Investitionsrisiko, Marktrisiko, Strategie-Fit, Differenzierungspotenzial vom Wettbewerb, Ressourcenverfügbarkeit oder Technologiebeherrschbarkeit.

Für jedes Kriterium sind auf den Achsen zwei Stufen dargestellt: Schwache versus starke Merkmalsausprägung. Jede Idee wird auf Basis einer Gruppendiskussion auf

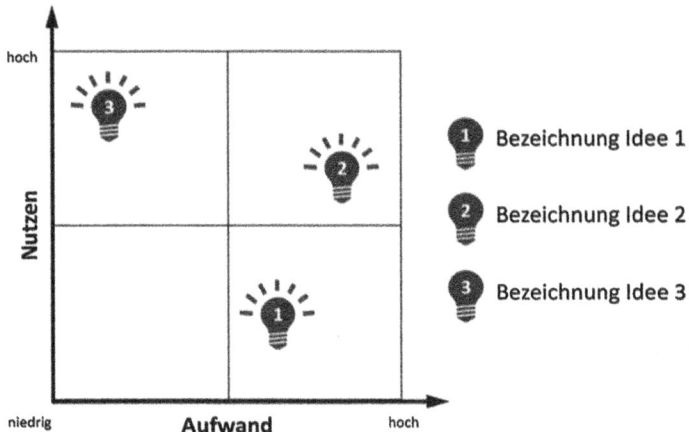

Abb. 10.5 Beispiel einer 2 × 2-Matrix zur Ideenbewertung

Abb. 10.6 Paarvergleich zur
Rangfolgebildung von Ideen

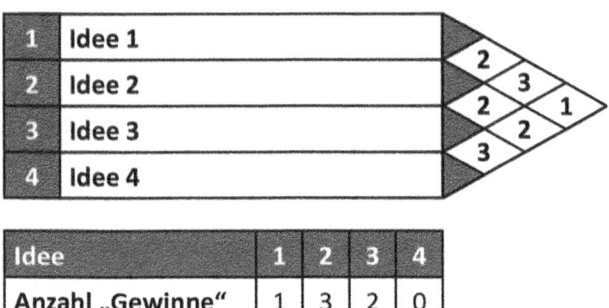

der Matrix eingeordnet. Da keine Skalierung außer den vorgenannten Merkmalsaus-
prägungen vorliegt, ist die Positionierung das Ergebnis der qualitativen Diskussion der
Teilnehmer. Dabei ist insbesondere ein Augenmerk auf die Relation der Positionierung
der Ideen untereinander zu legen.

Paarvergleich zur Ideenbewertung
Paarvergleiche sind hilfreich, um das Suchfeld durch schrittweises Filtern einzugrenzen.
Für einen Paarvergleich sollten sich die Ideen inhaltlich nicht überschneiden und voneinander unabhängig sein. Anhand einer Matrix wie im Beispiel der Abb. 10.6 wird jede
Idee jeweils paarweise mit allen anderen Ideen verglichen. Der „Gewinner" im Sinne
einer besseren Erfüllung der relevanten Bewertungskriterien wird im rechten Bereich
der Matrix vermerkt. Im Beispiel ist die Idee Zwei der Idee Eins vorzuziehen. Das
Ranking der Ideen wird ermittelt, indem die Anzahl der „Gewinne" der Paarvergleiche
gezählt werden. Im Beispiel ist die Idee Zwei am höchsten zu priorisieren. Sollte sich ein
Gleichstand zweier Ideen ergeben, so ist die Rangfolge im direkten Vergleich der beiden

Ideen zu ermitteln. Der direkte Vergleich fördert eine intensive Auseinandersetzung der Teilnehmer mit den Ideen [199, 201].

Nutzwertanalyse zur Ideenbewertung
Bei der Nutzwertanalyse, auch bekannt als Punktbewertungsmodell, wird eine größere Anzahl von Ideen mit mehreren Kriterien bewertet und entsprechend der Präferenzen der Beurteilenden in einer Rangfolge angeordnet, vgl. Tab. 10.6.

Für die Nutzwertanalyse wird eine Matrix aufgestellt. Dafür werden in den Zeilen die Bewertungskriterien und in den Spalten die unterschiedlichen Ideen abgebildet. Im nächsten Schritt werden diese Kriterien nach ihrer Bedeutung für das Unternehmen gewichtet, um die Präferenzordnung zwischen den Unterzielen abzubilden. Die Summe der Gewichte muss in Summe 1 (bzw. 100 %) ergeben.

Die Vergabe eines Punktwerts für ein Bewertungskriterium erfolgt auf Basis der subjektiven Einschätzung der Gruppe. Bei der Verwendung einer Hunderter-Skala repräsentiert der Punktwert 80 einen hohen Erfüllungsgrad. Demgegenüber bedeutet der Punktwert 25 eine geringe Bewertung. Im letzten Schritt werden die Punktwerte mit den Gewichten je Kriterium multipliziert und dadurch in Nutzwerte überführt. Die spaltenweise Addition der Nutzwerte je Idee ergibt den Gesamtnutzwert. Am vorteilhaftesten ist die Idee mit dem höchsten Gesamtnutzwert.

10.4.3 Zusammenfassung Schritt 3: Ideenbewertung

Bei der Ideenbewertung werden aus der Vielzahl alternativer Einfälle die Erfolg versprechenden Ideen selektiert. Dafür werden die Ideen in einem Filterprozess mithilfe qualitativer Werkzeuge beurteilt, beispielsweise mit der Methode der sechs Denk Hüte, Checklisten, der 2 × 2-Matrix, dem Paarvergleich und der Nutzwertanalyse.

Die Ergebnisse der Ideenbewertung sollten als aktueller Arbeitsstand an die relevanten Führungskräfte und Entscheider kommuniziert werden, um sie als Förderer für den weiteren Projektverlauf zu gewinnen und spätere Entscheidungen frühzeitig vorzubereiten. Dies kann beispielsweise erfolgen, indem erste Skizzen einer Geschäftsmodell-Innovation mithilfe des NABC-Ansatzes vorgestellt werden. Die als tragfähig erachteten Ideen werden im Anschluss zu Konzepten für Geschäftsmodelle weiterentwickelt.

10.5   Schritt 4: Konzepterstellung

10.5.1 Ziele und Inhalte

Im Rahmen der Konzepterstellung sind die im vorherigen Schritt ausgewählten Geschäftsmodell-Ideen inhaltlich so weit auszuarbeiten, dass diese den Entscheidungsträgern zur Genehmigung vorgelegt und im Rahmen von Umsetzungsprojekten realisiert

Tab. 10.6 Beispiel einer Nutzwertanalyse zur Ideenbewertung

Bewertungskriterien	Gewichtung	Idee A		Idee B		Idee C	
		Punkte	Bewertung	Punkte	Bewertung	Punkte	Bewertung
Fit zum aktuellen Kompetenzprofil	0,5 =50 %	70	35	10	5	50	25
Fit zu strategischen Zielen	0,3	60	18	60	18	70	21
Wettbewerbsvorteil	0,1	25	3	10	1	40	4
Investitionsvolumen	0,05	80	4	75	4	60	3
Risiko	0,05	45	2	20	1	80	4
SUMME	**1**		**62**		**29**		**57**

werden können. Die Herausforderung liegt vor allem darin, die nicht greifbaren Ideen auf realisierbare Umsetzungsschritte zu reduzieren, deren Nutzen für das eigene Unternehmen konkret und auch monetär bezifferbar ist.

10.5.2 Methoden zur Konzepterstellung

Ein Geschäftsmodell beschreibt das Grundprinzip, wie ein Unternehmen Werte für seine Kunden schafft und Erträge generiert. Dieses basiert auf den vier Kernelementen Zielkunden, Nutzenversprechen, Wertschöpfungskette und Ertragsmechanik. Auf Basis dieser vier Elemente „Wer-Was-Wie-Wert" lassen sich Geschäftsmodelle konkretisieren und veranschaulichen [140, 143].

Fragen

WER sind die Zielkunden?
WAS bietet das Unternehmen den Kunden als Nutzenversprechen an?
WIE erstellt das Unternehmen die Leistung?
Wie wird **Wert** erzielt bzw. Umsatz generiert?

Bei der Erstellung eines Konzepts für ein neues Geschäftsmodell ist sowohl das Zusammenspiel der Elemente Wer-Was-Wie-Wert untereinander herauszuarbeiten als auch der Fit zum Unternehmen und seiner Strategie darzustellen. Außerdem ist die Ausrichtung des Geschäftsmodells auf die aktuellen Bedürfnisse der Kunden und zukünftige Entwicklungen wie Trends und sich ändernde Marktbedingungen zu erläutern. Zur Konzeptionierung des Geschäftsmodells dienen die Leitfragen aus Schritt „Vorbereitung und Analyse", die die Kernelemente „Wer-Was-Wie-Wert" beschreiben, vgl. Tab. 10.3. Alternativ lässt sich die Methode des Business Model Canvas anwenden.

10.5.3 Zusammenfassung Schritt 4: Konzepterstellung

Bei der Konzepterstellung sind die bei der Ideenbewertung ausgewählten Geschäftsmodell-Ideen inhaltlich so weit auszuarbeiten, dass insbesondere die vier Kernelemente des Geschäftsmodells konkretisiert wurden. Wer sind die Zielkunden? Was bietet das Unternehmen den Kunden als Nutzenversprechen an? Wie erstellt das Unternehmen die Leistung? Wie wird Wert erzielt und Umsatz generiert? Für die Konzepterstellung bietet die Business Model Canvas eine Struktur als skalierbaren Baukasten.

10.6   Schritt 5: Umsetzung

10.6.1 Ziele und Inhalte

Das Ziel ist zum einen die Umsetzung des in Schritt 4 erarbeiteten Konzepts in ein marktfähiges und wirtschaftlich erfolgreiches Geschäftsmodell. Zum anderen sind die organisatorischen Rahmenbedingungen für den operativen Betrieb des Geschäftsmodells zu gestalten.

▶   „Eine Idee muss Wirklichkeit werden können, oder sie ist eine eitle Seifen-
    blase." Berthold Auerbach

Für die Implementierung wird von einem sogenannten Big-Bang-Ansatz abgeraten, bei dem das neue Geschäftsmodell vollständig realisiert und zu einem bestimmten Zeit-punkt vollumfänglich in den operativen Betrieb überführt wird [143]. Vielmehr sollte das theoretische Konzept in Prototypen überführt werden, um das Geschäftsmodell testen und weiterentwickeln zu können [205]. Ein Prototyp-Ansatz begrenzt das Risiko eines Misserfolgs und ermöglicht iteratives Lernen.

Der Schritt der Umsetzung geht über die erstmalige Implementierung des Konzepts in der Praxis hinaus. Er umfasst ebenso die fortlaufende Bewertung des Geschäftsmodells und das Überprüfen des dynamischen Umfelds, sowohl im Hinblick auf die Akteure des Geschäftsökosystems als auch technologische, gesetzliche, makroökonomische, kulturelle und gesellschaftliche Trends.

10.6.2 Methoden zur Umsetzung

Der Schritt der Umsetzung dient dazu, die Konzepte des vorherigen Schritts in Proto-typen des Geschäftsmodells umzuwandeln, diese zu testen und bis zur Markteinführung weiterzuentwickeln. Dafür wird im Folgenden zunächst der **Design-Thinking-Prozess (I)** vorgestellt. Außerdem sind die **organisatorischen Rahmenbedingungen für den operativen Betrieb (II)** des Geschäftsmodells aufzubauen. Abschließend werden aus-gewählte **Erfolgsfaktoren für die Umsetzung (III)** erläutert.

Design Thinking Design Thinking ist eine Methode zum Hervorbringen von Innovationen, die in einem iterativen Prozess Lösungen für Probleme bzw. Bedürf-nisse von Kunden und Nutzern liefert [205]. Der Begriff Design ist hier nicht auf die ästhetische Gestaltung von Produkten verengt, sondern umfasst ebenso die konzeptionelle und technische Gestaltung von Systemen.

Hier soll es nicht um Design Thinking als Kultur oder Denkhaltung gehen. Vielmehr wird Design Thinking als Prozess aufgefasst, um die Innovationsaktivitäten für eine

Abb. 10.7 Iterative
Design-Thinking-Zyklen
zur Umsetzung und
Weiterentwicklung des
Geschäftsmodells

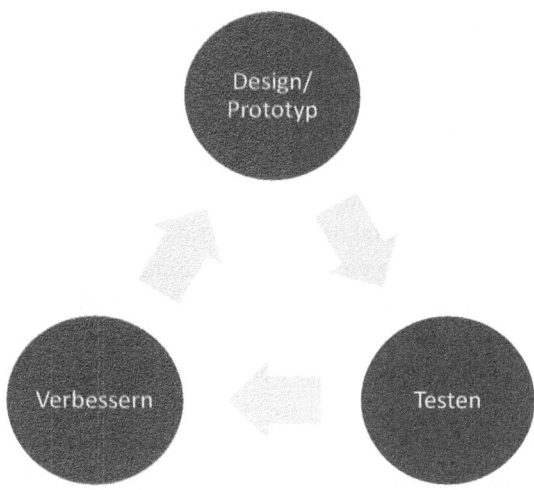

Gruppe von Teilnehmern zu strukturieren. Der Ausgangspunkt des Innovationsprozesses ist der Kunde bzw. der Nutzer und seine Bedürfnisse. Statt eines Big-Bang-Ansatzes bei der Implementierung des Geschäftsmodells werden Prototypen entwickelt, diese mit dem Kunden getestet und auf Basis der Rückmeldungen weiterentwickelt, vgl. Abb. 10.7.

Damit das Nutzenversprechen der Geschäftsmodell-Innovation diese Bedürfnisse wirklich erfüllt, wird der Kunde bei der Nutzung des Produkts oder der Dienstleistung beobachtet, um Lösungen abzuleiten [199]. Dies erfordert den frühzeitigen Einsatz von Prototypen, um ein evolutionäres Lernen und Verbessern des Leistungsangebots zu ermöglichen.

▶   „Fail early to succeed sooner." Tim Brown

Die **Schritte des Design-Thinking-Prozesses** sind iterativ. Dies bedeutet, dass einzelne Abschnitte des Prozesses eventuell so lange wiederholt werden, bis eine zufriedenstellende Lösung erzielt wurde. Insofern sind die nachfolgend dargestellten Schritte des Design-Thinking-Prozesses nicht zwingend linear aufzufassen. Die Inhalte der ersten vier Schritte finden sich ebenso in der Struktur des vorliegenden Leitfadens.

Design-Thinking-Prozess

1. **Verstehen:** Es sind möglichst viele Daten, Fakten und Fragen zu sammeln, um einen Sachverhalt zu erfassen, insbesondere zu den Kunden und anderen Anspruchsgruppen.
2. **Beobachten:** Um bisher nicht identifizierte bzw. adressierte Kundenbedürfnisse zu ermitteln, müssen diese durch Beobachtung der Kunden bzw. Nutzer und Interviews erfasst werden.

3. **Synthese:** Aus den in den ersten beiden Schritten gesammelten Informationen sind die zentralen Erkenntnisse in einen nachvollziehbaren Gesamtzusammenhang zu bringen. Eine dafür eingesetzte Visualisierung wird als Framework bezeichnet.
4. **Ideen entwickeln:** Es sind möglichst viele Ideen zu entwickeln, um daraus diejenigen mit dem größten (Weiterentwicklungs-)Potenzial auszuwählen.
5. **Prototypen:** Ideen für den Nutzer erfahrbar gestalten, sodass diese schrittweisen und iterativ zu funktionierenden Lösungen weiterentwickelt werden können.
6. **Testen:** Die entwickelte (Zwischen-)Lösung in Form des Prototyps ist daraufhin zu prüfen, ob sie vom Nutzer verstanden, akzeptiert und zur Befriedigung seiner Bedürfnisse angewendet werden kann. Auf Basis der Rückmeldungen der Nutzer wird die vorliegende Lösung weiterentwickelt bzw. verfeinert.

Für die Umsetzung des Geschäftsmodells sind insbesondere die Gestaltung von Prototypen und das Testen dieser Prototypen durch die Kunden relevant, sodass diese im Folgenden aufgegriffen werden.

Prototypen Prototyping ist die Konkretisierung des Konzepts des Geschäftsmodells [143]. Prototypen validieren als „Studienmodell" Annahmen, beschleunigen den Erkenntnisfortschritt und damit die Umsetzung. Das Erstellen eines Prototyps zielt auf die Annäherung einer Idee an seine spätere finale Form. Die Idee soll möglichst schnell und einfach erfahrbar sein, um ein gemeinsames Verständnis zu erlangen, und die Idee verfeinern bzw. verbessern zu können. Prototypen machen abstrakte Konzeptideen begreifbar und erleichtern das gemeinsame Verständnis neuer Ideen im Team. Das Konzept lässt sich anhand eines Prototyps, am besten zusammen mit dem Kunden, testen und verfeinern. Als gedankliches Hilfsmittel zum Erproben neuer Möglichkeiten zeigen Prototypen im Rahmen von Tests bei kalkulierbarem Risiko schnell Schwächen und Stärken eines Konzepts auf [205].

Testen Das Testen des Prototyps mit Kunden und weiteren Anspruchsgruppen dient zum einen der Evaluation. Annahmen werden auf ihre Richtigkeit überprüft. Die Auswertung der Testergebnisse fließt in die Verbesserung des Geschäftsmodells bzw. des nächsten Prototyps ein. Zum anderen dient die Reflexion der Testergebnisse im Team der Inspiration, um über mögliche Erweiterungen des Geschäftsmodells nachzudenken [143]. Das Nutzenversprechen des Geschäftsmodells lässt sich mit etablierten Methoden wie Consumer Clinics oder Usability Testing validieren [205]. Bei einer Consumer Clinic testen Kunden Produkte oder Dienstleistungen im realen Einsatz und teilen ihre Meinung im Nachgang über einen Fragebogen mit. Beim **Usability Testing** führen die Tester eine vorgegebene Aufgabe aus und die dabei ausgeführten Aktionen werden beobachtet bzw. zur späteren Auswertung aufgezeichnet. Das Testen eines Geschäftsmodells geht jedoch weit darüber hinaus, da das Zusammenspiel der Elemente des Geschäftsmodells überprüft werden muss. Dafür eignen sich insbesondere Pilot-Implementierungen in ausgewählten Testmärkten, beispielsweise für eine bestimmte geografische Region oder ein ausgewähltes Kundensegment.

Organisatorische Rahmenbedingungen für den operativen Betrieb

Für den operativen Betrieb sind die organisatorischen Rahmenbedingungen in der Wertschöpfungskette des Unternehmens und seiner Partner zur Leistungserstellung aufzubauen. Außerdem sind Management-Strukturen zu schaffen, um das Geschäftsmodell kontinuierlich zu überwachen, zu bewerten und eventuell anzupassen. Diese organisatorische Gestaltung ist individuell vor dem Hintergrund des jeweiligen Geschäftsmodells und des Unternehmensumfelds auszuprägen. Dabei sollten unter anderem die folgenden Fragen beantwortet werden, bei denen es sich nicht um eine vollumfängliche Auflistung handelt, sondern um Impulse zum unternehmensindividuellen Weiterdenken.

Organisatorische Gestaltung

- **Strategie:** Was sind die strategischen Ziele der Unternehmensentwicklung? Wie trägt das Geschäftsmodell zum Erreichen der strategischen Ziele und der Vision bei? Welche Merkmale muss die Organisation aufweisen, um die strategischen Ziele zu unterstützen, beispielsweise agil versus effizient?
- **Mitarbeiter:** Welche Art von Mitarbeitern mit welchem Wissen, welchen Fähigkeiten und welchen Denkweisen wird benötigt? Wie sieht eine zielführende Mischung aus „Freigeistern" mit kreativen Ideen und „fleißigen Bienchen" zur effizienten Leistungserstellung aus?
- **Anreizsystem:** Welche Kennzahlen spiegeln die strategischen Ziele und die Prozessziele wider? Welche Art von Anreizen passt zu welchen Mitarbeitern, um Leistung zu motivieren? An welche Kennzahlen sind Belohnungen für welche organisatorische Rolle zu knüpfen, beispielsweise umsatzbasierte Entlohnung im Vertrieb versus Kundenzufriedenheit als bonifiziertes Ziel für alle Mitarbeiter?
- **Prozesse:** Welche Abläufe sind intern und extern für die Wertschöpfung und unterstützende Aktivitäten erforderlich? Welche Informations- und Materialflüsse sind aufzusetzen? Dabei ist auf eine Konsistenz zu den strategischen Zielen zu achten. Zum Beispiel sollten die Prozesse bei einer Kostenführer-Strategie schlank und automatisiert gestaltet werden. Demgegenüber sind bei der Strategie einer Qualitätsführerschaft qualitätssichernde Aktivitäten aufzusetzen, wobei Effizienzverluste in Kauf genommen werden.
- **Organisationsstruktur: Ist** die Aufbauorganisation für das neue Geschäftsmodell separat aufzusetzen (Agilität, Effektivität als dominante Ziele) oder mit der bestehenden Organisationsstruktur zu verschmelzen (Synergien, Effizienz als dominante Ziele)? Ist dies ein sequenzieller Prozess? Wie sind die Rollen und Verantwortlichkeiten für die Prozessaktivitäten zu definieren? Mit welchen Kooperationspartnern in der Wertschöpfungskette sind Beziehungen sowie Informations- und Materialflüsse aufzubauen? Gibt es neue Vertriebskanäle, die eventuell neue Abrechnungsmodelle erfordern?

- **Informationstechnologie:** Welche Anforderungen hat das neue Geschäftsmodell an die IT-Systeme? Welche Informationen sind zu erfassen, zu speichern
  und zu verarbeiten, um das Geschäftsmodell laufend zu betreiben und verbessern zu können? Wie werden IT-Architektur, Standards und Schnittstellen
  eine zukünftige Weiterentwicklung des Geschäftsmodells (neue IT, Partner)
  unterstützen oder einschränken? Wie werden Datensicherheit und -schutz
  sichergestellt? Sind die erforderlichen IT-Kompetenzen unternehmensintern
  vorhanden? Wie werden die IT und zentrale Geschäftsprozesse aufeinander
  abgestimmt, sodass Geschäfts-, Anwender- und Technologieperspektive
  harmonisiert sind? Ist die richtige IT vorhanden, anzupassen oder neu aufzubauen? Welche Investitionen sind dafür erforderlich?

10.6.3 Erfolgsfaktoren für die Umsetzung

Abschließend werden Erfolgsfaktoren erläutert, deren Beachtung die Wahrscheinlichkeit einer erfolgreichen Implementierung des Geschäftsmodells erhöhen. Dabei handelt
es sich um den Zeitpunkt des Markteintritts, die Innovationskommunikation, das Veränderungsmanagement, die Gestaltung der Aufbau- und Ablauforganisation, die Entwicklung einer Schutzrechtestrategie und das Projektmanagement.

Zeitpunkt des Markteintritts
Ein wichtiger Erfolgsfaktor ist die Wahl des richtigen Zeitpunkts der Implementierung
bzw. der Markteinführung des neuen Geschäftsmodells. Dabei lassen sich grundsätzlich drei Timing-Strategien unterscheiden: Pionier, früher Folger und später Folger.
Pionier-Unternehmen realisieren das neue Geschäftsmodell als erstes Unternehmen
auf dem Markt. Aufgrund der kurzfristigen Monopolstellung können Gewinne bei
der innovationsfreudigen „First-Buyer"-Käufergruppe abgeschöpft werden. Über
Erfahrungskurveneffekte lassen sich Kostenvorteile gegenüber später in einen Markt
eintretende Wettbewerber erzielen. Falls das Geschäftsmodell auf neuen Produkten
basiert, lassen sich Wettbewerbsvorteile eventuell dauerhaft über Schutzrechte sichern.
Allerdings stehen diesen Vorteilen auch Nachteile in Form von hohen Entwicklungs-
und Markterschließungskosten und Risiken gegenüber. **Frühe Folger** setzen auf eine
Imitations- bzw. Modifikationsstrategie, die vor allem auf die Minderung von Marktrisiken zielt, indem bestehende Konzepte weiterentwickelt oder abgewandelt werden.
Späte Folger, sogenannte „Me-too-Anbieter", treten in einen stabilen Markt ein,
wenn dessen weitere Entwicklung sicher einschätzbar ist, um Marktrisiken zu ver-
meiden [179]. Oft haben späte Folger eine Imitationsstrategie und bieten sehr ähnliche
Leistungen zu niedrigen Preisen an. Allerdings erzielen sie vielfach nur einen geringen
Marktanteil, wenn ein Pionier mit seinem Geschäftsmodell eine marktbeherrschende
Stellung hat und eine aus betriebswirtschaftlicher Sicht kritische Masse an Kunden kaum
zu erreichen ist.

Innovationskommunikation

Die Innovationskommunikation umfasst die interne und externe Vermarktung der Innovation. Interne Stakeholder wie Mitarbeiter und externe Anspruchsgruppen wie Kunden und Lieferanten sind vom Mehrwert und der Notwendigkeit der Innovation gezielt zu überzeugen. Damit soll Verständnis für und Vertrauen in die Geschäftsmodell-Innovation geschaffen werden. Ansonsten können die Komplexität und der Abstraktionsgrad eines innovativen Geschäftsmodells zu einem Nicht-Verstehen und damit zu Zurückhaltung oder Ablehnung führen. Die Innovationskommunikation muss nicht erst im Schritt der Umsetzung starten, sondern kann bereits die Ideenfindung und -bewertung unternehmensintern und -extern flankieren. Die Innovationskommunikation ist ebenso Teil des Veränderungsmanagements [145].

Change Management

Qualifizierte Mitarbeiter tragen maßgeblich zum Erfolg der Realisierung des neuen Geschäftsmodells bei. Im Umkehrschluss stellt ein Mangel an relevanten Fähigkeiten und Wissen der Führungskräfte und Mitarbeiter ein Hindernis für eine erfolgreiche Umsetzung dar. Durch internen Wissensaustausch, das Weiterbilden bestehender bzw. das Einstellen neuer Mitarbeiter sind eventuell nicht alle Kompetenzlücken kurzfristig zu schließen. Entsprechend ist realistisch zu bewerten, welche Leistungen in der Wertschöpfungskette vom Unternehmen selbst und welche von externen Partnern erbracht werden sollten [199].

Gestaltung der Aufbau- und Ablauforganisation und Schnittstellenmanagement

Für die Umsetzung des Geschäftsmodells müssen die Wertschöpfungsaktivitäten innerhalb des Unternehmens und eventuell mit unternehmensexternen Partnern koordiniert werden, um das Nutzenversprechen für den Kunden zu erfüllen. Im Rahmen des Geschäftsprozessmanagements sind dabei zahlreiche interne und externe Schnittstellen in den Prozessen der Wertschöpfungskette zu gestalten, um die Leistungserstellung abteilungs- und unternehmensübergreifend effizient und effektiv zu organisieren.

Schutzrechte

Das Unternehmen sollte frühzeitig eine Schutzrechtsstrategie erarbeiten, um mit dem innovativen Geschäftsmodell langfristig Wettbewerbsvorteile erzielen zu können. Grundsätzlich steht es jedem Unternehmen frei, abstrakte Ideen und Konzepte zu kopieren und in die Tat umzusetzen. Die volkswirtschaftlich wünschenswerte Wettbewerbsfreiheit und die legale Imitation stoßen jedoch dort an Grenzen, wenn die Geschäftsidee in eine für sich genommen schutzfähige Form überführt wird und dadurch Schutz gegenüber jedermann erlangt. Relevante Rechtsvorschriften für eine Schutzrechtsstrategie sind Urheber- und Markenrechte, Patente, Gebrauchs- und Geschmackmuster sowie die Vorschriften zum Schutz des lauteren Wettbewerbes. Der Schutz eines Geschäftsmodells gestaltet sich zwar schwieriger als der Schutz eines einzelnen Produkts. Jedoch lassen sich einzelne Elemente der Geschäftsmodell-Innovation durch die vorgenannten Schutzrechte absichern. Vor dem Hintergrund der Globalisierung ist dabei ein internationaler Rechts-schutz anzustreben. Für eine belastbare Schutzrechtstrategie sollte die Unterstützung von Rechts- und Patentanwälten hinzugezogen werden, falls es unternehmensintern keine Rechtsabteilung gibt oder entsprechende Kompetenzen dort nicht vorliegen.

Projektmanagement
Für das Umsetzungsprojekt ist professionelles Projektmanagement erforderlich. Für die Projektplanung und -durchführung sollte auf bewährte Projektmanagement-Standards wie etwa des Project Management Institute (PMI) zurückgegriffen werden, um das Projekt der Geschäftsmodell-Innovation im Hinblick auf Inhalt und Umfang, Zeit, Kosten, Qualität, Risiko, Ressourcen, Kommunikation, Veränderungsmanagement und weitere Themenbereiche systematisch zum Erfolg zu führen.

10.6.4 Zusammenfassung Schritt 5: Konzepterstellung

Das Ziel ist die Umsetzung des erarbeiteten Konzepts in ein marktfähiges und wirtschaftlich erfolgreiches Geschäftsmodell. Dafür wird in Anlehnung an den Design-Thinking-Prozess ein Prototyping-Ansatz für eine iterative Weiterentwicklung des Geschäftsmodells empfohlen. Für den Aufbau der organisatorischen Rahmen-bedingungen des operativen Betriebs werden Hinweise in Bezug auf den strategischen Fit, Mitarbeiter, Anreizsystem, Prozesse, Aufbauorganisation und Informationstechno-logie gegeben. Abschließend werden ausgewählte Erfolgsfaktoren erläutert, deren Beachtung die Wahrscheinlichkeit einer erfolgreichen Implementierung des Geschäfts-modells erhöhen. Dabei handelt es sich um den Zeitpunkt des Markteintritts, die Innovationskommunikation, das Veränderungsmanagement, die Gestaltung der Aufbau-und Ablauforganisation, die Entwicklung einer Schutzrechtestrategie und das Projekt-management.

Zusammenfassung Teil II

11

Dieser Leitfaden hat ein praxisorientiertes Vorgehensmodell vorgestellt, mit dem Unternehmen Geschäftsmodell-Innovationen erfolgreich auf den Weg bringen können. Das Vorgehensmodell ist in einen schrittweisen Prozess gegliedert, der Unternehmen als Methodenbaukasten von der ersten Idee bis zur Realisierung begleitet. Das Vorgehensmodell setzt sich aus fünf Schritten zusammen. Der erste Schritt umfasst die Vorbereitung und die Analyse des Umfelds des Unternehmens. Dadurch wird eine geeignete Ausgangsbasis für die Ideenfindung in einem interdisziplinären Team gelegt. Die Ideenfindung in Schritt Zwei erfolgt sowohl mittels bewährter Kreativitätsmethoden als auch mithilfe der Geschäftsmodellmuster entlang der Wertschöpfungskette nach Porter. Im dritten Schritt, der Ideenbewertung, werden die Ideen evaluiert, um Erfolg versprechende Geschäftsmodell-Ideen herauszufiltern. Für die selektierten Ideen werden in Schritt Vier detaillierte Konzepte erstellt und die Implementierung geplant. Den letzten Schritt bildet die Überführung dieser Konzepte in Projekte zu Realisierung des Geschäftsmodells in Form der Markteinführung.

© Der/die Autor(en), exklusiv lizenziert durch Springer-Verlag GmbH, DE, ein Teil von   151
Springer Nature 2021
A. Grothus et al., *Digitale Geschäftsmodell-Innovation mit Augmented Reality und Virtual Reality,* https://doi.org/10.1007/978-3-662-63746-3_11

Forschungsmethodik

12

Praktiker können dieses Kapitel ohne wesentlichen Informationsverlust überspringen, da vor allem die Forschungsmethodik dargestellt wird. Zur wissenschaftlichen Fundierung der Ergebnisse sind im Folgenden zunächst die Zielsetzungen und Anforderungen wissenschaftlichen Arbeitens darzustellen. Daraufhin wird der Stand der Forschung beschrieben. Abschließend wird das Vorgehen der Untersuchung kritisch reflektiert und die Ansatzpunkte für eine weitere Forschung identifiziert.

12.1 Zielsetzungen und Anforderungen wissenschaftlichen Arbeitens

Der dieser Studie zugrund liegende wissenschaftliche Analyseprozess verfolgt drei Ziele, die jeweils die Basis für den nachfolgenden Analyseschritt schaffen. Zuerst sind eindeutige Begriffe und Klassifikationen zu bilden, die aussagefähige und nach-vollziehbare Beschreibungen zulassen. Dieses **deskriptive Ziel** wird mit der Definition relevanter Termini wie etwa VR und verschiedener Geschäftsmodellmuster erreicht. Das **theoretische Wissenschaftsziel** verfolgt die Gewinnung theoretischer Grundlagen, um die Handlungsempfehlungen für die Unternehmenspraxis auf Erkenntnissen für Erklärung und Prognose aufzubauen. Daraus resultiert die Konzeption des Referenz-modells. Das GINXR-Modell systematisiert als Orientierungsrahmen die Geschäfts-modellmuster und Anbieter in der Wertschöpfungskette der AR und VR. Dies dient dem **pragmatischen Wissenschaftsziel** als eigentlichem Zweck des Forschens, dem Erlangen konkreter Erkenntnisse für das Lösen praktischer Problemstellungen. Das Referenzmodell dient zum einen als Basis zur Ableitung von Erfolgsfaktoren für KMU bei der Umsetzung der erweiterten und virtuellen Realität. Zum anderen wird es als

Ordnungsrahmen für ein Diagnose-Werkzeug zur Identifikation innovativer Geschäftsmodelle im zweiten Teil des Buches genutzt.

Die Anforderungen an wissenschaftliches Arbeiten lassen sich in die beiden
Dimensionen **Rigour** (theoretische bzw. methodische Strenge und Exaktheit) und
Relevance (praktische bzw. reale Relevanz) einordnen. In Anlehnung an das Ordnungs-
schema von Anderson et al. [207] ist die vorliegende Forschungsarbeit als theoretisch
fundierte und pragmatisch ausgerichtete Wissenschaft zu klassifizieren („Pragmatic
Science"). Die Fragestellungen der **anwendungsorientierten Forschung** leiten sich aus
den Erfordernissen der Praxis her. Anwendungsorientierte Forschung zielt darauf ab, auf
Basis von theoretischen Erkenntnissen Regeln, Modelle oder Verfahren für praktisches
Reflektieren und Handeln zu entwickeln. Da die Ergebnisse bei unternehmerischen Ent-
scheidungsprozessen verwertet werden sollen, sind diese mit dem Bewertungsmaßstab
der „Brauchbarkeit" in der Praxis zu beurteilen. Methodisch-theoretisch fundierte sowie
gleichzeitig praxisorientierte Forschung unterstützt Führungskräfte dabei, relevante
interne Managementprobleme zu lösen und/oder die Ausrichtung des Unternehmens
auf externe Umwelt- und Wettbewerbsanforderungen zu verbessern. Sie sollte zum
innovativen Erkenntnisgewinn beitragen und einen originär neuen Ansatz liefern, der auf
einer soliden begründeten Analyse beruht und die Gültigkeit bisheriger Ansichten oder
Handlungsweisen hinterfragt. Dabei ist auf Lesbarkeit und einen klaren, verständlichen
Stil der Ausführungen zu achten.

Daraus resultierten ambivalente Zielsetzungen für den ersten Teil des Buches.
Einerseits sollte ein pragmatisches Referenzmodell Praktiker in Unternehmen bei
der Identifikation innovativer Geschäftsmodelle unterstützen. Andererseits war eine
Forschungslücke in der Wissenschaft zu schließen. So waren die Anforderungen der
Praktiker an Anwendungsorientierung und Verständlichkeit zu berücksichtigen, es war
aber auch eine fundierte Argumentation der Erkenntnisse für Wissenschaftler erforderlich. Dieses Spannungsfeld birgt einerseits das Risiko, dass dem Praktiker die Ausführungen zu umfangreich und theoretisch erscheinen mögen, dem Wissenschaftler
hingegen zu oberflächlich und populärwissenschaftlich formuliert. Andererseits sehen
die Autoren in der anwendungsorientierten Forschung, die auf den Transfer in die
Wirtschaft zielt, eine große Chance, als Bindeglied zwischen Wissenschaft und Unternehmenspraxis zu agieren.

12.2 Literaturanalyse

Die vorliegende Studie basiert auf einer Literaturanalyse (sog. Desk Research)
als Methode der qualitativen Forschung. Hierzu wurden Monografien, Beiträge in
Sammelwerken, Studien, Journalbeiträge sowie Veröffentlichungen in Zeitungen und
Informationen wissenschaftlicher Institutionen sowie Firmen im Internet herangezogen.

Viele wissenschaftliche Veröffentlichungen dokumentieren die Art und Weise der
Literaturrecherche und -analyse gar nicht oder nur in einem geringen Maße. Diese ist

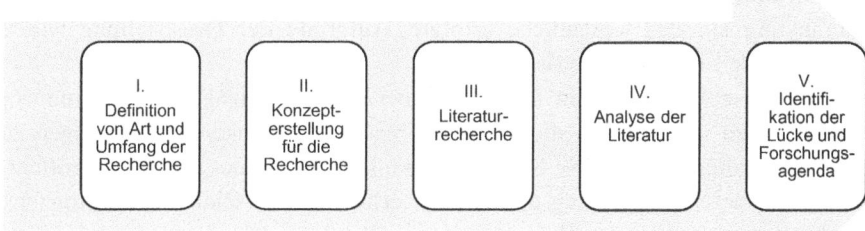

Abb. 12.1 Vorgehen für die Literaturanalyse. (In Anlehnung an vom Brocke (2009) [208])

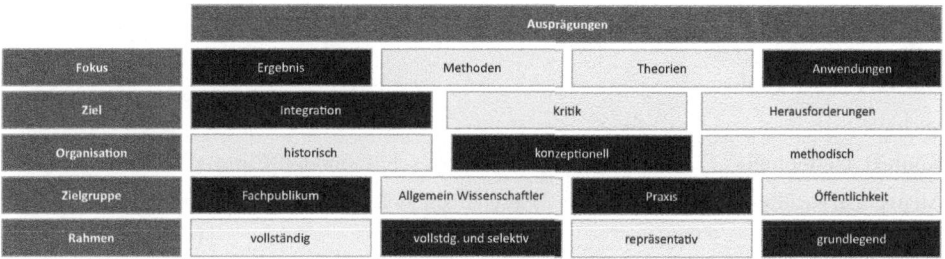

Abb. 12.2 Einordnung der Analyse in die Taxonomie. (Nach Cooper (1988) [209])

jedoch nachvollziehbar darzulegen, damit der Leser über die Tauglichkeit der Quellen urteilen kann. Dabei ist zum einen zu erörtern, welche Suchbegriffe und Datenbanken ausgewählt und welche Quellen aus diesen Suchergebnissen schließlich verwendet wurden. Zum anderen ist darzustellen, wie reproduzierbar und nachhaltig (und somit belastbar) die Literaturanalyse ist. Abb. 12.1 fasst das an vom Brocke et al. [208] angelehnte Vorgehen der Literaturanalyse zusammen.

In der **ersten Phase** wurden Art und Umfang der Literaturrecherche festgelegt. Die Taxonomie nach Cooper [209] stellt eine erste grobe Gliederung des zu erstellenden Reviews dar (vgl. Abb. 12.2).

Der Fokus bezeichnet die Art der Quellen, die mit der Recherche analysiert werden. Hier liegt der Fokus auf den Forschungsergebnissen und der praktischen Anwendung der Forschung. Primäres Ziel war die Integration. Diese zielt auf die Generalisierbarkeit der Aussagen, die Aufarbeitung der Widersprüche in der bestehenden Literatur und die Entwicklung sprachlicher Brücken für ein einheitliches Verständnis zu den Fragestellungen. Die Organisation des Reviews erfolgte vor allem konzeptionell. Die Zielgruppe beschreibt den Leserkreis und definiert somit Inhalt und Tiefgang des Reviews.

Hier ist vor allem das Fachpublikum sowohl in der Wissenschaft als auch in der Unternehmenspraxis angesprochen. Der Rahmen des Reviews ist als vollständig und selektiv zu charakterisieren. Dies bedeutet, dass nach einer vollumfänglichen Suche im Review eine Beschränkung auf das wesentliche erfolgte. Aufgrund der Fragestellung wurde ebenso grundlegende Literatur analysiert.

Die **zweite Phase** schaffte einen Überblick über die Quellenlage. Hier waren vor allem die Quellen zu untersuchen, die mit hoher Wahrscheinlichkeit Informationen zu diesem Thema enthalten werden. Die Suche beschränkte sich auf ausgewählte Veröffentlichungen, anhand derer der Umfang des Themas erfasst wurde. Ziel war ein Konzept, welches als Vorbereitung der eigentlichen Literaturrecherche in Phase drei diente.

In **Phase drei** wurde die Suche auf die Datenbanken Web of Science und Scopus ausgeweitet. Mittels der in der zweiten Phase identifizierten Keywords und einer gezielten vorwärts und rückwärts gerichteten Recherche wurde das Thema in seinem vollen Umfang erfasst. Bei der sog. vorwärts gerichteten Recherche wurden Quellen analysiert, welche die relevante Quelle zitiert haben. Bei der rückwärts gerichteten Recherche hingegen wurden Quellen untersucht, die von der relevanten Quelle zitiert wurden. Tab. 12.1

Tab. 12.1 Suchwortliste

Suchwortliste				
Kontext Technologie		‚AND‘	**Kontext Geschäftsmodell/Einsatz**	
Augmented Reality	AR		Geschäftsmodell	Business Model
Virtual Reality	VR		Anwendungsfall	Use Case
Virtuelle Realität	VR		Unternehmen	Company
Mixed Reality	XR		Einsatz	Use
			Beispiele	Example
			Produktion	Production
			Marketing	Marketing
			Vertrieb	Sales
			Einkauf	Purchasing
			Forschung	Research
			Entwicklung	Development
			Innovation	Innovation
			Personalmanagement	Human Resources
			Service	Service
			Wartung	Maintenance
			Inbetriebnahme	Commissioning
			Logistik	Logistics
			Infrastruktur	Infrastructure
			Industrie	Industry

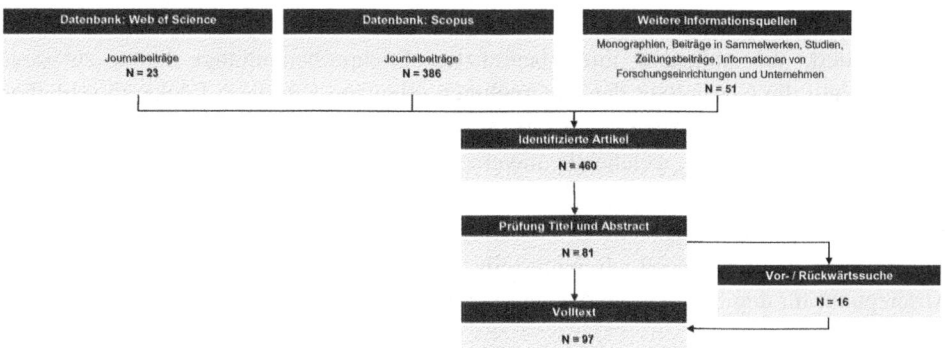

Abb. 12.3 Prozess der Literaturrecherche

bietet einen Überblick über die genutzten Suchbegriffe, Suchbegriffkombinationen und Datenbanken.

Die Quellensuche wurde in deutscher und englischer Sprache durchgeführt. Der Prozess der Suche anhand der Suchwortliste und die zeitliche Eingrenzung führten zu einer Menge an Veröffentlichungen, unter denen eine große Anzahl an irrelevanten Artikeln enthalten war. Um diese zu eliminieren, wurden Abstract, Titel und Schlagwortliste auf Relevanz evaluiert. Publikationen, die der Thematik nicht entsprachen, wurden aussortiert. Die übrig gebliebenen Artikel wurden einer Volltextanalyse unterzogen. Abb. 12.3 stellt den Ablauf der Literaturrecherche dar.

Die **vierte Phase** diente der Analyse der recherchierten Ergebnisse. Es galt zu ermitteln, welche Quellen für die Fragestellung relevant sind. Insgesamt wurden 97 Veröffentlichungen als relevant identifiziert und weiter analysiert. Der nächste Schritt war die Interpretation der Quellen sowie das Ermitteln des Aufbaus und der Zusammenhänge der Rechercheergebnisse.

In der **fünften Phase** wurde der Stand der Forschung konsolidiert, um die Lücken der bestehenden Forschung aufzuzeigen. Diese Erkenntnisse werden im folgenden Abschnitt dokumentiert.

12.3 Stand der Forschung und Ableitung der Forschungslücke

Der untersuchte Forschungsbereich erfährt bisher nur wenig Aufmerksamkeit in der Literatur. Die Veröffentlichungen zeichnen sich im Hinblick auf die angewandten Forschungsmethoden, die empirische Datenbasis sowie die Darstellung der Ergebnisse durch eine große Heterogenität aus, sodass die Ergebnisse zumeist nur bedingt vergleichbar sind. In vielen Fällen wird das Einsatzpotenzial von AR und VR nur isoliert hinsichtlich des Einsatzes in einzelnen Funktionsbereichen eines Industriellen Betriebes oder einzelner Branchen untersucht [92, 108, 164, 165]. Die bisherigen Ergebnisse werden teilweise in Form von einzelnen (unternehmens- oder branchenspezifischen) Fallstudien dokumentiert, die aufgrund ihres begrenzten Stichprobenumfangs keine zulässige Induktion auf die Gesamtheit der Unternehmen erlauben. Um diese Lücke zu schließen wurde von den Autoren eine systematische Analyse entlang der Wertschöpfungskette nach Porter durchgeführt, welche als universelle Referenz für einen industriellen Betrieb gesehen wird [210]. Die systematische Auswertung der Einsatzmöglichkeiten entlang der klassischen Wertschöpfungskette und die Verknüpfung mit innovativen Geschäftsmodellmustern, wie sie in diesem Buch dargestellt ist, soll produzierenden Unternehmen einen Ansatzpunkt für den Einsatz von AR und VR Technologien entlang der Wertschöpfungskette bieten.

12.4   Kritische Reflexion und Ansatzpunkte für die weitere Forschung

Für eine praxisorientierte Veröffentlichung ist eine kritische Reflexion des Vorgehens und der Ergebnisse unter wissenschaftlichen Aspekten angebracht. Im Zuge der Literaturanalyse wurde eine Forschungslücke hinsichtlich eines Referenzmodells als Orientierungsrahmen zur Identifikation innovativer Geschäftsmodelle mit XR-Technologien identifiziert. Deren Schließung erfolgte mittels eines theoretisch-deduktiven Vorgehens. Bei der vorliegenden Untersuchung handelt es sich primär um eine literaturbasierte Analyse. Insofern sind die qualitativen Aussagen durch die subjektive Perspektive der Autoren geprägt. Untersuchungen mit rein explorativem Charakter stellen zwar keinen echten Erkenntnisfortschritt dar, können aber als Heuristiken oder Ideengeber für theoretisch fundierte Kausalanalysen dienen. Eine solche wäre in einer anschließenden quantitativ-konfirmatorischen Analyse in Form einer empirischen Überprüfung zu validieren.

In weiteren Untersuchungen könnte eine breit angelegte empirische Primärdatenerhebung die Objektivität, Validität und Repräsentativität des Referenzmodells signifikant steigern. Verschiedene Weiterentwicklungen der Forschungsmethodik bieten sich an: Lücken in der Methodik lassen sich schließen, neue Methoden und Konzepte können ergänzt werden. Für die konkrete Anwendung im Unternehmen kann der Fokus auf je einen Untersuchungsbereich gelegt und dort vertieft und detailliert werden (Abb. 12.4).

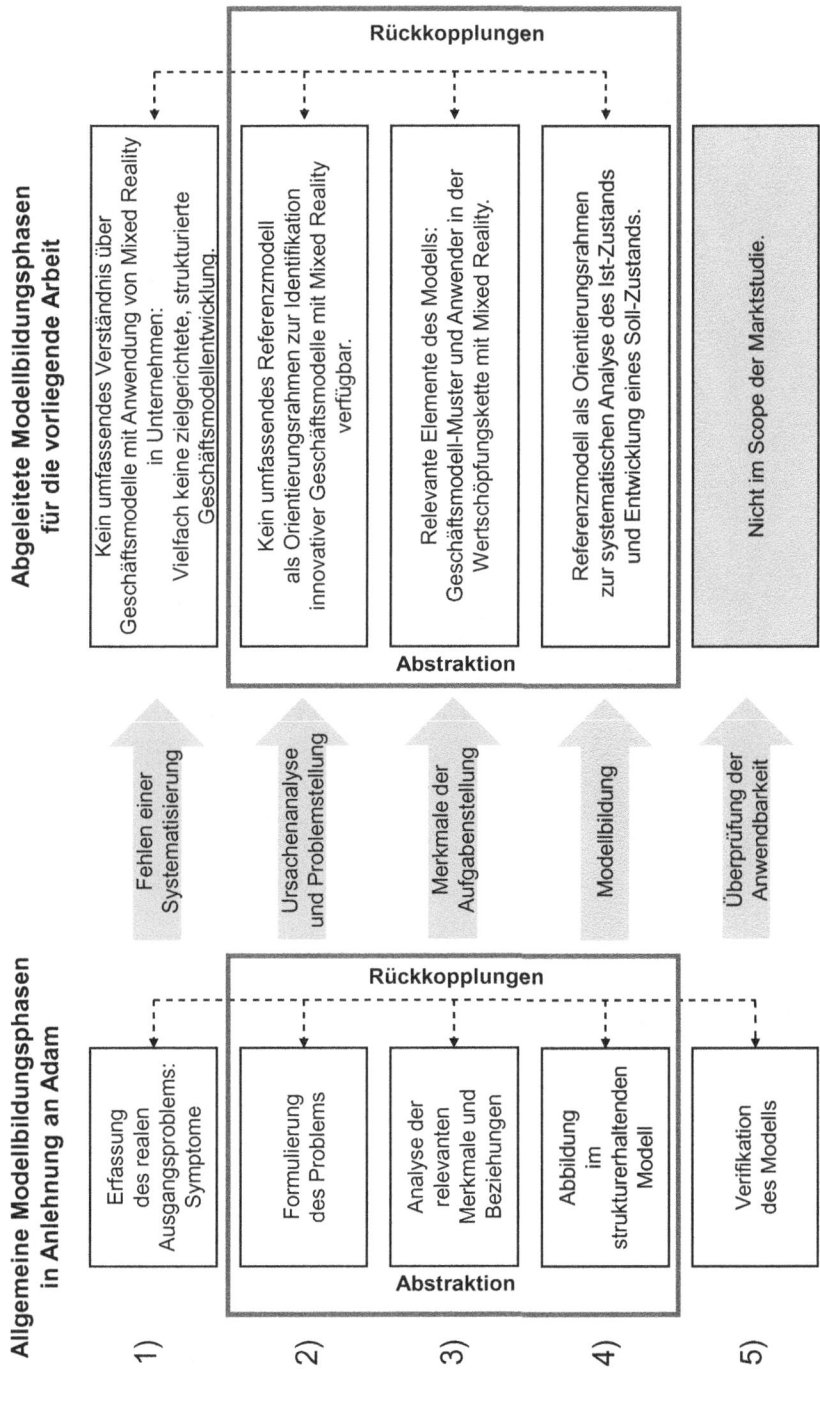

Abb. 12.4 Modellbildungsprozess zum GINXR-Modell

Literatur

1. European Commission. (2020). Advanced technologies. https://ec.europa.eu/growth/industry/policy/advanced-technologies_en. Zugegriffen: 12. Aug. 2020.
2. Posada, J., Toro, C., Barandiaran, I., Oyarzun, D., Stricker, D., Amicis, R. de, Pinto, E. B., Eisert, P., Döllner, J., & Vallarino, I. (2015). Visual computing as a key enabling technology for Industrie 4.0 and industrial internet. *IEEE Computer Graphics and Applications, 35*(2), 26–40.
3. Sage, M. (2017). Creating augmented reality experiences for enterprise: Good practices, lessons learned, and technological insights. *IEEE Consumer Electronics Magazine, 6*(1), 42–44. https://doi.org/10.1109/MCE.2016.2614651
4. Yuan, Y. (2017). Changing the world with virtual/Augmented reality technologies. *IEEE Consumer Electronics Magazine, 6*(1), 40–41. https://doi.org/10.1109/MCE.2016.2614411
5. Capgemini. (2019). Studie IT-Trends 2019. Intelligente Technologien.
6. Gartner. (2019). Top 10 Strategic Technology Trends for 2019.
7. Fisher, S. S., Wenzel, E. M., Coler, C., & McGreevy, M. W. (1988). Virtual interface environment workstations. *Proceedings of the Human Factors Society Annual Meeting, 32*(2), 91–95. https://doi.org/10.1177/154193128803200219
8. Linden, A., & Fenn, J. (2003). Understanding Gartner's hype cycles. Strategic Analysis Report N° R-20-1971. Gartner, Inc:88.
9. Panetta, K. (2017). Top trends in the Gartner hype cycle for emerging technologies, 2017. Gartner. https://www.gartner.com/smarterwithgartner/top-trends-in-the-gartner-hype-cycle-for-emerging-technologies-2017/. Zugegriffen: Juni 2020.
10. Panetta, K. (2019). 5 Trends appear on the Gartner hype cycle for emerging technologies, 2019. Gartner. https://www.gartner.com/smarterwithgartner/5-trends-appear-on-the-gartner-hype-cycle-for-emerging-technologies-2019/. Zugegriffen: Juni 2020.
11. Vynz Research. (2020). Global augmented reality and virtual reality market – Analysis and forecast (2015 – 2025). https://www.vynzresearch.com/ict-media/augmented-reality-and-virtual-reality-market. Zugegriffen: Juni 2020.
12. Schreiber, W., & Zimmermann, P. (Hrsg.). (2011). *Virtuelle Techniken im industriellen Umfeld. Das AVILUS-Projekt; Technologien und Anwendungen* (1. Aufl.). Springer.
13. de Souza Cardoso, L. F., Mariano, F. C. M. Q., & Zorzal, E. R. (2020). A survey of industrial augmented reality. *Computers & Industrial Engineering, 139*, 1–12. https://doi.org/10.1016/j.cie.2019.106159

14. Dörner, R., Broll, W., Grimm, P. F., & Jung, B. (Hrsg.). (2013). *Virtual und Augmented Reality (VR/AR). Grundlagen und Methoden der Virtuellen und Augmentierten Realität.* eXamen.press.

15. Elia, V., Gnoni, M. G., & Lanzilotto, A. (2016). Evaluating the application of augmented reality devices in manufacturing from a process point of view: An AHP based model. *Expert Systems with Applications, 63*, 187–197. https://doi.org/10.1016/j.eswa.2016.07.006

16. Hamid, N. S. S., Aziz, F. A., & Azizi, A. (2014). Virtual reality applications in manufacturing system. In IEEE (Hrsg.), *2014 Science and Information Conference* (S. 1034–1037). IEEE.

17. Heng, S. (2019). Virtuelle Realitäten: Eine enorme Chance für das Management (Virtual Realities: A Tremendous Opportunity for Management). *SSRN Journal.* https://doi.org/10.2139/ssrn.3498473

18. Bracht, U., Geckler, D., & Wenzel, S. (2018). *Digitale Fabrik. Methoden und Praxisbeispiele* (2. Aufl.). Springer Vieweg. (VDI-Buch).

19. Orsolits, H., & Lackner, M. (Hrsg.). (2020). *Virtual Reality und Augmented Reality in der Digitalen Produktion* (1. Aufl.). Springer Gabler.

20. Chen, J. Y., & Fragomeni, G. (Hrsg.). (2019). Virtual, Augmented and Mixed Reality. Applications and Case Studies. 11th International Conference, VAMR 2019, Held as Part of the 21st HCI International Conference, HCII 2019, Orlando, FL, USA, July 26–31, 2019, Proceedings, Part II, 1. Aufl. Information Systems and Applications, incl. Internet/Web, and HCI.

21. Adobe. (2020). Welche der folgenden Optionen haben Sie in Ihrem Unternehmen eingeführt? Statista. https://de.statista.com/statistik/daten/studie/1106022/umfrage/einfuehrung-digitaler-trends-in-unternehmen-weltweit/. Zugegriffen: 14. Aug. 2020.

22. Sossna, D., Sardoux Klasen, A., & Feldmann, C. (2020). Antworten made in münsterLAND. Ergebnisbericht der DigiTrans@KMU Online-Umfrage. https://www.digitalradar-muensterland.de/digitrans-umfrage/.

23. Wolf, J., Bergschneider, B., Paul, H., & Zipse, T. (2019). *Erfolg im Mittelstand. Tipps für die Praxis* (2. Aufl.). Springer Fachmedien.

24. Feldmann, C., Schulz, C., & Fernströning, S. (2019). *Digitale Geschäftsmodell-Innovationen mit 3D-Druck.* Springer Fachmedien.

25. Azuma, R. T. (1997). A survey of augmented reality. *Presence: Teleoperators & Virtual Environments, 6*(4), 355–385.

26. Steuer, J. (1992). Defining virtual reality: Dimensions determining telepresence. *Journal of communication, 42*(4), 73–93.

27. Milgram, P., Takemura, H., Utsumi, A., & Kishino, F. (1995). Augmented reality: A class of displays on the reality-virtuality continuum. In H. Das (Hrsg.), *Telemanipulator and Telepresence Technologies* (S. 282–292). SPIE.

28. Bostanci, E., Kanwal, N., Ehsan, S., & Clark, A. F. (2013). User tracking methods for augmented reality. *IJCTE, 5*(1), 93–98. https://doi.org/10.7763/IJCTE.2013.V5.654

29. Caudell, T. P., & Mizell, D. W. (1992). Augmented reality: An application of heads-up display technology to manual manufacturing processes. *Proceedings of the Twenty-Fifth Hawaii International Conference on System Sciences, 2*, 659–669.

30. Arth, C., Grasset, R., Gruber, L., Langlotz, T., Mulloni, A., & Wagner, D. (2015). The history of mobile augmented reality.

31. Rauschnabel, P. A., Rossmann, A., & tom Dieck, M. C. (2017). An adoption framework for mobile augmented reality games: The case of Pokémon Go. *Computers in Human Behavior, 76*, 276–286. https://doi.org/10.1016/j.chb.2017.07.030

32. Nickel, O. (2019). Verkauf der Hololens 2 auch in Deutschland gestartet. golem.de 2019.

33. Meyer, D. (2017). This Secretive Augmented Reality Firm Just Raised Another $502 Million. fortune.com 2017.

34. Floemer, A. (2021). Apple Glass: Erste AR-Brille wohl noch in diesem Jahr. t3n.de 2021.
35. Reif, R. (2009). *Entwicklung und Evaluierung eines Augmented Reality unterstützten Kommissionier-systems*. Dissertation, Technische Universität München.
36. Rieke, T., & Klasen, A. S. (2019). Einführung von digitalen Technologien in KMU – Vorgehensmodell und Technology Evaluation Canvas. In O. Linssen, M. Mikusz, A. Volland, E. Yigitbas, M. Engstler, M. Fazal-Baqaie, & M. Kuhrmann (Hrsg.), *Projektmanagement und Vorgehensmodelle 2019 – Neue Vorgehensmodelle in Projekten – Führung, Kulturen und Infrastrukturen im Wandel* (S. 97–109). Gesellschaft für Informatik e. V.
37. ptc. (2021). Vuforia Help Center. Supported CAD File Formats. https://support.ptc.com/help/vuforia/studio/en/#page/Studio_Help_Center%2FSupportedCADFileFormats.html%23. Zugegriffen: 25. Jan. 2021.
38. unity3d. (2021). Documentation. How do I import models from my 3D app? https://docs.unity3d.com/560/Documentation/Manual/HOWTO-importObject.html. Zugegriffen: 25. Jan. 2021.
39. Unreal Engine Unreal Engine 4 Documentation. Datasmith Supported Software and File Types. https://docs.unrealengine.com/en-US/WorkingWithContent/Importing/Datasmith/SupportedSoftwareAndFileTypes/index.html. Zugegriffen: 25. Jan. 2021.
40. Steuerwald, K. (2019). Mit der IKEA App per Augmented Reality einrichten. IKEA 2019.
41. Choy, C. B., Xu, D., Gwak, J., Chen, K., & Savarese, S. (2016). *3D-R2N2: A Unified Approach for Single and Multi-view 3D Object Reconstruction 2016 ECCV European Conference on Computer Vision* (S. 628–644). Springer.
42. Narain, A. (2020). Apple's LiDAR Scanner a game-changer in scanning technology? GEOSPATIAL WORLD 2020.
43. Feiner, S., MacIntyre, B., Haupt, M., & Solomon, E. (1993). *Windows on the world: 2D windows for 3D augmented reality*. Proceedings of the 6th annual ACM symposium on User interface software and technology (S. 145–155).
44. Stark, E., Kučera, E., Haffner, O., Drahoš, P., & Leskovský, R. (2020). Using augmented reality and internet of things for control and monitoring of mechatronic devices. *Electronics, 9*(8), 1272. https://doi.org/10.3390/electronics9081272
45. Bhattacharya, B., & Winer, E. H. (2019). Augmented reality via expert demonstration authoring (AREDA). *Computers in Industry, 105*, 61–79. https://doi.org/10.1016/j.compind.2018.04.021
46. Masood, T., & Egger, J. (2020). Adopting augmented reality in the age of industrial digitalisation. *Computers in Industry, 115*, 103112. https://doi.org/10.1016/j.compind.2019.07.002
47. ptc. (2021). Vuforia Chalk: Remote assistance mit augmented reality. https://www.ptc.com/de/products/vuforia/vuforia-chalk. Zugegriffen: 26. Jan. 2021.
48. Teamviewer. (2021). TeamViewer Pilot. https://www.teamviewer.com/de/augmented-reality/. Zugegriffen: 26. Jan. 2021.
49. Microsoft. (2021). Dynamics 365 Remote Assist. https://dynamics.microsoft.com/de-de/mixed-reality/remote-assist/. Zugegriffen: 26. Jan. 2021.
50. Porter, M. E., & Heppelmann, J. E. (2017). Why every organization needs an augmented reality strategy. HBR'S 10 MUST:85.
51. Bown, J., White, E., & Boopalan, A. (2017). *Looking for the ultimate display boundaries of self and reality online* (S. 239–259). Elsevier.
52. Gamber, B., & Withers, K. (1996). History of the stereopticon. http://www.bitwise.net/~kenbill/stereo.htm. Zugegriffen: 27. Jan. 2021.
53. Pimentel, K., & Teixeira, K. (1993). *Virtual reality. Through the new looking glass* (1. Aufl.). Intel/Windcrest.
54. Bayer, G. (20.02.204). Virtual Boy Profile. nsidr.com 2004.

55. Edwards, B. (2015). Unraveling The Enigma Of Nintendo's Virtual Boy, 20 Years Later. Fast Company 2015.
56. Kumparak, G. (2014). A Brief History of Oculus. techcrunch 2014.
57. Solomon, B. (2014). Facebook Buys Oculus, Virtual Reality Gaming Startup, For $2 Billion. Forbes 2014.
58. Danneberg, B. (2021). VR-Brillen 2021: Vergleich & Kaufberatung – Das müsst ihr wissen (Stand Januar 2021). mixed 2021.
59. Maimone, A., & Wang, J. (2020). Holographie optics for thin and lightweight virtual reality. *ACM Transactions on Graphics.* https://doi.org/10.1145/3386569.3392416
60. Gourlay, M. J., & Held, R. T. (2017). Head-Mounted-Display tracking for augmented and virtual reality. *Information Display, 33*(1), 6–10. https://doi.org/10.1002/j.2637-496X.2017.tb00962.x
61. Sidenmark, L., & Gellersen, H. (2019). Eye&Head. In F. Guimbretière (Hrsg.), *Proceedings of the 32nd Annual ACM Symposium on User Interface Software and Technology* (S. 1161–1174). Association for Computing Machinery.
62. Hillmann, C. (2019). Comparing the Gear VR, Oculus Go, and Oculus Quest. In C. Hillmann (Hrsg.), *Unreal for Mobile and Standalone VR* (S. 141–167). Apress.
63. McMahan, R. P., Lai, C., & Pal, S. K. (2016). Interaction fidelity: The uncanny valley of virtual reality interactions. In S. Lackey & R. Shumaker (Hrsg.), *Virtual, augmented and mixed reality* (Bd. 9740, S. 59–70). Springer.
64. Oculus. (2021). Oculus Developer Dokumentation. https://support.oculus.com/2720524538265875/. Zugegriffen: 3. Febr. 2021.
65. haptx. (2021). haptx gloves. https://haptx.com/. Zugegriffen: 3. Febr. 2021.
66. Perret, J., & Vander Poorten, E. (2018). Touching Virtual Reality: A Review of Haptic Gloves ACTUATOR 2018; 16th International Conference on New Actuators (S. 1–5).
67. Willings, A. (2021). Beste 360-Kameras 2021: Die besten VR- und 360-Kameras, unabhängig von Ihrem Budget. Pocket-lint 2021.
68. Davis, N. (2019). The power of photogrammetry: Simulating the real world in VR. Unity Blog 2019.
69. Vert, S., & Andone, D. (2019). Virtual reality authoring tools for educators. *ITM Web Conference, 29*, 3008. https://doi.org/10.1051/itmconf/20192903008
70. Nebeling, M., & Speicher, M. (2018). The Trouble with Augmented Reality/Virtual Reality Authoring Tools. In IEEE (Hrsg.), *2018 IEEE International Symposium on Mixed and Augmented Reality Adjunct (ISMAR-Adjunct)* (S. 333–337). IEEE.
71. Wolfartsberger, J., & Niedermayr, D. (2020). Authoring-by-Doing: Animating work instructions for industrial virtual reality learning environments. In IEEE (Hrsg.), *2020 IEEE Conference on Virtual Reality and 3D User Interfaces Abstracts and Workshops (VRW)* (S. 173–176). IEEE.
72. Porter, M. E. (2014). *Wettbewerbsvorteile. Spitzenleistungen erreichen und behaupten = (Competitive Advantage)* (8. Aufl.). Campus.
73. Li, X., Yi, W., Chi, H.-L., Wang, X., & Chan, A. P. (2018). A critical review of virtual and augmented reality (VR/AR) applications in construction safety. *Automation in Construction, 86*, 150–162. https://doi.org/10.1016/j.autcon.2017.11.003
74. Aurich, J. C., Yang, X., Schröder, S., Hering-Bertram, M., Biedert, T., Hagen, H., & Hamann, B. (2012). Noise investigation in manufacturing systems: An acoustic simulation and virtual reality enhanced method. *CIRP Journal of Manufacturing Science and Technology, 5*(4), 337–347. https://doi.org/10.1016/j.cirpj.2012.09.010
75. KPMG AG. (2016). Neue Dimensionen der Realität. Eine Analyse der Potenziale von Virtual und Augmented Reality in Unternehmen.

76. Loch, F., Quint, F., & Brishtel, I. (2016). Comparing video and augmented reality assistance in manual assembly. In IEEE (Hrsg.), *2016 12th International Conference on Intelligent Environments (IE)*, (S. 147–150). IEEE.

77. Qiu, C., Zhou, S., Liu, Z., Gao, Q., & Tan, J. (2019). Digital assembly technology based on augmented reality and digital twins: A review. *Virtual Reality & Intelligent Hardware, 1*(6), 597–610. https://doi.org/10.1016/j.vrih.2019.10.002

78. Sääski, J., Salonen, T., Hakkarainen, M., Siltanen, S., Woodward, C., & Lempiäinen, J. (2008). Integration of design and assembly using augmented reality. In S. Ratchev & S. Koelemeijer (Hrsg.), *Micro-Assembly Technologies and Applications. IFIP TC5 WG5.5 Fourth International Precision Assembly Seminar (IPAS'2008) Chamonix, France February 10–13, 2008* (S. 395–404). Springer.

79. Wellendorf, A., Kottenbrock, F., & Trampnau, S. (2019). Virtuelle Produktion. Eine Marktstudie zum Einsatz von Digitalisierung in der produzierenden Industrie mit dem Fokusgebiet Augmented Reality. *Industrie Management, 4*, 25–29.

80. Gelowicz, S. (2018). Mit anderen Augen sehen. *Automobil Industrie, 8*, 62.

81. AGCO. (2021). AGCO innovations in manufacturing with glass. https://news.agcocorp.com/topics/agco-innovations-in-manufacturing-with-glass. Zugegriffen: 11. Febr. 2021.

82. Ratava, J., Penttilä, S., Lund, H., Lohtander, M., Kah, P., Ollikainen, M., & Varis, J. (2019). Quality assurance and process control in virtual reality. *Procedia Manufacturing, 38*, 497–504. https://doi.org/10.1016/j.promfg.2020.01.063

83. Ludwig, C., & Reimann, C. (2005). Augmented reality: Information at focus. *Cooperative computing & communication laboratory, 4*(1), 1–12.

84. Poth, A. (2017). *Evaluierung von Augmented Reality Frameworks anhand einer AR-Anwendung im IoT-Bereich*. Computer Science and Media. Hochschule der Medien Stuttgart.

85. Fiorentino, M., Uva, A. E., Gattullo, M., Debernardis, S., & Monno, G. (2014). Augmented reality on large screen for interactive maintenance instructions. *Computers in Industry, 65*(2), 270–278.

86. Park, H.-S., Choi, H.-W., & Park, J.-W. (2008). Augmented reality based cockpit module assembly system. 2008 International Conference on Smart Manufacturing Application (S. 130–135). https://doi.org/10.1109/ICSMA.2008.4505627.

87. Bade, C., Diersen, P., Doil, F., Dreyer, D., Hamadou, M., Henze, A., Herfs, W., Hildebrand, A., Hoffmeyer, A., Jundt, E., Koriath, D., Mackowiak, J., Mast, M., Möhring, M., Özdemir, D., Rabätje, R., Rautenberg, U., Riedel, M., Scheer, F., … Wohlgemuth, W. (2011). Anwendungen in Design, Konstruktion und Planung. In W. Schreiber & P. Zimmermann (Hrsg.), *Virtuelle Techniken im industriellen Umfeld. Das AVILUS-Projekt; Technologien und Anwendungen* (1. Aufl.). Springer.

88. Jin, L., Wen, Z., & Oraifige, I. A. (2007). Distributed VR for Collaborative Design and Manufacturing. In IEEE (Hrsg.), *2007 11th International Conference Information Visualization (IV '07)* (S. 792–797). IEEE.

89. Winkes, P. A., & Aurich, J. C. (2015). Method for an enhanced assembly planning process with systematic virtual reality inclusion. *Procedia CIRP, 37*, 152–157. https://doi.org/10.1016/j.procir.2015.08.007

90. Robert, O., Iztok, P., & Borut, B. (2019). Real-Time manufacturing optimization with a simulation model and virtual reality. *Procedia Manufacturing, 38*, 1103–1110. https://doi.org/10.1016/j.promfg.2020.01.198

91. Fast-Berglund, Å., Gong, L., & Li, D. (2018). Testing and validating extended reality (XR) technologies in manufacturing. *Procedia Manufacturing, 25*, 31–38. https://doi.org/10.1016/j.promfg.2018.06.054

92. Möller, N. (2019). Voller Einsatz mit beiden Händen. *Neue Verpackung, 2*, 26–28.

93. Mättig, B., Lorimer, I., Jost, J., & Kirks, T. (2016). Untersuchung des Einsatzes von Augmented Reality im Verpackungsprozess unter Berücksichtigung spezifischer Anforderungen an die Informationsdarstellung sowie die ergonomische Einbindung des Menschen in den Prozess. Logistics Journal: Proceedings 2016(10).

94. Woltering, T., Sardoux Klasen, A., & Feldmann, C. (2020). Augmented reality in the packing process: A model for analyzing economic efficiency. Dynamics in Logistics (S. 493–503).

95. Reif, R., & Walch, D. (2008). Augmented & Virtual Reality applications in the field of logistics. *TVC, 24*(11), 987–994. https://doi.org/10.1007/s00371-008-0271-7

96. Nee, A., & Ong, S. K. (2013). Virtual and augmented reality applications in manufacturing. *IFAC Proceedings Volumes, 46*(9), 15–26. https://doi.org/10.3182/20130619-3-RU-3018.00637

97. Mourtzis, D., Samothrakis, V., Zogopoulos, V., & Vlachou, E. (2019). Warehouse design and operation using augmented reality technology: A papermaking industry case study. *Procedia CIRP, 79*, 574–579. https://doi.org/10.1016/j.procir.2019.02.097

98. Hüthig GmbH & Co. KG. (2019). Der augmented Supermarkt. *Neue Verpackung, 8*, 76–77.

99. Florea, C., Pakanen, M. A., Ojala, T., Alavesa, P., Arhippainen, L., Pouke, M., Huang, W., Haukipuro, L., Vainamo, S., Niemela, A., Orduna, M. C. (2019). Extending a user involvement tool with virtual and augmented reality. In IEEE (Hrsg.), *2019 IEEE Conference on Virtual Reality and 3D User Interfaces (VR)*, (S. 925–926). IEEE.

100. Elkmann, N., Felsch, T., Mikolik, G., Rilling, S., Wechselberger, U., Wohlgemuth, W., & Zimmermann, U. (2011). Anwendungen für Präsentation und Training. In W. Schreiber & P. Zimmermann (Hrsg.), *Virtuelle Techniken im industriellen Umfeld. Das AVILUS-Projekt; Technologien und Anwendungen* (1. Aufl.). Springer.

101. Brunner, M., & Wolfartsberger, J. (2020). Virtual reality enriched business model canvas building blocks for enhancing customer retention. *Procedia Manufacturing, 42*, 154–157. https://doi.org/10.1016/j.promfg.2020.02.062

102. Loker, S., Ashdown, S., & Carnrite, E. (2008). Dress in the third dimension: Online interactivity and its new horizons. *Clothing and Textiles Research Journal, 26*(2), 164–176.

103. Sekhavat, Y. A. (2017). Privacy preserving cloth try-on using mobile augmented reality. *IEEE Transactions on Multimedia, 19*(5), 1041–1049. https://doi.org/10.1109/TMM.2016.2639380

104. Adikari, S. B., Ganegoda, N. C., Meegama, R. G. N., & Wanniarachchi, I. L. (2020). Applicability of a single depth sensor in real-time 3D clothes simulation: Augmented reality virtual dressing room using Kinect sensor. *Advances in Human-Computer Interaction, 2020*, 1–10. https://doi.org/10.1155/2020/1314598

105. Speicher, M., Cucerca, S., & Krüger, A. (2017). VRShop. *Proceedings of the ACM on Interactive, Mobile, Wearable and Ubiquitous Technologies, 1*(3), 1–31. https://doi.org/10.1145/3130967

106. Pfeiffer, J., Pfeiffer, T., Meißner, M., & Weiß, E. (2020). Eye-Tracking-Based classification of information search behavior using machine learning: Evidence from experiments in physical shops and virtual reality shopping environments. *Information Systems Research, 31*(3), 675–691. https://doi.org/10.1287/isre.2019.0907

107. Muszyńska, M., Szybicki, D., Gierlak, P., Kurc, K., Burghardt, A., & Uliasz, M. (2019). Application of virtual reality in the training of operators and servicing of robotic stations. In L. M. Camarinha-Matos, H. Afsarmanesh, & D. Antonelli (Hrsg.), *Collaborative networks and digital transformation* (S. 594–603). Springer.

108. Aggarwal, R., & Singhal, A. (2019). Augmented reality and its effect on our life. In IEEE (Hrsg.), *2019 9th International Conference on Cloud Computing, Data Science & Engineering (Confluence)* (S. 510–515). IEEE.

109. Mourtzis, D., Angelopoulos, J., & Boli, N. (2018). Maintenance assistance application of engineering to order manufacturing equipment: A product service system (PSS) approach. *IFAC-PapersOnLine, 51*(11), 217–222. https://doi.org/10.1016/j.ifacol.2018.08.263

110. Palmarini, R., Erkoyuncu, J. A., Roy, R., & Torabmostaedi, H. (2018). A systematic review of augmented reality applications in maintenance. *Robotics and Computer-Integrated Manufacturing, 49*, 215–228. https://doi.org/10.1016/j.rcim.2017.06.002

111. Ćurčić, J., Jakšić, A., Mitrović, K., Gračanin, D., & Spajić, J. (2020). The impact of virtual and augmented reality on mass customization and personalization. 9th International Conference on Mass Customization and Personalization – Community of Europe (MCP – CE 2020).

112. Luh, Y.-P., Wang, J.-B., Chang, J.-W., Chang, S.-Y., & Chu, C.-H. (2013). Augmented reality-based design customization of footwear for children. *Journal of Intelligent Manufacturing, 24*(5), 905–917. https://doi.org/10.1007/s10845-012-0642-9

113. Yildiz, E., Melo, M., Moller, C., & Bessa, M. (2019). Designing collaborative and coordinated virtual reality training integrated with virtual and physical factories. In IEEE (Hrsg.), *2019 International Conference on Graphics and Interaction (ICGI)* (S. 48–55). IEEE.

114. Wagner, R. M. (Hrsg.). (2018). *Industrie 4.0 für die Praxis. Mit realen Fallbeispielen aus mittelständischen Unternehmen und vielen umsetzbaren Tipps.* Springer Gabler.

115. Stratos, A., Loukas, R., Dimitris, M., Konstantinos, G., Dimitris, M., & George, C. (2016). A virtual reality application to attract young talents to manufacturing. *Procedia CIRP, 57*, 134–139. https://doi.org/10.1016/j.procir.2016.11.024

116. Smparounis, K., Mavrikios, D., Xanthakis, V., Viganò, G. P., & Pentenrieder, K. (2008). A virtual and augmented reality approach to collaborative product design and demonstration. In K-D. Thoben, K. Pawar, & R. Gonçalves (Hrsg.), ICE 2008. Proceedings of the 14th International Conference on Concurrent Enterprising; a new wave of innovation in collaborative networks; Lisbon, Portugal 23 – 25 June 2008, (S. 1–8). Centre for Concurrent Enterprising Univ. of Nottingham.

117. Kühnert, T., & Brunnett, G. (2013). Virtual Prototyping von Schuhen und Stiefeln. In R. Dörner, W. Broll, P. F. Grimm, & B. Jung (Hrsg.), *Virtual und Augmented Reality (VR/AR). Grundlagen und Methoden der Virtuellen und Augmentierten Realität* (S. 306–309). Springer Vieweg.

118. Jimeno-Morenilla, A., Sánchez-Romero, J. L., & Salas-Pérez, F. (2013). Augmented and virtual reality techniques for footwear. *Computers in Industry, 64*(9), 1371–1382. https://doi.org/10.1016/j.compind.2013.06.008

119. Zhang, Y., & Kwok, T.-H. (2018). Design and interaction interface using augmented reality for smart manufacturing. *Procedia Manufacturing, 26*, 1278–1286. https://doi.org/10.1016/j.promfg.2018.07.140

120. van Krevelen, D., & Poelman, R. (2019). A survey of augmented reality technologies, applications and limitations. *IJVR, 9*(2), 1–20. https://doi.org/10.20870/IJVR.2010.9.2.2767

121. Davila Delgado, J. M., Oyedele, L., Beach, T., & Demian, P. (2020). Augmented and virtual reality in construction: Drivers and limitations for industry adoption. *Journal of Construction Engineering and Management, 146*(7), 4020079. https://doi.org/10.1061/(ASCE)CO.1943-7862.0001844

122. Jaime, S. (2017). UX + VR: 14 Guidelines for Creating Great First Experiences. medium.com 2017.

123. Sutcliffe, A. G., Poullis, C., Gregoriades, A., Katsouri, I., Tzanavari, A., & Herakleous, K. (2019). Reflecting on the design process for virtual reality applications. *International Journal of Human-Computer Interaction, 35*(2), 168–179. https://doi.org/10.1080/10447318.2018.1443898

124. Ortner, M. (2021). Remote assistance – RealWear HMT-1 vs. Microsoft HoloLens 2. Bechtle Blog 2021.

125. Rauschnabel, P. A., & Ro, Y. K. (2016). Augmented reality smart glasses: An investigation of technology acceptance drivers. *IJTMKT, 11*(2), 123. https://doi.org/10.1504/ijtmkt.2016.075690

126. Rauschnabel, P. A. (2021). Augmented reality is eating the real-world! The substitution of physical products by holograms. *International Journal of Information Management, 57*, 102279. https://doi.org/10.1016/j.ijinfomgt.2020.102279

127. Venkatesh, V., Thong, J. Y. L., & Xu, X. (2016). Unified theory of acceptance and use of technology: A synthesis and the road ahead. *Journal of the association for Information Systems, 17*(5), 328–376.

128. Weidner, J. B. (2020). How and Why Google Glass Failed. Investopedia 2020.

129. Kim, E., & Shin, G. (2021). User discomfort while using a virtual reality headset as a personal viewing system for text-intensive office tasks. *Ergonomics, 64*(7), 1–9. https://doi.org/10.1080/00140139.2020.1869320

130. Parikh, K., Zhuang, J., Pallister, K., Jiang, J., & Smith, M. (2018). 40-1: Invited paper: Next generation virtual reality displays: Challenges and opportunities. *SID Symposium Digest of Technical Papers, 49*(1), 502–505. https://doi.org/10.1002/sdtp.12611

131. Pauly, B., & Steinbrecher, J. (2019). Erstmals mehr als 100.000 unbesetzte Stellen für IT-Experten. bitkom.org 2019.

132. Appelfeller, W., & Feldmann, C. (2018). *Die digitale Transformation des Unternehmens. Systematischer Leitfaden mit zehn Elementen zur Strukturierung und Reifegradmessung.* Springer.

133. Wirtz, B. W. (2015). *Electronic business* (5. Aufl.). Springer Gabler.

134. Voelpel †, S. C., Leibold, M., & Tekie, E. B. (2004). The wheel of business model reinvention: How to reshape your business model to leapfrog competitors. *Journal of Change Management, 4*(3), 259–276. https://doi.org/10.1080/1469701042000212669

135. Chesbrough, H. (2010). Business model innovation: Opportunities and barriers. *Long Range Planning, 43*(2–3), 354–363. https://doi.org/10.1016/j.lrp.2009.07.010

136. Teece, D. J. (2010). Business models, business strategy and innovation. *Long Range Planning, 43*(2–3), 172–194. https://doi.org/10.1016/j.lrp.2009.07.003

137. Amit, R., & Zott, C. (2001). Value creation in E-business. *Strategic Management Journal, 22*(6–7), 493–520. https://doi.org/10.1002/smj.187

138. Chesbrough, H. (2007). Business model innovation: It's not just about technology anymore. *Strategy & Leadership, 35*(6), 12–17. https://doi.org/10.1108/10878570710833714

139. Holm, A. B., Günzel, F., & Ulhøi, J. P. (2013). Openness in innovation and business models: Lessons from the newspaper industry. *IJTM, 61*(3/4), 324–348. https://doi.org/10.1504/IJTM.2013.052674

140. Osterwalder, A., Pigneur, Y., & Clark, T. (2010). *Business model generation. A handbook for visionaries, game changers, and challengers.* Alexander Osterwalder & Yves Pigneur.

141. Mahadevan, B. (2004). *A framework for business model innovation.* Indian Institute of Management Bangalore.

142. Wirtz, B. W. (2001). *Electronic business* (2. Aufl.). Gabler. (Lehrbuch).

143. Gassmann, O., Frankenberger, K., & Csik, M. (2013). *Geschäftsmodelle entwickeln. 55 innovative Konzepte mit dem St. Galler Business Model Navigator.* Carl Hanser Verlag GmbH & Co. KG.

144. Buchholz, B., & Wangler, L. (2017). Digitalisierung und neue Geschäftsmodelle. In V. Wittpahl (Hrsg.), *Digitalisierung* (S. 177–183). Springer.

145. Lindgardt, Z., Reeves, M., Stalk, G., & Deimler, M. (2013). Business model innovation: When the game gets tough, change the game. In M. S. Deimler, R. Lesser, D. Rhodes, & J. Sinha (Hrsg.), *Own the future. 50 ways to win from the Boston consulting group* (S. 291–298). John Wiley & Sons Inc.

146. Schallmo, D., Rusnjak, A., Anzengruber, J., Werani, T., & Jünger, M. (Hrsg.). (2017). *Digitale Transformation von Geschäftsmodellen. Grundlagen, Instrumente und Best Practices Schwerpunkt.* Springer Gabler.

147. Leichsenring, H. (2017). Elf Thesen zu Innovation in der Finanzbranche. In R. Smolinski, M. Gerdes, M. Siejka, & M. C. Bodek (Hrsg.), *Innovationen und Innovationsmanagement in der Finanzbranche* (S. 445–458). Springer Gabler.

148. Johnson, M. W. (2010). *Seizing the white space. Business Model Innovation for Growth and Renewal.* Harvard Business Review.

149. Gassmann, O., Frankenberger, K., & Sauer, R. (2016). *Exploring the field of business model innovation. New theoretical perspectives.* Palgrave pivot. Palgrave Macmillan.

150. Appelfeller, W., & Feldmann, C. (2018). *Die digitale Transformation des Unternehmens. Systematischer Leitfaden mit zehn Elementen zur Strukturierung und Reifegradmessung.* Springer.

151. Mourtzis, D., Vlachou, A., & Zogopoulos, V. (2017). Cloud-Based augmented reality remote maintenance through shop-floor monitoring: A product-service system approach. *Journal of Manufacturing Science and Engineering, 139*(6), 221. https://doi.org/10.1115/1.4035721

152. Sorko, S. R., & Brunnhofer, M. (2019). Potentials of augmented reality in training. *Procedia Manufacturing, 31*, 85–90. https://doi.org/10.1016/j.promfg.2019.03.014

153. Safianowska, M. B., Chang, Y.-C. P., Wang, T.-J., Huang, C.-W., & Huang, C. Y. (2017). An auction based smart service robot implemented on a Fog Computing node. In IEEE (Hrsg.), *2017 IEEE Fog World Congress (FWC)* (S. 1–5). IEEE.

154. Riemann, T., Kreß, A., Roth, L., Klipfel, S., Metternich, J., & Grell, P. (2020). Agile implementation of virtual reality in learning factories. *Procedia Manufacturing, 45*, 1–6. https://doi.org/10.1016/j.promfg.2020.04.029

155. Wedel, M., Bigné, E., & Zhang, J. (2020). Virtual and augmented reality: Advancing research in consumer marketing. *International Journal of Research in Marketing.* https://doi.org/10.1016/j.ijresmar.2020.04.004

156. Burke, R. R. (2018). Virtual reality for marketing research. In L. Moutinho & M. Sokele (Hrsg.), *Innovative research methodologies in management* (Bd. 22, S. 63–82). Springer.

157. Eissele, M., Siemoneit, O., & Ertl, T. (2006). Transition of mixed, virtual, and augmented reality in smart production environments – An interdisciplinary view. In IEEE (Hrsg.), *2006 IEEE Conference on Robotics, Automation and Mechatronics* (S. 1–6). IEEE.

158. Ke, S., Xiang, F., Zhang, Z., & Zuo, Y. (2019). A enhanced interaction framework based on VR, AR and MR in digital twin. *Procedia CIRP, 83*, 753–758. https://doi.org/10.1016/j.procir.2019.04.103

159. Amthor, K.-J., August, W., Beck, E., Brecher, C., Böckelmann, I., Feng, J., Fedrowitz, C., Hein, B., Heuschmann, C., Huckauf, A., Jundt, E., Lohse, W., Mecke, R., Müller, A., Notheis, S., Rabätje, R., Schubert, M., Wohlgemuth, W., & Zimmermann, U. (2011). Anwendungen für Fertigung, Betrieb, Service und Wartung. In W. Schreiber & P. Zimmermann (Hrsg.), *Virtuelle Techniken im industriellen Umfeld. Das AVILUS-Projekt; Technologien und Anwendungen* (1. Aufl.). Springer.

160. de Giorgio, A., Romero, M., Onori, M., & Wang, L. (2017). Human-machine collaboration in virtual reality for adaptive production engineering. *Procedia Manufacturing, 11*, 1279–1287. https://doi.org/10.1016/j.promfg.2017.07.255

161. Li, W., Wang, J., Jiao, S., Wang, M., & Li, S. (2019). Research on the visual elements of augmented reality assembly processes. *Virtual Reality & Intelligent Hardware, 1*(6), 622–634. https://doi.org/10.1016/j.vrih.2019.09.006

162. Mourtzis, D., Zogopoulos, V., Katagis, I., & Lagios, P. (2018). Augmented reality based visualization of CAM instructions towards Industry 4.0 paradigm: A CNC bending machine case study. *Procedia CIRP, 70*, 368–373. https://doi.org/10.1016/j.procir.2018.02.045

163. Sekhavat, Y. A. (2016). KioskAR: An augmented reality game as a new business model to present artworks. *International Journal of Computer Games Technology, 2016*(4, article 4), 1–12. https://doi.org/10.1155/2016/7690754

164. Chen, A., Huang, Y., Chen, C., & Tai, K. (2006). Visual augmented reality interface for table-top e-business environment. In IEEE (Hrsg.), *2006 7th International Conference on Computer-Aided Industrial Design and Conceptual Design* (S. 1–6). IEEE.

165. Heller, J., Chylinski, M., de Ruyter, K., Mahr, D., & Keeling, D. I. (2019). Touching the untouchable: Exploring multi-sensory augmented reality in the context of online retailing. *Journal of Retailing, 95*(4), 219–234. https://doi.org/10.1016/j.jretai.2019.10.008

166. Yeon-Sung, J., & Song, I.-K. (2017). A study on the flow and expansion of augmented reality and virtual reality in distribution industry: Focused on major success cases. *Journal of Distribution and Management Research, 20*(5), 23–34. https://doi.org/10.17961/jdmr.20.5.201710.23

167. Jessen, A., Hilken, T., Chylinski, M., Mahr, D., Heller, J., Keeling, D. I., & de Ruyter, K. (2020). The playground effect: How augmented reality drives creative customer engagement. *Journal of Business Research, 116*, 85–98. https://doi.org/10.1016/j.jbusres.2020.05.002

168. Redaelli, C., Pellegrini, R., Mottura, S., & Sacco, M. (2009). Shoe customers' behaviour with new technologies: The Magic Mirror case. In IEEE (Hrsg.), *2009 IEEE International Technology Management Conference (ICE)* (S. 1–10). IEEE.

169. Druehl, C., Carrillo, J., & Hsuan, J. (2018). Technological innovations: Impacts on supply chains. In A. C. Moreira, L. M. D. F. Ferreira, & R. A. Zimmermann (Hrsg.), *Innovation and supply chain management* (Bd. 22, S. 259–281). Springer.

170. Urbas, U., Vrabič, R., & Vukašinović, N. (2019). Displaying product manufacturing information in augmented reality for inspection. *Procedia CIRP, 81*, 832–837. https://doi.org/10.1016/j.procir.2019.03.208

171. Leino, S.-P., Aromaa, S., & Helin, K. (2017). Rock crusher upgrade business from a PLM perspective. In S. N. Grösser, A. Reyes-Lecuona, & G. Granholm (Hrsg.), *Dynamics of long-life assets* (Bd. 56, S. 209–232). Springer.

172. Numfu, M., Riel, A., & Noel, F. (2019). Virtual reality based digital chain for maintenance training. *Procedia CIRP, 84*, 1069–1074. https://doi.org/10.1016/j.procir.2019.04.268

173. Juraschek, M., Büth, L., Posselt, G., & Herrmann, C. (2018). Mixed reality in learning factories. *Procedia Manufacturing, 23*, 153–158. https://doi.org/10.1016/j.promfg.2018.04.009

174. Liagkou, V., Salmas, D., & Stylios, C. (2019). Realizing virtual reality learning environment for Industry 4.0. *Procedia CIRP, 79*, 712–717. https://doi.org/10.1016/j.procir.2019.02.025

175. Novak-Marcincin, J., Barna, J., Janak, M., & Novakova-Marcincinova, L. (2013). Augmented reality aided manufacturing. *Procedia Computer Science, 25*, 23–31. https://doi.org/10.1016/j.procs.2013.11.004

176. Goulding, J., Nadim, W., Petridis, P., & Alshawi, M. (2012). Construction industry offsite production: A virtual reality interactive training environment prototype. *Advanced Engineering Informatics, 26*(1), 103–116. https://doi.org/10.1016/j.aei.2011.09.004

177. Boyd, D. E., & Koles, B. (2019). Virtual reality and its impact on B2B marketing: A value-in-use perspective. *Journal of Business Research, 100*, 590–598. https://doi.org/10.1016/j.jbusres.2018.06.007

178. Freitag, M., Westner, P., Schiller, C., Nunez, M. J., Gigante, F., & Berbegal, S. (2018). Agile product-service design with VR-technology: A use case in the furniture industry. *Procedia CIRP, 73*, 114–119. https://doi.org/10.1016/j.procir.2018.03.305

179. Kim, W. C., & Mauborgne, R. (2015). *Blue ocean strategy. How to create uncontested market space and make the competition irrelevant.* Harvard Business Review.

180. Statistisches Bundesamt. (2020). Anteile Kleine und Mittlere Unternehmen 2018 nach Größenklassen in %. https://www.destatis.de/DE/Themen/Branchen-Unternehmen/Unternehmen/Kleine-Unternehmen-Mittlere-Unternehmen/Tabellen/wirtschaftsabschnitte-insgesamt.html. Zugegriffen: 22. Juli 2020.

181. Amtsblatt der Europäischen Union. (2003). EMPFEHLUNG DER KOMMISSION vom 6. Mai 2003 betreffend die Definition der Kleinstunternehmen sowie der kleinen und mittleren Unternehmen.

182. Immerschitt, W., & Stumpf, M. (2014). *Employer Branding für KMU. Der Mittelstand als attraktiver Arbeitgeber*. Springer Fachmedien.

183. Mugler, J. (2008). *Grundlagen der BWL der Klein- und Mittelbetriebe* (2. Aufl.). Facultas wuv Universitätsverlag.

184. Statistisches Bundesamt. (2020). Ausfuhr von Waren. Top 20 Exportländer 2019. https://www.destatis.de/DE/Themen/Laender-Regionen/Internationales/Thema/aussenhandel/Tabelle_Export.html;jsessionid=8E0F0E67CF99D962CC7E8DDDEEF28F62.live732. Zugegriffen: 27. Apr. 2021.

185. Statistisches Bundesamt. (2021). Die wichtigsten deutschen Handelswaren 2020. https://www.destatis.de/DE/Themen/Wirtschaft/Aussenhandel/handelswaren-jahr.html. Zugegriffen: 27. Apr. 2021.

186. o. A. (2013). Maschinen- und Anlagenbau Deutschland verteidigt Spitzenposition im Export. *Industrieanzeiger, 15*, 6.

187. Stelzer, R., Steger, W., & Saske, B. (2005). Ansatz und Konzeption zur effizienten Wartung mittels Augmented Reality. *Industrie Management, 2*, 38–42.

188. Kroker, M. (2021). Die holografische Zukunft hat begonnen. https://www-wiso-net-de.ezproxy.fh-muenster.de/document/WWON__9f9d56bb1039dbfc1b6a68bd05d55111e7862e7b. Zugegriffen: 27. Apr. 2021.

189. Damiani, L., Demartini, M., Guizzi, G., Revetria, R., & Tonelli, F. (2018). Augmented and virtual reality applications in industrial systems: A qualitative review towards the industry 4.0 era. *IFAC-PapersOnLine, 51*(11), 624–630. https://doi.org/10.1016/j.ifacol.2018.08.388

190. Schuh, G. (2012). *Handbuch Produktion und Management* (2. Aufl.). Springer.

191. Wall, M. (2016). *Systematik zur technologie-induzierten Produkt- und Technologieplanung. Verlagsschriftenreihe des Heinz Nixdorf Instituts* (Bd. 352). Heinz Nixdorf Institut, Universität Paderborn.

192. Project Management Institute. (2020). Foundational Standards. https://www.pmi.org/pmbok-guide-standards/foundational.

193. Project Management Institute. (2017). A guide to the project management body of knowledge (PMBOK Guide), 6. Aufl.

194. Preußig, J. (2018). *Agiles Projektmanagement: Agilität und Scrum im klassischen Projektumfeld*. Haufe-Lexware.

195. Berkun, S. (2008). *Making things happen, mastering project management* (1. Aufl.). O'Reilly and Associates.

196. CENTERIS/ProjMAN/HCist 2020. (Hrsg.). (2020). CENTERIS 2020 – International Conference on ENTERprise Information Systems/ProjMAN 2020 – International Conference on Project MANagement/HCist 2020 – International Conference on Health and Social Care Information Systems and Technologies. Agile versus Waterfall Project Management: Decision Model for Selecting the Appropriate Approach to a Project.

197. Litke, H.-D., Kunow, I., Schulz-Wimmer, H. (2018) Projektmanagement, 4. Aufl. Haufe TaschenGuide, v. 200. Haufe Lexware.

198. Chesbrough, H. W. (2010). *Open innovation. The new imperative for creating and profiting from technology*. Harvard Business School.

199. Rustler, F. (2016). *Denkwerkzeuge der Kreativität und Innovation. Das kleine Handbuch der Innovationsmethoden* (2. Aufl.). Midas Management Verlag AG.

200. Dark Horse Innovation. (2016). *Digital innovation playbook. Das unverzichtbare Arbeitsbuch für Gründer*innen, Macher*innen und Manager*innen: Taktiken, Strategien, Spielzüge* (7. Aufl.). Murmann Publishers GmbH.

201. Andler, N. (2015). *Tools für Projektmanagement, Workshops und Consulting. Kompendium der wichtigsten Techniken und Methoden* (6. Aufl.). Publicis.

202. Luther, M. (2013). *Das große Handbuch der Kreativitätsmethoden. Wie Sie in vier Schritten mit Pfiff und Methode Ihre Problemlösungskompetenz entwickeln und zum Ideen-Profi werden Training aktuell.* Edition Training aktuell. ManagerSeminare-Verl.-GmbH.

203. Schallmo, D. R. A. (Hrsg.). (2014). *Kompendium Geschäftsmodell-innovation. Grundlagen, aktuelle ansätze und Fallbeispiele zur erfolgreichen geschäftsmodell-Innovation.* Springer Gabler.

204. Schumpeter, J. A. (2020). *Kapitalismus, Sozialismus und Demokratie* (10. Aufl.). NarrFrancke Attempto.

205. Uebernickel, F., Brenner, W., Pukall, B., Naef, T., & Schindlholzer, B. (2015). *Design Thinking. Das Handbuch.* Frankfurter Allgemeine Buch.

206. de Bono, E. (2010). *Six thinking hats.* Penguin. (Erstveröffentlichung 1999).

207. Anderson, N., Herriot, P., & Hodgkinson, G. P. (2001). The practitioner-researcher divide in industrial, work and organizational (IWO) psychology: Where are we now, and where do we go from here? *Journal of Occupational and Organizational Psychology, 74*(4), 391–411. https://doi.org/10.1348/096317901167451

208. Vom Brocke, J., Niehaves, B., Riemer, K., & Simons, A. (Hrsg.). (2009). Reconstructing the Giant: On the Importance of Reconstructing the Giant: On the Importance of Rigour in Documenting the Literature Search Process.

209. Cooper, H. M. (1988). Organizing knowledge syntheses: A taxonomy of literature reviews. *Knowledge in Society, 1*(1), 104–126. https://doi.org/10.1007/BF03177550

210. Porter, M. E. (2004). *Competitive advantage. Creating and sustaining superior performance* (1. Aufl.). Free Press.

The manufacturer's authorised representative in the EU is Springer
Nature Customer Service Centre GmbH, Europaplatz 3, 69115 Heidelberg,
Germany. If you have any concerns regarding our products, please
contact ProductSafety@springernature.com

Printed and bound by CPI Group (UK) Ltd, Croydon, CR0 4YY

24/04/2026

02096335-0020